La création d'un Américain

Jacob A. Riis

Writat

Cette édition parue en 2023

ISBN : 9789359257983

Publié par
Writat
email : info@writat.com

Contenu

CHAPITRE I

LA RENCONTRE SUR LE LONG PONT

[Illustration : Notre cigogne]

À la périphérie de l'ancienne ville de Ribe, sur la côte nord du Danemark, un pont en bois enjambait la rivière Nibs quand j'étais enfant – une structure fragile, avec des arches jumelles comme les bosses d'un dromadaire, pour que les bateaux puissent couler. C'est là que commence mon histoire. Le pont a disparu depuis longtemps. Le chemin herbeux qui connaissait nos pieds ne mène nulle part maintenant. Mais dans ma mémoire, tout est comme ce jour-là il y a près de quarante ans, et c'est toujours l'été là-bas. Les abeilles bourdonnent parmi les myosotis qui poussent le long du rivage et les cygnes courbent le cou dans le ruisseau limpide. Le bruit de la roue du moulin au barrage s'accompagne d'un bourdonnement somnolent ; les douces odeurs des prairies et des champs sont dans l'air. Sur le pont, un garçon et une fille se sont rencontrés.

Il siffle un air à la manière d'un garçon, avec une veste en laine peignée en bandoulière sur le bras, en rentrant de la menuiserie à son repas de midi. Quand elle est décédée, il s'occupe d'elle, toute musique s'étant éteinte. A l'autre bout du pont, elle se retourne avec le sentiment qu'il regarde, et, quand elle voit qu'il le regarde, elle continue en secouant légèrement sa jolie tête. Alors qu'elle reste là un bref instant avec un air espiègle, elle restera à jamais dans son cœur - une douce silhouette de jeune fille, en veste grise brodée de noir, avec des manuels scolaires et de jolies bottes bronzées -

"Avec des pompons !" dit ma femme avec méchanceté, elle regardait par-dessus mon épaule. Eh bien, avec des pompons ! Et alors ? N'ai-je pas adoré une paire de bottes à pompons que je passais chaque jour devant une vitrine à Copenhague pendant une année entière, parce que c'était la seule autre paire que j'aie jamais vue ? Je ne sais pas – il y en avait peut-être davantage ; peut-être que d'autres les portaient. Je sais qu'elle l'a fait. Elle avait aussi des boucles – des boucles d'or jaune. Pourquoi les filles n'ont-elles pas de boucles de nos jours ? C'est une chose tellement rare de les voir que lorsque vous le faites, vous avez envie de marcher derrière eux des kilomètres et des kilomètres juste pour vous régaler les yeux. Trop de soucis, dit ma fille. Déranger? Eh bien, j'en ai porté un à votre mère, mademoiselle ! tout cela — là, je ne dirai pas combien de temps — et je le porte toujours. Déranger? Super Scott!

[Illustration : La rencontre sur le Long Pont.]

Et est-ce que ça va être une histoire d'amour, alors ? Eh bien, je l'ai retourné et examiné sous tous les angles, mais si je dois dire la vérité, comme je l'ai promis, je ne vois pas comment on pourrait y remédier. Si je dois faire cela, je dois commencer par le Long Bridge. J'ai marché dessus ce jour-là en tant que garçon et j'en suis sorti avec le but précis d'un homme. La façon dont je m'y suis tenu fait partie de l'histoire – la meilleure partie, à mon avis ; et je devrais le savoir, puisque nos noces d'argent auront lieu en mars. Noces d'argent, hum ! Elle n'a pas une semaine de plus que le jour où je l'ai épousée – pas une semaine. C'était pour elle que je vienne ici ; bien qu'à l'époque dont je parle, j'ai plutôt deviné que su que c'était Elizabeth. Elle vivait là-bas, au-delà du pont. Nous avions été enfants ensemble. Je suppose que je l'avais vue mille fois auparavant sans m'en rendre compte. À l'école, j'avais entendu les garçons l'échanger contre des billes et des boutons de cuivre comme partenaire de danses et de jeux – généralement en échangeant les autres filles contre elle. C'était une si jolie danseuse ! Je n'étais pas. "Soldats et voleurs" était plus à mon goût. Que n'importe quelle fille, avec ou sans boucles, vaille une belle bille, ou un bouton régimentaire avec un œil sain, qu'on puisse enfiler, était pour moi une pure folie jusqu'à ce jour sur le pont.

Et maintenant, il va falloir que je le retraverse après tout, pour dire qui et quoi nous étions, afin que nous puissions commencer équitablement. Je devrai aussi y aller doucement, car à cette époque-là, tout me semblait très indistinct et étrange. Certaines choses ressortent plus clairement que les autres. Le jour, par exemple, où j'ai été pour la première fois entraîné à l'école par une servante vengeresse et jeté en hurlant dans un tonneau vide par l'ogre d'une institutrice qui, après avoir mis le couvercle, grinçait des dents jaunes contre la bonde et m'a dit qu'on s'occupait tellement des mauvais garçons à l'école. À la récréation, elle m'a fait monter jusqu'à la porcherie dans la cour pour un nouvel avertissement. Le cochon avait une fente à l'oreille. C'était pour être paresseuse, m'expliqua-t-elle en me montrant les ciseaux. Les garçons ne valaient pas mieux que les cochons. Certains étaient pires ; puis, un coup de ciseaux en l'air révéla le reste. Pauvre père ! Il était aussi maître d'école ; combien de chagrin cela aurait pu lui épargner s'il avait su cela ! Mais nous avions trop peur pour le dire, je suppose. Il avait décidé que j'accepterais sa vocation et j'ai détesté l'école dès le jour où je l'ai vue pour la première fois. Petite merveille. La seule étude dans laquelle il a réussi à m'intéresser était l'anglais, parce que le journal de Charles Dickens, *All the Year Round*, arrivait à la maison avec des histoires bien plus séduisantes que l'ennuyeuse grammaire. Il appartenait à l'ancienne dispensation et était attaché aux anciennes méthodes. Mais le raccourci que j'ai pris pour acquérir des connaissances dans ce domaine lui a, je pense, ouvert les yeux sur certaines choses en avance sur son temps. Leur jour n'était pas encore venu. Il a vécu jusqu'à l'aube et en était heureux. Je sais ce qu'il a ressenti à ce sujet. J'ai moi-même vécu l'époque de la folie dans la vie d'enfant de New York. Certaines des écoles que nos femmes ont fermées il y a quelques années n'étaient guère meilleures. Aider à les nettoyer, c'était comme se mettre d'accord avec l'ogre qui tourmentait mon enfance.

Cela me dérange aussi ma première collision avec l'immeuble. Il n'y en avait qu'un seul, et il se dressait contre la colline du château, n'en étant séparé que par les douves sèches. Nous l'avons appelé Rag Hall, et je suppose qu'il méritait ce nom. Ribe était une très vieille ville. Il y a environ cinq cents ans, c'était le siège des rois combattants, à l'époque où le Danemark était une puissance avec laquelle il fallait compter. Là, ils étaient utiles lorsque des problèmes éclataient avec les barons allemands du sud. Mais les temps ont changé, et de toute sa grandeur, il ne restait à Ribe que sa célèbre cathédrale, avec huit siècles sur sa tête blanche, et son école latine. Du château des Valdemars, il ne restait que cette colline verte sur laquelle paissaient des moutons solennels et ba - aa- vers le coucher du soleil. Dans les douves, où autrefois les navires arrivaient de la mer, de grandes masses de roseaux se courbaient et se balançaient sous le vent d'ouest qui balayait les prairies. Ils devenaient beaucoup plus grands que nos têtes, et nous, les garçons, aimions jouer avec eux, traquer le tigre ou le grizzly jusqu'à son antre, non sans frissons rampants à l'idée du péril qui pourrait nous y prendre en embuscade au prochain tournant ; ou bien, cachés au plus profond d'eux, nous restions allongés et regardions les nuages blancs passer au-dessus de nous et écoutions les roseaux chuchoter les grands jours et les hauts faits qui se produisaient.

[Illustration : Ribe, depuis la colline du château.]

La colline du château était le seul point élevé de la ville. On disait dans quelque livre de voyage qu'on pouvait voir à vingt-quatre milles dans n'importe quelle direction depuis Ribe, couché sur le dos ; mais c'était tirer le grand arc. Le paysage était indéniablement plat. Du haut de la colline du château, nous pouvions voir le soleil se coucher sur la mer et les îles s'élever par beau temps, comme flottant dans les airs, les Nibs serpentant leur chemin argenté à travers les champs verts. Pas un arbre, à peine une maison, ne gênait la vue. C'était de l'herbe, de l'herbe, sur des kilomètres, jusqu'aux dunes de sable et à la plage. Les étrangers étaient en extase devant le petit coin de forêt près du Long Bridge, et c'était très doux et joli ; mais pour moi qui suis né là-bas, la large vue sur la mer, les vertes prairies, avec le vol solitaire des oiseaux de rivage et le chant du courlis pendant les veilles nocturnes, étaient de loin plus chers, avec toute leur mélancolie. Plus que des montagnes dans leur majesté ; plus, infiniment plus, que la ville des millions de personnes avec toute sa richesse et sa puissance, ils me semblent symboliser la liberté humaine et la lutte pour elle. De là sont venus les Vikings qui parcouraient les mers, ne servant de maître à personne ; et à travers les âges sombres de la féodalité, aucun seigneur n'a longtemps plié le cou de ces vaillants yeomen sous le joug. L'Allemagne, oubliant l'honneur, les traités et l'histoire, essaie de le faire maintenant à Slesvig, au sud des Nibs, et elle échouera tout aussi sûrement. Le jour de la justice longtemps retardée, où les dynasties, par la grâce de Dieu, auront été remplacées par un gouvernement du droit du peuple, les trouvera encore invaincues.

Hélas! Je crains que trente ans passés dans le pays où mes enfants sont nés ne m'aient laissé plus Danois que jamais. A peine ai-je gravi la colline du château que je me bats bec et ongles contre les ennemis héréditaires de mon peuple qu'il a été construit pour barrer la route. Pourtant, l'auriez-vous autrement ? Quel genre de mari va faire l'homme qui commence par jeter sa vieille mère dehors pour faire de la place à sa femme ? Et quelle sorte d'épouse serait-elle pour demander ou supporter cela ?

Mais je parlais de l'immeuble près des douves. C'était une affaire délabrée sur deux étages, avec des locataires sans emploi et des enfants en haillons. En regardant en arrière maintenant, je pense que c'est probablement le contraste de sa désolation avec la colline verte et les champs que j'aimais, de ses ténèbres, de sa misère humaine et de son inefficacité avec les vaillants combattants de mes rêves d'enfant, qui m'a tellement impressionné. Je le crois parce que c'est le cas maintenant. En face des immeubles que nous combattons dans nos villes, les champs, les bois, le ciel ouvert de Dieu s'élèvent toujours dans mon esprit, comme accusateur et témoin que son temple est si souillé, l'homme si petit de corps et d'âme.

[Illustration : La vue que la cigogne a eue sur la vieille ville]

Je sais que Rag Hall m'a beaucoup déplu. Je suppose qu'il devait y avoir une touche yankee curieuse dans mon maquillage, car les garçons m'appelaient "Jacob le fouilleur", principalement à cause de mon souci constant avec les égouts de notre maison, qui étaient des plus primitifs. Un caniveau ouvert et plein de rats menait sous la maison au caniveau également ouvert de la rue. C'était tout ce qu'il y avait de cela, et c'était très mauvais ; mais il en avait toujours été ainsi, et comme par conséquent il ne pouvait en être autrement, mes énergies se consacraient à une guerre sans fin contre ces rats dont les nids obstruaient le caniveau. J'avais à peine plus de douze ou treize ans lorsque Rag Hall contesta mon ressentiment. Mes méthodes pour y faire face avaient au moins le mérite d'être directes, si elles n'ajoutaient rien à la somme des connaissances humaines ou au bonheur. J'avais reçu un « mark », qui était une pièce de monnaie semblable à notre pièce d'argent, la veille de Noël, et je me suis immédiatement rendu à Rag Hall pour le partager avec la famille la plus pauvre de là, à la condition expresse qu'elle fasse du rangement. surtout ces enfants, et changent généralement leur mode de vie. L'homme a pris l'argent - j'ai un vague souvenir d'avoir vu son visage abasourdi - et, je crois, il l'a ramené chez nous pour voir si tout allait bien, ce qui m'a beaucoup offensé. Mais c'est ainsi qu'il a fait de son mieux pour lui-même, car Rag Hall a également attiré l'attention de ma mère. Et on a effectivement fait du blanchiment à la chaux, et les enfants ont été nettoyés pendant une saison. De sorte que les huit compétences étaient, sinon judicieusement, du moins bien investies, après tout.

[Illustration : Le Domkirke]

[Illustration : Dans le Domkirke .]

Nul doute que Noël y est pour quelque chose. La pauvreté et la misère semblent toujours plus choquantes au moment où le monde entier se réjouit. Nous avons pris une semaine entière de congé pour célébrer Noël. Jusqu'après le jour de l'An, personne ne pensait à autre chose. La « Sainte Ève » a été la plus grande de l'année. Puis la Domkirke brillait de mille bougies de cire qui rendaient encore plus profonde l'obscurité dans les profondeurs derrière les piliers de granit et faisaient ressortir l'image de la Vierge Marie et de son enfant, longtemps cachée sous le badigeon de la Réforme et ainsi préservée. jusqu'à nos jours par les moyens mêmes pris pour le détruire. Les gens chantaient les chers vieux hymnes sur l'enfant bercé dans la crèche, et les larmes de la mère coulaient dans son livre de cantiques. Chère vieille maman ! Elle avait une maison pleine et assez petite pour se débrouiller ; mais jamais personne n'a eu faim ou n'a été laissée sans aide devant sa porte. Je crois à la charité organisée et systématique, selon le témoignage de mes sens ; mais… je suis heureux que nous ayons cette saison où nous pouvons oublier nos principes et pécher par excès de miséricorde, ce petit coin des jours de l'année mourante réservé aux sentiments et à l'absence de questions. Pas besoin d'avoir peur. C'est sûr. La charité de Noël ne corrompt jamais. L'amour le garde doux et bon − l'amour qu'Il a apporté au monde à Noël pour tempérer la dure raison de l'homme. Lâchez-le pour ce petit sort. Janvier arrive assez tôt avec son long froid. Il me semble toujours que c'est le mois le plus long de l'année. Nous sommes loin d'un autre Noël !

[Illustration : Mère.]

Dire que Ribe était une vieille ville ne suffit pas à décrire la situation aux lecteurs d'aujourd'hui. Une ville peut être ancienne et pourtant avoir évolué avec le temps. De mon temps, Ribe ne l'avait pas fait. Elle n'avait jamais changé de démarche ni de comportement depuis que des lanternes à l'huile de baleine étaient suspendues avec des chaînes de fer dans ses rues pavées pour les éclairer la nuit. Ils étaient toujours là, chaque maillon rouillé grinçant tristement dans le vent qui ne cessait de souffler de la mer. Le pétrole de charbon, tout juste venu d'Amérique, était considéré comme une innovation dangereuse. Je me souviens avoir acheté une bouteille d'« huile de Pennsylvanie » chez l'épicier pour huit skills, comme une expérience domestique douteuse. Les stylos en acier n'avaient pas remplacé la plume d'oie à l'ancienne, et les canifs signifiaient exactement ce que leur nom l'impliquait. Les matchs étaient encore du futur. Nous emportions des briquets pour allumer le feu. Les gens secouaient la tête au télégraphe. Le temps des diligences n'était pas encore passé. Le bateau à vapeur et le chemin de fer n'étaient pas arrivés à moins de quarante milles de la ville, et il n'y avait qu'une seule usine à vapeur : une filature de coton qui appartenait au père d'Elizabeth. Au début de mon histoire, lui, ayant gagné beaucoup d'argent pendant les premières années de la guerre américaine grâce à la prévoyance en s'approvisionnant en coton, en construisait un autre, plus grand, et j'ai aidé à le construire. Il détenait à Ribe le monopole absolu du progrès et de l'entreprise, et bien qu'il employât plus de la moitié de la main d'œuvre, il n'est pas loin de la vérité qu'il était impopulaire pour cette raison. Il ne pouvait en être autrement dans une ville dont la compagnie de milice utilisait encore des fusils à silex. Ceux que nous avions à l'école à l'usage des grands, d'affreux vieux tromblons de l'époque pré-napoléonienne, étaient du même modèle. Je me souviens de la frayeur qui saisit notre digne recteur à l'approche de l'armée allemande, dans l'hiver 1863, et de la hâte qu'il fit de les emballer tous dans une caisse et de les envoyer couler dans les profondeurs, de peur qu'ils ne tombent dans le les mains de l'ennemi; et la consternation qui apparut sur leurs visages lorsqu'ils virent les pistolets à aiguilles prussiens.

Les veilleurs criaient encore à toute heure de la nuit. Ils le font d'ailleurs encore. Le chemin de fer est arrivé en ville et la marche du progrès l'a frappé après mon départ. Des institutions centenaires ont été impitoyablement bouleversées. Les forces de police, qui dans mon enfance se composaient d'un homme et demi, c'est-à-dire avec une jambe de bois, furent renforcées et en uniforme, et le chant des veilleurs de nuit fut arrêté. Mais il y a des limites à tout. La ville, qui était réveillée à chaque heure de la nuit depuis le début du Moyen Âge pour se faire dire qu'elle dormait bien, ne pourrait pas passer une nuit de repos sans elle. Il restait éveillé, redoutant toutes sortes de désastres inconnus. L'insomnie universelle la menaçait ; et en un mois, à la demande de toute la communauté, le conseil rétablit les chanteurs, et ils grincent encore aujourd'hui. Cela peut sembler exagéré ; mais ce n'est pas. Il s'agit d'un récit fidèle de ce qui s'est passé et figure ainsi dans les procès-verbaux officiels de la municipalité.

[Illustration : Le Quai Désert.]

Lorsque j'étais au Danemark l'année dernière, j'ai parcouru certains de ces vieux rapports et j'ai eu plus d'un rire mélancolique au récit des mesures prises pour la défense de Ribe lors du premier assaut des Allemands en 1849. C'est l'année où j'ai est né. Ribe, étant une ville frontalière sur la limite du territoire convoité, entreprit de s'armer pour résister à l'invasion. Les citoyens ont construit des barricades dans les rues, l'une d'entre elles, avec une sage prévoyance, devant la pharmacie, « au cas où quelqu'un s'évanouirait » et aurait besoin de gouttes ou de sels odorants d'Hoffman. Les femmes remplissaient des bouilloires d'eau chaude dans les maisons flanquant une éventuelle avancée. « Deux cents livres de poudre » furent commandées à la ville voisine par poste à pied, et un canon à moitié enterré depuis cent ans, servant de poste d'attelage, fut déterré et mis en service. Les armes étant rares, le vicaire du village voisin déclara qu'armer son hôte de lances et de haches de combat était la meilleure solution. Une rumeur d'une avancée soudaine de l'ennemi a envoyé les mères avec leurs bébés dans les bras se précipiter vers le nord pour se mettre en sécurité. Ma mère était parmi eux. J'avais un mois à l'époque. Trente ans plus tard, je me suis battu pour le pouvoir au commissariat de Mulberry Street avec un journaliste du *Staats-Zeitung* que j'ai découvert comme étant l'un de ces envahisseurs, et je lui ai arraché la victoire pour me venger. Le vieux Cohen portait une balle danoise dans le bras pour lui rappeler ses premiers méfaits. Mais il n'a pas été tiré pour défendre Ribe. Cela s'est effondré lorsqu'un officier d'état-major du gouvernement, envoyé pour rendre compte du zèle des hommes de Ribe, a déclaré que la ville ne pouvait être défendue qu'en construisant des barrages sur la rivière et en inondant les prairies, ce qui coûterait deux cents dalers . Les procès-verbaux du conseil indiquent que c'était un prix trop élevé à payer pour avoir le privilège d'être pillé, peut-être, comme ville capturée ; et l'armée citoyenne fut dissoute.

[Illustration : En aval, là où les navires naviguaient autrefois]

Si l'arrivée de l'armée d'invasion avait pu être programmée à son convenance, la mer, qui était autrefois le rempart de la nation, aurait pu compléter les défenses de Ribe sans autre dépense que celle de réparer les dégâts. Deux ou trois fois par an, généralement à l'automne, lorsqu'un vent long et fort du nord-ouest soufflait, il déferlait sur les prairies basses et inondait le pays à perte de vue. Alors les hautes chaussées étaient le refuge de tout ce qui vivait dans les champs ; des lièvres, des souris, des renards et des perdrix s'y pressaient, frissonnant sous la pluie d'embruns qui tombait sur la route, et faisant tout ce qu'ils pouvaient pour résister au violent souffle. Si la « crue de tempête » survenait tôt dans la saison, avant que le bétail n'ait été hébergé, il y avait une pire histoire à raconter. Alors le boucher de la ville se rendait sur la chaussée au point du jour avec les instruments de son métier pour sauver si possible, en laissant couler le sang, au moins la viande des bœufs et des moutons noyés et rejetés par la mer. Lorsqu'elle s'élevait plus haut et déferlait sur la route, la malle postale se frayait un chemin avec précaution entre les poteaux blancs placés des deux côtés pour la guider en toute sécurité. Nous, les garçons, pêchions du poisson dans les rues de la ville, tandis que des tuiles rouges volaient sur les toits tout autour de nous, et nous nous amusions énormément. Cela faisait partie du devoir des veilleurs qui criaient des heures durant pour avertir si la mer montait soudainement pendant la nuit. Et quand nous l'avons entendu, nous avons frissonné dans nos lits d'un horrible plaisir.

Les habitants de Ribe étaient divisés en trois classes : les fonctionnaires, les commerçants et les travailleurs. L'évêque, le bourgmestre et le recteur de l'École latine dirigeaient la première classe, à laquelle appartenait mon père en tant que maître principal de l'école. Le père d'Elizabeth dirigeait facilement la deuxième classe. Pour le troisième, il n'avait pas de dirigeants et rien à dire à ce moment-là. Dans les occasions officielles, les frontières étaient très nettement tracées entre les classes, mais la gentillesse générale des gens les rendait, aux heures ordinaires, si détendus que la différence était à peine perceptible. Il s'agissait d'un véritable voisinage qui errait sans retenue et sans préjugés jusqu'à ce qu'il se heurte à la barrière de l'orthodoxie traditionnelle. Je me souviens bien d'un cas de ce genre. Il y avait dans notre ville une seule famille de Juifs, commerçants aisés, doux et bons, socialement populaires. Là vivait aussi une femme païenne riche, une mère dans l'Israël strictement luthérien, qui nourrissait et vêtissait les pauvres et faisait le bien sans fin. C'était une femme très pieuse. Il se trouve que la juive et le chrétien étaient de vieux amis. Mais un jour, ils s'égarèrent sur un terrain dangereux. La juive l'a vu et a essayé de détourner la conversation du sujet interdit.

"Eh bien, cher ami," dit-elle d'une manière apaisante, " un jour , lorsque nous nous rencontrerons au paradis, nous le saurons tous mieux."

La barrière a été atteinte. Son amie se hérissa assez en répondant :

"Quoi ! Notre paradis ? Non, en effet ! Nous sommes peut-être de bons amis ici, Mme ..., mais là-bas, vraiment, vous devrez m'excuser."

[Illustration : Une ruelle pavée]

Les ruisseaux étroits ont tendance à couler profondément. Un incident que j'ai rapporté en toute justice à l'orthodoxie intransigeante de l'époque m'a fait une forte impression. Il s'agissait de mon oncle, un homme généreux, intelligent, brillant même, mais sans grande révérence, et du diacre de l'église du village où ils habitaient. Il était exactement le contraire de mon oncle : dur, peu charmant, mais profondément religieux. Les deux hommes étaient voisins et se disputaient à propos de leur clôture. Pendant des mois, ils ne parlèrent pas. Le dimanche, le diacre passait à grands pas pour se rendre à l'église, et mon oncle, qui restait à la maison, profita de l'occasion pour montrer de quelle étoffe étaient faits ces pharisiens, à sa grande édification. La semaine de Pâques arrivait. Au Danemark, il est, ou était, coutume d'aller communier une fois par an, le Jeudi Saint, si ce n'est à aucune autre époque, et, devrais-je ajouter, rarement à aucune autre époque. Mercredi soir, le diacre est apparu, sans y être invité, à la porte de mon oncle, sollicitant un entretien. Si un spectre était soudainement entré, je ne pense pas qu'il aurait pu perdre la raison plus complètement. Il les récupéra avec effort, et, souhaitant la bienvenue à son hôte, le conduisit courtoisement à son bureau.

De cet entretien, il est ressorti un homme changé. De longues années après, j'en ai entendu toute l'histoire de la bouche même de mon oncle. C'était assez simple. Le diacre dit que le devoir l'appelait à la table de communion le lendemain et qu'il ne pouvait pas se concilier avec sa conscience d'aller avec haine envers son prochain dans son cœur. Il était donc venu lui dire qu'il pouvait avoir la ligne telle qu'il la réclamait. L'étincelle a allumé le feu. Ici et là, ils se sont réconciliés et sont devenus des amis chaleureux, bien qu'ils ne soient d'accord sur rien, jusqu'à leur mort. « La foi, dit mon oncle en parlant de cela, qui pourrait agir ainsi sur une telle nature, ne doit pas être prise à la légère. » Et il ne l'a plus jamais fait après ça. Il est mort en homme croyant.

Il se peut que le fait que ces derniers soient généralement aisés, alors que les fonctionnaires se battaient pour la plupart avec leurs revenus, a contribué pour quelque chose aux relations habituellement démocratiques entre les hommes de la classe supérieure et les commerçants. Le salaire de mon père devait suffire à une famille de quatorze, voire quinze, car il avait pris l'enfant de sa sœur décédée lorsqu'elle était bébé et l'avait élevée avec nous, qui étions tous des garçons sauf un. Mon père était responsable de la forme latine, ce qui, avec un sens de l'humour sinistre, l'a amené, je suppose, à cocher ses enfants avec les chiffres latins, pour ainsi dire. Le sixième fut baptisé Sextus, le neuvième Nonus, bien qu'ils ne fussent pas appelés ainsi, et il ne fut dissuadé d'appeler le douzième Duodécime que par la certitude que les autres garçons l'appelleraient à tort « Douzaine ». Comment j'ai échappé à Tertius, je ne le sais pas. Ce projet n'avait probablement pas été envisagé à l'époque. Pauvre père ! Sur les quatorze, un seul a vécu suffisamment longtemps pour réaliser ses espoirs de carrière professionnelle, pour ensuite mourir alors qu'il venait tout juste d'obtenir son diplôme de médecine. Mon frère aîné est parti en mer ; Sophus, le docteur, était le suivant ; et moi, quand vint le temps d'étudier sérieusement, je refusai catégoriquement et déclarai mon désir d'apprendre le métier de menuisier. Ce n'est que trente ans plus tard que j'ai compris quelle était la profondeur de la blessure que j'avais alors frappée mon père. Il avait eu à cœur que je fasse une carrière littéraire, et même s'il était très loin de manquer de sympathie pour l'ouvrier, je pense plutôt qu'il était le seul lien entre les couches supérieures et inférieures de notre ville, jouissant ainsi du plus grand plaisir. un profond respect pour tous deux – mais ce fut pour lui une triste déception. C'est en 1893, lorsque je l'ai vu pour la dernière fois, que je l'ai découvert, par une remarque fortuite qu'il a laissée tomber alors qu'il était assis avec mon premier livre, "Comment vit l'autre moitié", à la main, et aussi le sacrifice qu'il a fait. Il avait fait de ses propres ambitions littéraires de faire vivre sa grande famille grâce à son travail éditorial pour le journal local. Quant à moi, j'aurais été récompensé du travail d'écrire mille livres en voyant la fierté qu'il avait pour les miens. Il y avait enfin un homme de lettres dans la famille, bien qu'il arrivât par un chemin qui ne figurait pas sur la carte officielle.

[Illustration : Père.]

Mais pleurer à cause du lait renversé n'était pas la mode de mon père. Si je devais devenir charpentier, il y en avait un bon en ville, chez qui je fus immédiatement apprenti pendant un an. Pendant ce temps, d'ailleurs, je pouvais décider, compte tenu de mon statut dégradé, que l'école était, après tout, à préférer. Et c'est ainsi que je suis devenu un garçon ouvrier aidant à construire l'usine de son fier père au moment où je suis tombé éperdument amoureux de la douce Elizabeth. Certes, je n'avais pas emprunté un chemin facile pour gagner mon chemin et mon épouse ; ainsi raisonnait la ville, qui prit aussitôt note de mon engouement. Mais ensuite, il a ri, il avait le temps. J'avais quinze ans et elle n'en avait pas treize. Il y avait assez de temps, oh, oui ! Seulement, je ne le pensais pas. Mes fréquentations se déroulaient à un rythme tumultueux, ce qui fit d'abord rire la ville, puis la rendit impatiente et fit exprimer à quelques matrones sérieuses le désir de me frapper les oreilles à fond. Il faut admettre que si la cour se faisait généralement selon le plan que j'ai adopté, il y aurait peu de paix et moins de sécurité partout. Lorsqu'elle venait jouer parmi les bois où nous travaillions, comme elle le ferait naturellement, le danger suivait mes pas. Je porte une cicatrice sur le tibia faite avec une herminette dont j'aurais dû faire attention lorsque je m'occupais d'elle. L'index de ma main gauche a une articulation raide. Je l'ai coupé avec une hache alors qu'elle dansait sur une poutre à proximité. Bien qu'il ait été remis en place par un chirurgien intelligent et conservé, je n'en ai plus jamais eu l'usage depuis. Mais qu'importait un doigt, ou dix, quand elle était seulement là ! Une fois, je suis tombé du toit alors que je devais tendre le cou pour la voir passer le coin. Mais je n'ai guère pris note de ces choses, sauf pour s'attirer sa sympathie en me faisant passer pour un héros blessé, le bras en écharpe, à l'école de danse où j'avais rejoint exprès pour danser avec elle. J'étais le plus grand des garçons là-bas, et donc le premier à choisir un partenaire, et je me souviens encore aujourd'hui des ricanements de l'école lorsque je suis allé directement chez moi et que j'ai emmené Elizabeth. Elle rougit de colère, mais je m'en fichais. C'était pour ça que j'étais là, et je l'avais maintenant. Je ne l'ai pas laissée partir non plus, même si le professeur a délicatement laissé entendre que nous n'étions pas un bon couple. Elle était la meilleure danseuse de l'école et j'étais la pire. Ce n'est pas un bon match, hé ! C'était tout ce qu'elle en savait.

C'est au bal qui fermait l'école de danse que j'excitai la forte envie des matrones de me botter les oreilles en ordonnant au père d'Elizabeth de se lever lorsqu'il tentait de se joindre à nous avant minuit, heure fixée pour que les aînés prennent les choses en main. J'étais membre du comité d'étage, mais comment je pourrais faire une telle chose dépasse mon entendement, sauf sur le principe énoncé par M. Dooley selon lequel lorsqu'un homme est amoureux, il cherche à se battre partout. J'ai dû l'être, car ils ont dû m'empêcher de toutes mes forces de fuir vers l'armée qui menait un combat perdu contre deux grandes puissances cet hiver-là. Même si j'étais bien mineur, j'étais un grand garçon et j'aurais peut-être réussi ; mais la retraite précipitée de notre courageux petit groupe devant des obstacles écrasants a réglé la situation. Alors que résonnaient encore les échos du scandale provoqué par l'épisode du bal, je suis parti à Copenhague pour y faire mon apprentissage chez un grand constructeur dont j'ai vu le nom parmi les morts l'autre jour dans le journal. Il a toujours été un bon ami pour moi.

[Illustration : La maison de mon enfance]

Le troisième jour après mon arrivée dans la capitale, qui était justement mon anniversaire, j'avais fixé rendez-vous avec mon frère étudiant à l'exposition d'art au palais de Charlottenborg . J'ai trouvé deux escaliers partant de l'entrée principale et je me demandais lequel prendre, lorsqu'un beau monsieur en pardessus bleu m'a demandé, avec un léger accent étranger, s'il pouvait m'aider. Je lui ai raconté mon problème et nous sommes montés ensemble.

Nous marchions lentement et avions une conversation assez animée ; c'est-à-dire que je l'ai fait. Sa part se limitait principalement à des questions auxquelles je n'hésitais pas du tout à répondre. Je lui ai parlé de moi et de mes projets ; de la vieille école et de mon père, que je tenais pour acquis qu'il connaissait ; car n'était-il pas le professeur le plus âgé de l'école, et le plus sage, comme tout Ribe pouvait en témoigner ? Il a tout écouté avec un petit sourire curieux et a hoché la tête d'une manière très agréable et sympathique que j'aimais voir. Je le lui ai dit et que j'aimais bien les habitants de Copenhague ; ils semblaient si gentils avec un étranger, et il posa sa main sur mon bras et le tapota d'une manière amicale tout à fait gentille. Nous arrivâmes donc ensemble à la porte où se tenait le laquais rouge.

Il s'inclina très profondément lorsque nous entrâmes, et je m'inclinai en retour et dis à mon ami qu'il y en avait un exemple ; car je n'avais jamais vu cet homme auparavant. Sur quoi il éclata de rire et, désignant une porte, me dit que j'y trouverais mon frère et me dit au revoir. Il était parti avant que je puisse lui serrer la main ; mais à ce moment-là mon frère arriva et je l'oubliai dans mon admiration pour les tableaux.

Une heure plus tard, nous nous reposions dans l'une des chambres et je passais en revue les événements de la journée, racontant tout sur le gentil étranger, lorsqu'il entra et hocha la tête en me souriant.

"Le voilà", ai-je crié, et j'ai également hoché la tête. A ma grande surprise, Sophus se leva en sursaut et salua en toute hâte.

"Bonne grace!" dit-il lorsque l'étranger fut parti. "Tu ne veux pas dire qu'il était ton guide ? Eh bien, c'était le roi, mon garçon !"

Je n'ai jamais été aussi étonné de ma vie et je m'attends à ne plus jamais le être. Je n'avais connu les rois que grâce aux livres d'histoires de Hans Christian Andersen, où ils se portaient toujours en robe de couronnement, avec une longue traîne et des pages, et avec des couronnes d'or sur la tête. Qu'un roi puisse se promener avec un pardessus bleu, comme n'importe quel autre homme, a été pour moi un véritable choc dont je n'ai pas pu me remettre pendant un moment. Mais quand j'ai appris à mieux connaître le roi Christian, je l'ai d'autant plus apprécié. De toute façon, vous n'y pouviez rien. Son peuple l'appelle « le bon roi » avec raison. Il est ça.

En parlant de Hans Christian Andersen, nous, les garçons, l'aimions naturellement ; car ne nous avait-il pas raconté toutes les belles histoires qui constituaient tout le fond de notre vie ? Ils font encore ça avec moi, plus que vous ne le pensez. Le petit sapin de Noël et le lièvre qui le faisait pleurer en sautant par-dessus parce qu'il était si petit, font partie des choses qui resteront toujours avec vous. J'entends aujourd'hui des gens qui pensent qu'il n'est pas convenable de raconter des contes de fées aux enfants. Je suis désolé pour ces enfants. Je me demande ce qu'ils vont leur donner à la place. L'algèbre, peut-être. Beau lot de machines à compter dont nous disposerons pour le siècle à venir ! Mais même si nous aimions Andersen, nous n'hésitions pas à lui faire des farces lorsque l'occasion s'en présentait. À cette époque, Copenhague était entourée de grands murs de terre et il y avait là-haut de belles promenades sous les vieux tilleuls. Les nuits de clair de lune, où l'odeur des violettes flottait dans l'air, nous y rencontrions parfois le poète, marchant seul. Puis nous nous mettions irrévérencieusement en file indienne et nous nous approchions, casquette à la main, l'un après l'autre, pour le saluer d'un « Bonsoir, Herr Professor » profondément respectueux. C'était son titre. Son visage aimable rayonnait de joie et nos poings tendus étaient enfouis dans la plus grande main, nous semblait-il, qu'un mortel ait jamais possédée - Andersen avait de très grandes mains et de très grands pieds - et nous repartions en riant joyeusement et en même temps. secrètement honte de nous-mêmes. Il était si visiblement ravi de notre hommage.

À l'époque, ils racontaient une histoire d'Andersen qui faisait rire toute la ville, même s'il n'y avait pas la moindre malice dedans. De mon temps, personne n'avait pour le poète que l'affection la plus sincère ; sa période de tempête et de stress était alors révolue depuis longtemps. Il avait, disait-on, très peur d'être enterré vivant. Pour que cela n'arrive pas, il épinglait chaque soir, avant de s'endormir, soigneusement un papier sur sa couverture, sur lequel était écrit : "Je suppose que je ne suis qu'en transe." [Note de bas de page : En danois : « Jeg er vist skindod ."] Inutile de dire qu'il ne courait aucun danger. Lorsqu'il tomba dans son long sommeil, le pays tout entier, d'ailleurs le monde entier, pleurait devant sa bière.

J'ai rêvé pendant quatre ans à Copenhague pendant que j'apprenais mon métier. Les moments où j'étais éveillé étaient lorsqu'elle venait en ville pour rendre visite à son père ou, plus tard, pour terminer ses études dans une école à la mode. Cela me dérange la première fois qu'elle est venue. J'étais au dépôt et je roulais avec elle à l'arrière de leur carrosse, à leur insu. J'ai donc découvert dans quel hôtel ils allaient séjourner. J'ai appelé le lendemain et j'ai volontairement oublié mes gants. Dieu sait d'où je les ai achetés, je les ai probablement empruntés. Ce n'était pas l'époque des gants. Son père les a envoyés à mon adresse le lendemain en me laissant entendre que, ayant été bon voisin, je n'avais pas besoin de rappeler. Il devenait carré pour le ballon. Mais ma femme dit que je n'ai jamais été doué pour comprendre les indices, sauf dans le domaine des affaires, en tant que journaliste. Je l'ai surveillée tout le temps où elle était en ville. Elle ne me voyait pas toujours, mais je la voyais, et cela suffisait. Je la regardais rentrer de l'école le soir et j'étais content, même si elle était escortée par un cadet avec un autocollant de cochon à ses côtés. Il était son cousin et m'avait donné sa parole qu'il ne se souciait pas d'elle. Il est maintenant commodore et secrétaire à la Marine du roi Christian. Quand elle était malade, j'ai promis mon pantalon du dimanche pour un dollar et je lui ai acheté un bouquet de fleurs dont ils se moquaient jusqu'à ce qu'elle pleure et le jette. Et à chaque instant, elle devenait de plus en plus belle et plus adorable. C'était certainement la plus belle fille de Copenhague, qui regorge de femmes charmantes.

[Illustration : Près de son jardin, sur la rivière Nibs.]

Il y avait de longues périodes où elle était absente et où je rêvais sans être dérangé. C'est au cours d'une de ces scènes que j'allais au théâtre avec mon frère voir une pièce célèbre dans laquelle un assassin tentait d'assassiner l'héroïne qui dormait dans un fauteuil. Or, cette héroïne était une actrice connue qui ressemblait singulièrement à Elizabeth. Alors qu'elle était assise là, avec les longues boucles balayant son cou gracieux, en danger imminent d'être tuée, j'ai oublié où j'étais, ce que c'était, tout et tout, sauf que le danger menaçait Elizabeth, et je me suis levé avec un grand cri de meurtre. , essayant de se diriger vers la scène. Mon frère a eu du mal à me retenir. Il y a eu du bruit au théâtre, et la pièce a été retardée pendant qu'on m'éteignait. Je me souviens que le roi Georges de Grèce me regardait depuis sa loge pendant que j'étais transporté jusqu'à la porte, et que le meurtrier coquin sur la scène avait l'air d'avoir fait quelque chose qui méritait d'être loué. Dehors, dans le froid, mon frère m'a secoué et m'a ramené chez moi, un garçon sobre et un peu découragé. Mais de toute façon, je n'aime pas ce genre de jeu. Je ne vois pas pourquoi le méchant sur scène est meilleur que le méchant dans la rue. Il y en a suffisamment et en réserve. Et pensez s'il l' *avait* tuée !

Les années passèrent et le jour vint enfin où, après avoir prouvé mon aptitude, je reçus mon certificat de charpentier dûment inscrit à la guilde de

Copenhague et, laissant tomber mes outils avec joie et en toute hâte, je me dirigeai droit vers Ribe. où elle était. Je pensais que j'avais avancé à pas très furtifs vers mon objectif, ayant grandi de quatre ans par rapport à l'époque où j'avais pris toute la communauté par les oreilles. Mais il ne pouvait en être ainsi, car je n'étais pas en ville depuis vingt-quatre heures avant que ce soit fini que j'étais rentré à la maison pour proposer à Elizabeth ; ce qui était ennuyeux mais vrai. Par le même genre de sorcellerie, la ville comprit un autre jour qu'elle m'avait refusé, et toutes les têtes sages s'agitèrent et témoignèrent qu'elles auraient pu me le dire. Qu'est-ce que moi, un simple charpentier, je voulais au « château » ? C'était ainsi qu'ils appelaient la maison de son père. Il avait d'autres projets pour sa jolie fille.

Quant à Elisabeth, pauvre enfant ! elle n'avait pas encore dix-sept ans et était facilement persuadée que tout n'allait pas ; elle pleurait et, dans la bonté de son cœur doux, elle était vraiment désolée ; et je lui baisai les mains et je sortis, les yeux remplis de larmes, sentant qu'il n'y avait plus rien au monde pour moi , et que plus je m'éloignais d'elle, mieux c'était. Il fut donc décidé que j'irais en Amérique. Sa mère m'a donné une photo d'elle et une mèche de ses cheveux, et a ainsi suscité une fois de plus la colère des douairières ; car pourquoi devrais-je me briser le cœur à cause d'Elizabeth dans des pays étrangers, puisqu'elle n'était pas pour moi ? Ah, mais les mères le savent mieux ! J'ai vécu de cette photo et de cette boucle pendant six longues années.

[Illustration : La photo que sa mère m'a donnée]

Un matin de mai, ma propre mère m'accompagna à la diligence pour m'accompagner dans mon long voyage. Le père est resté à la maison. Il a toujours été un homme qui, avec le cœur le plus tendre, affichait une apparence d'une grande sévérité pour ne pas le trahir. Que Dieu ait son âme ! Que rien de ce que j'ai fait ne lui ait causé plus de chagrin dans sa vie que la séparation ce jour-là est pour moi maintenant un doux réconfort. Il a vécu pour prendre Elizabeth dans son cœur, une fille bien-aimée. Pour ma part, j'étais ce matin-là, bien avant le lever du soleil, sous sa fenêtre pour lui dire au revoir, mais elle ne le savait pas. Mais les domestiques le firent et le lui dirent lorsqu'elle se leva. Et elle, comme une fille, a dit : « Eh bien, je ne lui ai pas demandé de venir ; » mais dans son âme secrète, je crois qu'il y avait un petit regret de ne pas m'avoir vu partir.

Je pars donc parcourir le monde à la recherche de ma fortune, enrichi des quelque 40 dollars que m'avaient présentés les amis de Ribe, sachant que j'avais à peine de quoi payer mon passage dans l'entrepont. Même si je les avais agacés de cent manières et troublé complètement la paix de la vieille ville, je pense qu'ils m'aimaient un peu quand même. Ils ont toujours été de bons et gentils voisins, des gens honnêtes et aimables. J'ai regardé en arrière avec la bénédiction de ma mère encore dans mes oreilles, là où les girouettes dorées brillaient sur la maison de son père, et les larmes ont de nouveau débordé. Et pourtant, telle est la vie, tout à coup je sentis mon cœur se serrer d'un courage nouveau. Tout n'était pas encore perdu. Le monde était devant moi. Mais hier, le hasard est arrivé que, en allant communier dans le vieux Domkirke , je me suis agenouillé à côté d'elle près de la rampe de l'autel. J'y ai pensé et je me suis séché les yeux. Dieu est bon. Il ne m'en a pas voulu. La prochaine fois que nous nous y sommes rencontrés, nous nous sommes agenouillés pour devenir mari et femme, pour le meilleur ou pour le pire ; heureusement, glorieusement pour le meilleur, pour toujours et oui, et tous nos ennuis étaient terminés. Car n'étions-nous pas les uns les autres ?

CHAPITRE II

J'ATTERRISS À NEW YORK ET JE PRENDS LA MAIN DANS LE JEU

Le paquebot *Iowa* , en provenance de Glasgow, entra au port, après un long et orageux voyage, le dimanche de Pentecôte 1870. Il était arrivé pendant la nuit et avait jeté l'ancre au large de Castle Garden. C'était un beau matin de printemps, et alors que je regardais par-dessus le rail les kilomètres de rues droites, les hauteurs verdoyantes de Brooklyn et le bruit des ferry-boats et des bateaux de plaisance sur le fleuve, j'avais grand espoir que quelque part dans cette ruche grouillante, là serait un endroit pour moi. De quel genre d'endroit je n'avais moi-même aucune idée claire. Je laisserais cela fonctionner comme je le pourrais. Bien sûr, j'avais mon métier sur lequel m'appuyer, mais je crains que ce soit la seule utilité que je pensais en faire. L'amour du changement appartient à la jeunesse et j'avais l'intention de prendre part aux choses au fur et à mesure qu'elles se présentaient. J'avais deux mains fortes et assez d'entêtement pour en faire deux ; également une forte conviction que dans un pays libre, libre de la domination des coutumes, des castes et des hommes, les choses finiraient par s'arranger d'une manière ou d'une autre, et un homme serait secoué dans le coin auquel il appartenait s'il prenait un parti. main dans le jeu. Je pense que j'avais raison. S'il me fallait beaucoup de secousses pour arriver là où j'appartenais, c'était exactement ce dont j'avais besoin. Même ma mère l'admet maintenant. A vrai dire, j'en avais marre du marteau et de la scie. Ils étaient indissolublement liés à mes rêves d'Elizabeth qui étaient désormais voués à l'échec. C'est pourquoi je les détestais. Et aussitôt, me rappelant que c'était son anniversaire et acceptant ce fait comme un bon présage, je reconstruisai mes châteaux aériens et résolus d'essayer une nouvelle approche. La nature humaine est tellement irrationnelle à vingt et un ans, quand elle est amoureuse. Et n'est-ce pas bien que ce soit le cas ?

Dans tout cela, je n'ai pas rendu compte d'un facteur qui est à l'origine de la moitié de nos problèmes avec notre population immigrée, dans la mesure où ils ne sont pas de notre faute : la perte de compte qui suit le déracinement ; l'abandon de tout sens des responsabilités, avec la disparition des anciennes normes, qui rend le travail du politicien si lucratif dans nos grandes villes, et celui du patriote et du gouvernant si ennuyeux. Nous connaissons tous le processus. L'immigrant n'a aucun brevet là-dessus. Cela afflige aussi l'indigène lorsqu'il se rend dans une ville où il n'est pas connu. Dans le bidonville, cela atteint son apogée dans la deuxième génération et fait des garçons irlandais et italiens les « durs » qui mènent les batailles de Hell's Kitchen et de Frog Hollow. Cela signifie simplement que nous sommes des créatures de l'environnement, que partout l'homme est en grande partie ce que ses voisins et ses enfants pensent qu'il est, et que le gouvernement veille également à notre bien moral, malgré les rêveurs et les anarchistes qui prétendent le contraire. Mais, aussi simple soit-il, il a été trop longtemps négligé pour la sécurité de l'homme et de l'État. Je ne vais pas discuter ici des plans visant à remédier à cette négligence, mais je peux en penser à trois qui fonctionneraient : l'une d'entre elles fonctionne, même si elle n'est pas au top : l'école publique. Dans son développement ultime en tant que centre du quartier, j'aurais le premier souci du gouvernement municipal, toujours et partout, à quelque prix que ce soit. Un découpage paroissial efficace en est une autre. Je pense que nous y arrivons. La dernière est une inscription annuelle rigide – le recensement scolaire est bon, mais pas assez – à des fins de vaccination, de juré, ou à des fins militaires s'il vous plaît. Je ne parle pas de la conscription, mais de la vérification de la force de combat de l'État en cas de besoin, de tout ce qui pourrait servir d'excuse. C'est l'inscription elle-même qui, je pense, aurait un effet positif en donnant à l'homme le sentiment qu'on compte sur lui pour quelque chose ; qu'il appartient pour ainsi dire, au lieu de rester les bras croisés et de regarder passer une procession dans laquelle il n'y a pas de place pour lui ; ce qui n'est qu'une autre façon de dire qu'il a le droit de le harceler et de lui lever le tribut qu'il peut. L'inscription pour voter arrive trop tard. À ce moment-là, il aurait peut-être rejoint l'armée des pilleurs.

Afin de pouvoir prendre ma propre place dans le cortège, sinon dans l'armée en question, comme je concevais la coutume du pays, je me suis donné pour première tâche d'acheter un revolver de marine de la plus grande taille, investissant dans le acheter exactement la moitié de mon capital. J'ai attaché l'arme à l'extérieur de mon manteau et j'ai remonté Broadway à grands pas, conscient que je suivais la mode du pays. Je le savais grâce à l'autorité d'un homme qui avait été là avant moi et qui en était revenu, chercheur d'or aux débuts de la Californie ; mais l'Amérique était l'Amérique pour nous. Nous ne connaissions aucune distinction entre l'Ouest et l'Est. En droit, il aurait dû y avoir des buffles et des Indiens rouges chargeant de long en large sur Broadway. Je suis désolé de dire qu'il est encore plus facile aujourd'hui de faire croire cela à beaucoup de gens là-bas que de dire que New York est pavée et éclairée par des lumières électriques et tout aussi civilisée que Copenhague. Ils voudront que ce soit dans la nature. Je n'en ai vu aucun signe, mais j'ai rencontré un policier amical qui, me jaugeant ainsi que mon pistolet, l'a frappé doucement avec son gourdin et m'a conseillé de le laisser chez moi, sinon je pourrais me le faire voler. Ceci, à première vue, semblait confirmer mes appréhensions ; mais c'était un policier très gentil, et il prenait le temps de m'expliquer, vu que j'étais très vert. Et j'ai suivi son conseil et j'ai rangé le revolver, secrètement soulagé de m'en débarrasser. C'était assez lourd à transporter.

J'avais des lettres au consul danois et au président de l'American Banknote Company, M. Goodall. Je pense qu'il n'était peut-être pas président à l'époque, mais il l'est devenu par la suite. M. Goodall avait déjà fait naufrage sur la côte danoise et secouru par le capitaine de l'équipage de sauvetage, un ami de ma famille. Mais ils étaient tous les deux en Europe, et en seulement quatre jours, j'ai réalisé qu'il n'y avait pas de clameur publique particulière pour mes services à New York et j'ai décidé d'aller vers l'Ouest. Un missionnaire de Castle Garden réunissait une équipe d'hommes pour les usines de fer de Brady's Bend, sur la rivière Allegheny, et je l'ai suivi. Nous avons commencé un score complet, avec les billets payés, mais seulement deux d'entre nous ont atteint le virage. Les autres désertèrent calmement à Pittsburg et suivirent leur propre chemin. Voilà un exemple de ce que je viens de dire. Aucun d'entre eux n'aurait probablement pensé à le faire de l'autre côté. Ils auraient naturellement exécuté leur contrat. Ici, ils l'ont rompu tout naturellement dès qu'il ne leur convenait plus de continuer. Deux d'entre eux étaient sur notre bateau à vapeur, et leur pensée me fait encore rire maintenant. L'un d'eux était un Danois qui portait un immense sac à dos rempli de saucisses, de fromage et de nourriture de toutes sortes lorsqu'il montait à bord. Il ne l'a jamais lâché pendant le voyage. Sous la tempête et sous le soleil, il était là, portant son sac à dos. Je pense qu'il a dormi avec. La dernière fois que je l'ai vu clopiner dans une petite rue de Pittsburg, il le portait toujours, mais un bout restait mou et affamé, et l'autre était aussi maigre qu'une mauvaise année. L'autre voyageur était un Suédois jovial dont l'unique bagage consistait en un vieux mousquet, un bâton de prunellier et un verre de baromètre, attachés ensemble. Le verre, expliqua-t-il, valait la peine d'être conservé ; il pourrait un jour faire un souverain élégant. Cet homme était forgeron et je doute qu'il ne sache pas écrire.

Adler et moi sommes allés à Brady's Bend. Adler était un grand Allemand explosif qui avait été officier de réserve, je crois, dans l'armée prussienne. Le destin nous avait liés lorsque, sur le bateau à vapeur, la viande servie dans l'entrepont devenait si mauvaise qu'elle offensait non seulement notre palais, mais notre odorat. Nous avons organisé une manifestation, marchant pour voir le capitaine en corps, Adler et moi portant entre nous un plateau de viande répréhensible. En tant que porte-parole, j'ai présenté l'affaire de manière brève et respectueuse, et tout se serait bien passé si le sang chaud d'Adler ne s'était pas levé au mauvais moment, lorsque le capitaine explorait prudemment l'odeur de la nourriture rejetée. D'un brusque sursaut, il fit disparaître momentanément le nez de ce fonctionnaire dans le plat, tandis qu'il explosait en allemand volubile. Le résultat fut une rupture instantanée des relations diplomatiques. Adler fut mis au cachot, mais reprit aussitôt le chemin . Il passa le reste du voyage dans sa couchette à crier de terribles menaces de désastre imminent de la part du « Norddeutsche Consul », une fois arrivé à New York. Mais nous étions tous trop heureux de débarquer pour penser alors à nous venger.

[Illustration : Brady's Bend tel que je le connaissais]

Adler trouva du travail au haut fourneau, tandis que moi, je construisais des cabanes pour les mineurs sur la rive est de la rivière, là où une clairière avait été aménagée et appelée East Brady. De l'autre côté de l'Allegheny, les fourneaux et les laminoirs étaient cachés dans une vallée étroite et sinueuse qui s'enfonçait dans les collines couvertes de forêts, devenant de plus en plus profondes à chaque kilomètre. C'était pour moi, qui avais l'habitude de voir le soleil se lever et se coucher sur une plaine plane où les vents du ciel soufflaient à leur guise, dès le début comme une prison. J'ai escaladé les collines pour découvrir qu'il y avait de plus grandes collines au-delà — une mer sans fin de vagues de verdure gonflées sans clairière. J'ai passé tout le dimanche à le parcourir, des kilomètres et des kilomètres, pour trouver un point de vue d'où je pourrais voir la fin ; mais il n'y en avait pas. Un horrible mal du pays m'envahit. Les journées que j'ai réussi à traverser en travaillant dur et en faisant des observations sur la langue américaine. J'avais pour cela une assistante bénévole en la personne de Julia, la jolie fille aux pieds nus d'un mineur de charbon, qui traînait et s'intéressait à ce qui se passait. Mais elle a disparu après que je lui ai demandé de m'expliquer ce que signifiait mettre sa casquette à quelqu'un. J'étais curieux car j'avais entendu sa mère dire à un voisin que Julia me faisait ça. Mais les soirées étaient très solitaires. La jeune fille de notre pension faisait toujours la vaisselle sur un seul air : « La lettre qui n'est jamais venue ». Ce n'était ni un air joyeux, ni un sujet joyeux, car je n'avais eu aucune nouvelle de chez moi depuis mon départ. Je l'entends encore, crier et claquer ses plats, avec les cris des grenouilles en accompagnement dans le ruisseau qui marmonnait dans la vallée. Depuis, je n'ai jamais pu supporter les grenouilles américaines. Il y a du repos dans le ko-ax, ko-ax ! de son frère européen, mais le yi ! ouais ! de nos grenouilles américaines me donne toujours l'impression que je voulais mourir, ce qui n'est pas le cas.

En faisant la clairière, j'ai vu pour la première fois un bûcheron américain brandir une hache, et ce spectacle m'a rempli d'admiration pour l'homme et la hache. C'était un "double amer", et c'était un homme des bois typique aux longs bras et aux membres longs. J'avais aussi appris à me servir de la hache, mais je n'avais jamais rêvé de la façon dont il la balançait, d'abord sur une épaule, puis sur l'autre, la faisant tracer de longues coupures nettes à chaque coup. C'était splendide. J'aurais aimé revenir à Copenhague juste assez longtemps pour dire à ces idiots qui se méfiaient des outils américains qui commençaient tout juste à arriver sur le marché, qu'ils ne savaient pas de quoi ils parlaient. Bien entendu, il était raisonnable que les bons outils proviennent du pays où ils étaient utiles.

Il y avait une colonie d'honnêtes Gallois dans les collines arrière, et la rumeur selon laquelle un Danois était entré dans la vallée y parvint en temps voulu. Cela a fait tomber une compagnie de quatre robustes mineurs, qui ont parcouru cinq milles sur des terres en mauvais état un dimanche pour voir à quoi j'étais. Les Danois qui vivent dans les chansons et les histoires galloises devaient être de terribles géants, car ils étaient très dégoûtés à ma vue et en parlaient sans réserve, même avec une certaine sévérité, comme si j'étais coupable d'une sorte d'imposition. sur la vallée.

Il est peu probable que ce soit cette introduction qui m'ait incité à essayer l'extraction du charbon. J'ai oublié comment cela s'est produit — probablement à cause d'un ralentissement temporaire dans le secteur du bâtiment ; mais j'ai essayé, et un jour m'a suffi. L'entreprise extrayait son propre charbon. Tel qu'il était, il jaillissait des collines à droite et à gauche en veines étroites, parfois trop superficielles pour être travaillées, laissant rarement au creuseur plus d'espace qu'à peine assez pour lui permettre de se tenir debout. On ne descendait pas par un puits, mais on pénétrait tout droit par le flanc d'une colline jusqu'aux entrailles de la montagne, en suivant une piste sur laquelle un petit âne tirait le charbon jusqu'à l'embouchure de la mine et l'envoyait couler sur la pente. monter et descendre une colline sur un mile ou plus par sa propre gravité avant d'atteindre le lieu de déchargement. A travers l'un d'eux, nous sommes entrés, Adler et moi, un matin d'été avec de nouvelles pioches sur les épaules et de vilaines petites lampes à huile fixées sur nos chapeaux pour nous éclairer dans l'obscurité où à chaque seconde nous trébuchions sur des morceaux de roche d'ardoise ou dans des mares. d'eau qui suintait d'en haut. Un vieux mineur dont le chemin passait par la fourche du tunnel où commençait notre mine nous a montré comment utiliser nos pioches et les poutres pour renforcer l'ardoise qui couvrait la veine, et nous a laissés seuls dans une chambre d'environ dix pieds de large et le taille d'un homme.

Nous devions être payés à la tonne, je ne sais plus combien, mais c'était très peu et nous n'avons pas perdu de temps pour nous mettre au travail. Nous avons dû déterrer le charbon par terre avec nos pioches, en nous mettant à genoux pour le faire, puis enfonçant des cales sous le toit pour détacher la masse. C'était un travail dur et, malgré notre inexpérience totale, nous n'avons fait que peu de progrès. À mesure que la journée avançait, l'obscurité et le silence devenaient très oppressants et nous faisaient sursauter nerveusement à la moindre chose. L'arrivée soudaine de notre âne avec sa charrette me causa une frayeur épouvantable. La sympathique bête nous a accueillis avec un brai joyeux et a frotté ses flancs hirsutes contre nous de la manière la plus amicale possible. À la lumière vacillante de ma lampe, j'aperçus ses longues oreilles qui s'agitaient au-dessus de moi : je ne crois pas avoir vu trois ânes auparavant dans ma vie ; il n'y en avait pas d'où je venais - et j'ai entendu ce cri démoniaque, et je crois vraiment que je pensais que le malin était venu me chercher en personne. Je sais que j'ai failli m'évanouir.

Cet âne était un animal perspicace. Je pense qu'il savait dès qu'il nous a vu pour la première fois que nous n'allions pas le surmener ; et nous ne l'avons pas fait. Lorsque, vers le soir, nous quittions le travail, après avoir failli être tués par une grosse pierre tombée du toit par suite de notre négligence de la fixer correctement, nos efforts conjugués avaient eu pour résultat de remplir à peine deux des petites charrettes, et nous avaient gagné, si je me souviens bien, environ soixante cents chacun. La chute du toit nous a ôté toute envie de réessayer l'exploitation minière. Les lampes de nos chapeaux ont été arrachées et, dans une obscurité qu'on pouvait presque sentir, nous sommes retournés à tâtons vers la lumière le long de la piste, devenant de plus en plus effrayés à mesure que nous avancions. Le dernier tronçon du chemin, nous avons couru en nous tenant par la main, comme si nous n'étions pas des hommes et des mineurs, mais deux enfants effrayés dans le noir.

Alors que nous sortions de la brèche humide à flanc de montagne, le coucher de soleil était sur les collines. Des sons paisibles montaient de la vallée où les ombres s'étendaient profondément. Des bandes d'hommes revenaient du labeur de la journée au repos du soir. Il me semblait que j'étais mort et que j'étais revenu à la vie. Le monde n'a jamais été aussi merveilleusement juste. Mon compagnon regardait le paysage avec des yeux affamés. Aucun de nous n'a parlé, mais lorsque la dernière lueur s'est éteinte dans la fenêtre de l'église en pierre, nous sommes allés directement au magasin de l'entreprise et avons abandonné notre sélection. Depuis, je n'ai jamais mis les pieds dans une mine de charbon et je n'en ai pas la moindre envie.

J'étais de retour dans l'atelier de menuiserie quand, à la mi-juillet, la nouvelle tomba comme une bombe dans notre paisible communauté : la France avait déclaré la guerre à la Prusse ; aussi que le Danemark devait joindre ses forces à celles de son ancien allié et se venger du grand vol de 1864. J'ai laissé tomber mes outils dès que je l'ai entendu et j'ai pris l'avion plutôt que de courir au bureau de l'entreprise pour réclamer mon temps ; de là à notre pension pour faire nos valises. Adler raisonnait et suppliait, qualifiait cela d'idée insensée, mais, voyant que rien ne m'arrêterait, il m'a aidé à remplir ma malle, priant pathétiquement entre deux tirs pour que ses compatriotes ne fassent qu'une bouchée de moi, comme ils le feraient certainement de la France. . Je n'ai rien fait. Tout le sang brûlant de la jeunesse me traversait. Je me souvenais de la défaite, de l'humiliation du drapeau que j'aimais, oui ! et l'amour encore, car il n'y a pas de drapeau comme le drapeau de mes pères, si ce n'est celui de mes enfants et de ma virilité, — et je me souvins aussi d'Elizabeth, avec un espoir soudain. Je serais alors près d'elle et je gagnerais gloire et gloire. Le menuisier revenait avec des bretelles. Peut-être alors, dans le château... J'ai mis ma malle sur mon épaule et j'ai couru vers la gare. Les outils, les vêtements et les objets qu'il ne pouvait pas contenir, je les vendis pour ce qu'ils pouvaient rapporter et je montai à bord du train suivant pour Buffalo, ce qui était aussi loin que mon argent me permettait de le faire.

[Illustration : « J'ai trouvé la vallée déserte et morte. »]

Je ne peux pas résister à la tentation à ce stade de reporter l'histoire trente ans plus tard, jusqu'à l'hiver dernier, afin de souligner l'un des événements étranges qui m'ont fait connaître il y a longtemps à mes amis comme « l'homme des coïncidences ». J'ai depuis longtemps cessé de les considérer comme tels, bien que celui-ci n'ait d'autre signification actuelle que le fait qu'il décide d'un point que j'avais évoqué dans mon esprit et qui était important pour moi et mon éditeur. À l'époque, je donnais une conférence à Pittsburg et j'ai couru jeter un nouveau coup d'œil à Brady's Bend. J'ai trouvé la vallée déserte et morte. Les moulins avaient disparu. Le désastre les avait frappés dans la panique de 1873, et tout ce qui restait de l'immense usine était un moignon de cheminée chancelant et des groupes de maisons vacantes tombant en morceaux ici et là. De jeunes arbres poussaient sur les cendres froides du haut fourneau. Tout était désolation. En me promenant au bord de la rivière avec le rédacteur en chef du journal local à East Brady, qui était devenue une petite ville ferroviaire lente, mon regard tomba sur une cabane détruite dans laquelle je reconnus le bureau de l'entreprise. Les volets n'étaient plus là, la porte ne tenait qu'à une seule charnière et les escaliers étaient pourris, mais nous sommes montés d'une manière ou d'une autre. C'était une vaine quête, dit mon compagnon ; tous les livres et tous les papiers avaient été vendus l'été précédent à un ferrailleur de Pittsburg, qui était venu avec une charrette et les y avait fourrés comme autant de vieux papiers. Sa trace était claire à l'intérieur. Le sol était jonché de cartes et de journaux déchirés datant du deuxième mandat du président Grant. Dans un tas d'ordures, j'ai donné un coup de pied contre quelque chose de plus solide et je l'ai ramassé. C'était le seul livre qui restait sur place : le « carnet de dessins » des années 1870-72 ; et presque le premier nom que j'ai lu était le mien, car j'avais reçu, le 19 juillet 1870, 10,63 $ en règlement de mon compte auprès de la Brady's Bend Company lorsque je partais pour la guerre. Mon compagnon a regardé. J'ai emballé le livre et je l'ai emporté avec moi. Je considérais que j'y avais un droit moral ; mais si quelqu'un la met en doute, elle est à son service.

Buffalo était plein de Français, mais ils ne m'ont pas reçu avec une procession aux flambeaux. Ils ont même haussé les épaules lorsque le bon vieux Pater Bretton a pris ma cause et a essayé de me faire envoyer au moins à New York. Le seul patriote que j'ai trouvé pour applaudir ma haute résolution était un prêteur sur gages français qui, avec de nombreux compliments et tapes sur l'épaule, a pris ma malle et tout son contenu, après avoir payé ma pension, en échange d'un billet pour New York. . Il a pris ma montre aussi, mais celle-ci ne donnait pas l'heure. Je me souviens avoir vu mon pinceau partir avec un sourire sinistre. N'ayant plus de vêtements à brosser, je n'en avais plus besoin. Ce prêteur sur gages était un artiste. L'année suivante, alors que j'étais de nouveau à Buffalo, l'idée m'est venue d'y aller et de voir si je pouvais récupérer l'une de mes affaires. J'avais juste un peu honte de moi-même et je me présentais comme le frère du jeune tête brûlée parti à la guerre. Je crus découvrir un pantalon qui m'appartenait accroché dans son magasin, mais le Français fut plus rapide que moi. Ses yeux suivirent les miens, et il s'offusqua aussitôt :

"Alors ton frère était un imbécile , n'est-ce pas ?" il cria. "Ton frère est bien meilleur que toi, mon ami . Il va se battre pour la France. Reste ici. Sortez !" Et il m'a mis dehors et a sauvé la journée et le pantalon.

Cela n'a jamais été un bon plan pour moi de mentir. Cela n'a jamais fonctionné correctement, pas une seule fois. J'ai trouvé que le seul plan sûr était de m'en tenir à la vérité et de laisser la maison s'effondrer s'il le fallait. Cela tombera de toute façon.

Je suis arrivé à New York avec seulement un centime en poche et j'ai logé dans une pension où le tarif était d'un dollar par jour. Il n'y avait là aucune oubli moral. J'avais simplement atteint le but pour lequel j'avais tout sacrifié, et j'étais sûr que le peuple français ou le consul danois feraient le reste rapidement. Mais il y avait visiblement quelque chose qui n'allait pas quelque part. Le consul danois n'a pu qu'enregistrer ma demande d'être renvoyé au Danemark en cas de guerre. Ils ont encore ma lettre au bureau, me dit-il, et ils m'appelleront avec les réservistes. Les Français n'équipaient aucune armée de volontaires que je pouvais suivre, et personne ne payait le passage des combattants. Finalement, après avoir mis en gage mon revolver et mes bottes, les seuls biens de valeur qui me restaient, pour payer mon logement, j'ai été jeté à la rue et on m'a dit de revenir quand j'aurais plus d'argent. Cette nuit-là, j'ai erré dans New York avec un sac à main qui ne contenait qu'un plumeau en lin et une paire de chaussettes, me demandant quoi faire ensuite. Vers minuit, je suis passé devant une maison de Clinton Place illuminée de façon festive. Des rires et un bourdonnement de nombreuses voix venaient de l'intérieur. J'ai écouté. Ils parlaient français. Une société de Français organisant leur dîner annuel, m'a dit le gardien du bloc. Voilà enfin ma chance. J'ai monté les marches et j'ai sonné. Un larbin en tailleur m'ouvrit, mais voyant que je n'étais pas un invité, mais apparemment un vagabond, il essaya de m'expulser. Pour ma part, j'ai essayé d'expliquer. Il y eut une altercation et deux messieurs de la société apparurent. Ils ont écouté avec impatience ce que j'avais à dire, puis, sans un mot, ils m'ont jeté dans la rue et m'ont claqué la porte au nez.

C'était trop. Intérieurement enragé, j'ai secoué la poussière de la ville et j'ai pris le chemin le plus direct pour en sortir, directement sur la Troisième Avenue. J'ai marché jusqu'à ce que les étoiles à l'est commencent à pâlir, puis je suis monté dans un chariot qui se tenait au bord du trottoir pour dormir. Je n'ai pas remarqué que c'était un wagon à lait. Le soleil n'était pas encore levé lorsque le chauffeur est arrivé, m'a traîné sans ménagement par les pieds et m'a jeté dans le caniveau. J'ai continué avec mon sac à main, tout droit, jusqu'à ce que vers midi j'atteigne le Fordham College, affamé et souffrant de douleurs aux pieds. Je n'avais rien mangé depuis la veille et j'avais vainement essayé de me faire prendre un bain dans la rivière Bronx pour le petit-déjeuner. Je ne pouvais pas encore tromper mon estomac de cette façon.

Les portes du collège étaient ouvertes et j'entrais à l'intérieur avec lassitude, sans but ni but. Sur une pelouse, des jeunes hommes s'adonnaient à des exercices sportifs et je m'arrêtais pour regarder et admirer les beaux arbres d'ombrage et l'imposant bâtiment. C'est du moins ce qu'il me semble à cette distance. Un vieux moine en capuchon, dont je rappelle parfois le noble visage dans mes rêves, est venu et m'a demandé gentiment si je n'avais pas faim. En toute conscience, j'avais terriblement faim, et je l'ai dit, même si je n'en avais pas l'intention. Je n'avais jamais vu de vrai moine vivant auparavant, et ma formation luthérienne ne m'avait pas vraiment incliné en leur faveur. Je mangeai de la nourriture servie devant moi, non sans scrupules de conscience, et avec le secret soupçon qu'on me demanderait ensuite d'abjurer ma foi, ou du moins de rendre hommage à la Vierge Marie, ce que j'étais fermement résolu à ne pas faire. Mais quand, le repas terminé, on me renvoya avec de quoi me nourrir pour le souper, sans que la moindre allusion ait été faite à mon âme, j'eus profondément honte de moi-même. Je suis tout aussi bon protestant que jamais. Parmi les miens, je suis même une sorte d'hérétique, parce que je ne supporte pas la succession apostolique ; mais je n'ai rien à redire sur les excellentes charités de l'Église romaine, ni sur le noble esprit qui les anime. J'ai appris cette leçon à Fordham il y a trente ans.

J'ai remonté la voie ferrée et j'ai loué la nuit chez un camionneur, avec la liberté de sa faucheuse pour me coucher. Mais après avoir sarclé des concombres pendant trois jours sous un soleil brûlant, jusqu'à ce que mon dos me fasse mal comme s'il allait se briser, et que le fermier ait deviné qu'il l'appellerait carré pour trois shillings, je suis allé plus loin. Un homme n'est pas nécessairement philanthrope, semble-t-il, parce qu'il cultive la terre. Je n'ai plus embauché. Je faisais des petits boulots pour gagner mes repas et je dormais la nuit dans les champs, me demandant toujours comment traverser la mer. Un incident de ces errances me vient à l'esprit pendant que j'écris. Ils transportaient du foin, et quand la nuit tomba, quelque part autour de Mount Vernon, je rassemblai une brassée de mèches tombées des chargements et me fis un lit dans un hangar à chariots au bord de la route. Au milieu de la nuit, j'ai été réveillé par un grand cri. Une lumière féroce brillait sur mon visage. C'était la lampe d'une voiture qu'on avait conduite dans le hangar. J'étais allongé entre les pieds du cheval, indemne. Un monsieur sauta de la voiture, plus effrayé que moi, et se pencha sur moi. Lorsqu'il constata que je n'avais subi aucune blessure, il mit la main dans sa poche et me tendit une pièce d'argent.

« Vas-y, dit-il, et bois-le. »

"Bois-le toi-même !" J'ai crié avec colère. "Pourquoi me prends-tu ?"

C'était un acte plutôt héroïque, vu où j'étais, mais il ne voyait pas de quoi rire. Il m'a regardé sérieusement pendant un moment, puis il m'a tendu la main et a serré la mienne chaleureusement. "Je vous crois", dit-il; " Pourtant tu en as besoin, sinon tu ne dormirais pas ici. Maintenant, vas-tu me le prendre ? " Et j'ai pris l'argent.

Le lendemain, il a plu, et le lendemain, et je suis rentré en ville à pied, toujours dans ma vaine quête. Un quart n'est pas une grande capitale pour subsister à New York quand on n'est pas mendiant et qu'on n'a pas d'amis. Deux jours de cela m'ont poussé à repartir pour trouver au moins la nourriture qui me maintiendrait en vie ; mais au cours de ces deux jours, j'ai rencontré l'homme qui, de longues années plus tard, devait être mon honoré chef, Charles A. Dana, le rédacteur en chef du Sun. Il y avait eu un article dans le Sun au sujet d'un régiment de volontaires en cours d'équipement pour la France. Je suis monté au bureau et j'ai été admis en présence de M. Dana. J'imagine que j'ai dû faire appel à son sens du ridicule, vêtu de bottes hautes et d'un plumeau en lin bien plus usé, et exigeant d'être envoyé au combat. Il ne connaissait rien au recrutement. Étais-je français ? Non, danois; c'était dans son journal sur le régiment. Il a souri un peu de ma foi et a déclaré que les rédacteurs en chef ne savaient parfois pas tout ce qu'il y avait dans leurs journaux. Je me suis retourné pour partir, gravement déçu, mais il m'a rappelé.

"Avez-vous," dit-il en me regardant d'un air interrogateur, "avez-vous pris votre petit-déjeuner ?"

Non, Dieu sait que je ne l'avais pas fait : ni ce jour-là ni plusieurs jours auparavant. C'était une des choses que j'avais enfin appris à considérer parmi les superfluités d'une civilisation décadente. Je suppose que je n'avais pas besoin de le lui dire, car cela se lisait clairement sur mon visage. Il mit la main dans sa poche et en sortit un dollar.

« Là, dit-il, va prendre ton petit-déjeuner ; et mieux vaut abandonner la guerre.

Abandonnez la guerre ! et pour un petit déjeuner. J'ai vivement rejeté le dollar.

"Je suis venu ici pour m'enrôler, pas pour mendier de l'argent pour le petit-déjeuner", dis-je, et je sortis du bureau à grands pas, la tête en l'air mais le ventre criant misérablement en rébellion contre ma fierté. Je m'en suis vengé en laissant mes bottes à « l'oncle », qui était ici mon seul ami et parent, et en me remplissant l'estomac du produit. J'ai quand même eu un bon dîner, car quand j'ai fini, il ne restait plus que vingt-cinq cents du dollar que j'avais emprunté pour mon dernier article de « tenue vestimentaire ». Que j'ai payé un billet pour Perth Amboy, près duquel j'ai trouvé du travail dans la banque d'argile de Pfeiffer.

Pfeiffer était allemand, mais sa femme était irlandaise, tout comme ses mains, à l'exception d'un géant norvégien et de moi-même. Le troisième jour était le dimanche et était consacré à boire beaucoup de bière, que Pfeiffer, par souci d'affaires, fournissait sur place. Lorsqu'ils furent ivres, la tribu se tourna vers le Norvégien et le chassa. Il semble que ce soit un événement hebdomadaire régulier. Moi, ils ont tiré en même temps, mais ensuite ils ne m'ont pas prêté attention. Tout l'équipage s'est perché sur le Norvégien et l'a frappé avec des balais et des bâtons de balle jusqu'à réveiller le Berserk endormi en lui. Alors que j'arrivais à son soulagement, j'ai vu le tas humain se soulever et se balancer. De là-dessous surgit le géant enragé, jeta ses bourreaux de côté comme s'il s'agissait de paille, défonça la porte de la maison dans laquelle ils s'étaient réfugiés et les jeta tous, y compris Mme Pfeiffer, par la fenêtre. Ils n'ont pas été blessés et, au bout de deux heures, ils buvaient encore de la bière ensemble et se juraient de manière attachante. J'en ai conclu que je ferais mieux de continuer, même si M. Pfeiffer regrettait de ne jamais payer ses mains au milieu du mois. Il apparut par la suite qu'il s'opposait également à ce qu'on les paie à la fin du mois ou au début du mois suivant. Il me doit encore deux jours de salaire.

CHAPITRE III

Je vais enfin à la guerre et je sème la graine de futures campagnes

Au coucher du soleil, le deuxième jour après ma désertion de Pfeiffer, je traversai une passerelle pour entrer dans une ville aux nombreuses flèches, dans l'une desquelles un carillon de cloches faisait retentir un air familier. La ville était le Nouveau-Brunswick. J'ai tourné dans une rue latérale où deux églises en pierre se côtoyaient. Une porte dans la palissade était restée ouverte et je suis entré à la recherche d'un endroit où dormir. De retour dans le cimetière, j'ai trouvé ce que je cherchais dans la dalle de pierre brune recouvrant la tombe, je le sais maintenant, d'un vieux pasteur de l'Église réformée néerlandaise, décédé plein de sagesse et de grâce. Je crains de ne pas avoir été surchargé par l'un ou l'autre, ou alors je me serais peut-être couché le ventre plein, au lieu de mâcher les dernières pommes exceptionnelles qui avaient constitué mon régime pendant mes deux jours de voyage ; mais s'il dormait aussi paisiblement sous la dalle que je dormais dessus, il se portait bien. J'avais pour une fois un lit sec, et la pierre brune reste au chaud longtemps après le coucher du soleil. Les rosées nocturnes, les serpents et les chiens qui reniflaient et grognaient la moitié de la nuit à proximité m'avaient fatigué de dormir dans les champs. Les morts étaient en bien meilleure compagnie. Ils s'occupaient de leurs affaires et laissaient un individu tranquille.

[Illustration : « Les morts étaient de bien meilleure compagnie »]

Avant le lever du soleil, j'étais sur le chemin de halage à la recherche d'un travail. Là-bas, les mules étaient recherchées, pas les hommes. La dérive me rattrapa une fois de plus et, vers le soir, me rejeta dans une ville de campagne appelée alors Little Washington, aujourd'hui South River. Comment j'y suis arrivé, je ne m'en souviens plus. Mon journal de cette époque n'en dit rien. Des années plus tard, j'ai repris cette route et j'ai accepté un « ascenseur » d'un agriculteur qui passait par là. Nous avons franchi un péage et je me suis demandé comment le gardien en était arrivé à percevoir l'argent inégal. Nous étions deux hommes et deux chevaux. Quand je suis revenu le lendemain, je l'ai découvert. Tant de centimes, lisez le panneau battu par les intempéries qui balançait la porte, pour l'équipe et le pilote, autant pour chaque bête supplémentaire. J'étais passé comme une bête supplémentaire.

À quelques pas de Little Washington, j'ai trouvé du travail dans la briqueterie de Peftit à 22 $ par mois et pension. Ce soir-là, quand je me suis couché après un bon repas, dans un vieux chariot où j'avais mendié pour un lit, je me suis senti comme un capitaliste. J'ai pris le chariot parce qu'un coup d'œil à l'intérieur de la caserne m'avait montré que c'était impossible. Que ce soit cela ou le fait que la plupart des autres hommes étaient des Allemands, qui se sentaient obligés de célébrer chaque victoire sur les Français telle qu'elle était rapportée jour après jour, ce qui m'a provoqué ma colère - dès le début, nous l'avons fait. Je ne continue pas. Ils se faisaient un devoir, chaque fois qu'ils revenaient de leurs fêtes au village, de traîner mon chariot, avec moi profondément endormi dedans, jusqu'à la rivière, où peu à peu la marée montait et me cherchait. Ensuite, j'ai dû nager pour l'obtenir. Cela importait moins. Notre costume n'était pas élaboré : une salopette, une chemise de laine et un chapeau de paille, c'était tout, et une immersion était plutôt la bienvenue que autrement ; mais on m'a surnommé Bismarck, et cela n'était pas supportable. Ma protestation passionnée ne fit que les faire rire encore plus fort. Pourtant, ils n'étaient pas méchants, bien au contraire. Le samedi après-midi était notre journée de lessive, où nous jouions tous ensemble en paix et en harmonie dans la rivière. Quand nous sommes sortis, nous avons étalé nos vêtements à sécher sur le toit de la caserne, pendant que nous nous enfouissions chacun dans une colline de sable blanc, et fumions nos pipes jusque tard dans la nuit, avec seulement notre tête et la main qui tenait la pipe qui dépassait. dehors. C'était pour se protéger des moustiques. Cela devait être un spectacle, une de ces conférences du samedi soir, mais c'était un solide réconfort après une semaine de travail.

Les briques sont fabriquées littéralement pendant que le soleil brille. La journée commence avec la première lueur de lumière à l'est et ne se termine que lorsque les « fosses » sont creusées. C'était ma tâche de transporter de l'argile dans l'après-midi pour les remplir à nouveau. C'était un travail plutôt inutile. Il me suffisait de marcher à côté de mon cheval, une grosse bête blanche sans articulations du tout sauf là où ses pattes étaient articulées sur la colonne vertébrale, de le reculer jusqu'à la fosse et de vider la charge. Mais en marchant ainsi sous le soleil d'automne ; Je suis tombé en rêve. J'ai oublié le banc d'argile et la fosse. J'étais de retour dans la vieille ville et je la vis jouer parmi les bois. Je l'ai retrouvée sur le Long Bridge. Je lui ai tenu la main une fois de plus lors de cette dernière réunion, alors que je reculais mécaniquement ma charge vers la fosse et me préparais à la vider. Les rêveries n'ont pas leur place dans une briqueterie. J'ai oublié de retirer le hayon. À mon grand étonnement, j'ai vu le vieux cheval patiner, faisant des efforts frénétiques pour garder son emprise sur le sol, puis se relever lentement sous mon regard ahuri, griffant faiblement l'air tandis qu'il montait et repassait en arrière dans la fosse, chargeant, chariot et tout.

Je souhaite pour ma propre réputation de pouvoir dire vraiment que j'ai pleuré pour la pauvre bête. Je suis sûr que j'en avais envie, mais le regard de reproche qu'il me lança alors qu'il gisait là sur le dos, ses quatre pieds pointés vers le ciel, était de trop. Je m'assis au bord de la fosse et criai de rire, complètement honteux de ma légèreté. M. Pettit lui-même a vérifié, en courant avec ses garçons et en exigeant de savoir ce que je faisais. Ils avaient vu l'accident depuis le bureau et s'étaient immédiatement mis à descendre le cheval. Ce n'était pas une tâche facile. Il n'était pas du tout blessé, mais il était tombé de manière à plier l'un des arbres du camion comme un arc. Il a fallu le scier en deux pour faire sortir le cheval. Lorsque cela fut fait, le lourd bâton de frêne, rebondissant brusquement, frappa l'un des garçons qui se tenait à proximité, un coup sur la tête qui le laissa tomber sans connaissance à côté de la charrette.

Ce n'était alors pas le moment de rire. Nous avons couru chercher de l'eau et des produits réparateurs, et nous l'avons ramené à nous, blanc et faible. À ce moment-là, le cheval avait été relevé et tremblait de tous ses membres, prêt à tomber. C'est un conducteur sobre qui est sorti de la fosse à la fin du cortège qui ramenait le jeune Pettit chez lui. J'ai passé une misérable heure à traîner devant la porte de la maison à attendre de ses nouvelles. Finalement, son père est venu me réconforter en m'assurant qu'il irait bien. Je n'ai même pas été libéré, bien que j'ai été déposé du chariot au commandement d'un camion dont j'étais moi-même le cheval. Après cela, j'ai "manqué" de briques de la fosse dans la matinée.

Plus de vingt ans après, m'adressant aux étudiants du Rutgers College, je leur racontai mon expérience dans la briqueterie qui était si proche d'eux. A la fin de mon discours, un monsieur s'est approché de moi et m'a dit, avec un clin d'œil dans les yeux :

"Alors c'était toi, n'est-ce pas ? Je m'appelle Pettit et je travaille à la briqueterie maintenant. J'ai aidé mon père à sortir ce cheval de la fosse, et j'ai de bonnes raisons de me souvenir de ce coup à la tête." Il m'a fait promettre de lui raconter un jour ce qui m'est arrivé depuis, et s'il veut venir maintenant, il aura tout.

J'étais dans la briqueterie depuis six semaines, lorsqu'un jour j'entendis parler d'une compagnie de vrais volontaires qui était prête à embarquer pour la France, et aussitôt la fièvre de la guerre me reprit. Cette nuit-là, je partis pour Little Washington, et le bateau à vapeur du lendemain matin me conduisit devant la briqueterie, où les ouvriers allemands laissèrent tomber leurs brouettes et m'acclamèrent avec un hurlement de rire qui n'était pourtant pas que dérision. J'avais gardé ma fin avec eux et ils le savaient. Récemment, ils avaient laissé ma voiture-lits seule dans la vieille grange. Leurs cris résonnèrent néanmoins à mes oreilles lorsque j'arrivai à New York et constatai que les volontaires étaient partis et qu'il était encore une fois trop tard. Je me suis alors tourné vers le consul de France, mais j'y ai été traité avec beaucoup de cavalerie. Je suppose que je suis devenu une nuisance, car lorsque j'ai appelé la douzième ou la vingtième fois au bureau de Bowling

Green, il s'est mis en colère avec une véhémence soudaine et a essayé de m'expulser.

Alors s'ensuivit le seul combat de la guerre auquel j'étais destiné à prendre part, et cela du mauvais côté. Ma gorge se souleva devant ces insultes continuelles. J'ai attrapé le consul de France par le nez et, en un instant, nous dévalions ensemble les escaliers ovales, griffant et luttant pour tout ce que nous valions. Je sais que c'était inexcusable, mais considérez la provocation ; après tout, je m'étais sacrifié pour servir son peuple, pour être mis dehors une seconde fois comme un mendiant et un vagabond ! J'avais cette seule chance de me venger, et le fait que je l'ai saisie n'était qu'humain. Le vacarme que nous avons fait dans les escaliers a soulevé toute la maison. Tous les employés sont sortis en courant et se sont jetés sur moi. Ils m'ont arraché à la personne sacrée du Consul et m'ont jeté dans la rue en sang et avec un œil enflé pour y faire rage, réconforté seulement par l'assurance que sans aucun doute les deux siens étaient noirs. J'ai un peu honte – pas beaucoup – du fait que cela me réconforte encore maintenant d'y penser. Il m'a vraiment fait une faveur, ce Consul ; mais il n'était pas bon. Il ne l'était certainement pas.

Il faut noter au crédit de ma résolution, sinon de mon bon sens, que même après cela, j'ai fait deux tentatives pour passer en France. L'un était avec le capitaine d'un navire de guerre français qui gisait dans le port. Il ne m'écouterait pas du tout. L'autre, et le dernier, eut plus de succès. En fait, j'ai trouvé un emploi de chauffeur sur un paquebot français qui devait partir ce jour-là pour le Havre dans une heure. J'ai couru jusqu'à Battery Place, où j'avais ma valise dans une pension, et tout le chemin du retour, arrivant au quai essoufflé, à temps pour voir mon bateau à vapeur se balancer dans le ruisseau hors de ma portée. C'était la goutte d'eau qui a fait déborder le vase. Je m'assis sur le cordage et pleurai de mortification. Quand je me suis levé et que je suis parti, la guerre était finie, pour moi. C'est bien cela, comme cela apparut rapidement. Le pays qui, aujourd'hui, après trente ans d'épreuves et de deuils, est encore capable de l'infamie dreyfusienne, n'était pas apte à conserver ce qui lui appartenait. Je suis heureux maintenant de ne pas y être allé, même si je ne peux honnêtement pas dire que j'en mérite le moindre mérite.

Tout mon argent avait disparu et mes efforts pour rejoindre un gang de cheminots dans le quartier de Spuyten Duyvil n'ont abouti à rien. Une fois de plus, je renforçai mon crédit avec mon revolver et mes éternelles bottes, mais les deux ou trois dollars qu'ils avaient apportés au prêteur sur gages disparurent bientôt, et une fois de plus je fus mis à la rue. C'était maintenant la fin de l'automne. La saison de fabrication des briques était terminée. La ville était pleine d'hommes oisifs. Mon dernier espoir, une promesse d'emploi dans une usine de fabrication de cheveux, a échoué et, sans abri et sans le sou, j'ai rejoint la grande armée des clochards, errant dans les rues pendant la journée dans le seul but d'apaiser d'une manière ou d'une autre la faim qui me rongeait. mes signes vitaux, et me battre la nuit avec des chiens vagabonds ou des parias aussi misérables que moi pour la protection d'un cendrier ou d'une porte qui m'abrite. J'étais trop fier dans toute ma misère pour mendier. Je ne crois pas l'avoir jamais fait. Mais je me souviens bien d'une fenêtre de sous-sol au Delmonico du centre-ville, de l'apparition silencieuse de mon visage vorace qui, à une certaine heure du soir, évoquait toujours une généreuse provision d'os de viande et de petits pains d'un cuisinier à tête blanche qui parlait français. C'était la clause de sauvegarde. J'ai accepté ses rôles en guise d'acomptes sur la dette que son pays me devait, ou devrait me devoir, pour mes efforts vains en sa faveur.

C'est sous de tels auspices que je fis la connaissance de Mulberry Bend, des Five Points et du reste du bidonville, avec lequel il allait falloir compter dans les années à venir. Ensuite, pendant une demi-vie, ils furent mes repaires de jour et de nuit, en tant que journaliste de police, et je peux légitimement prétendre, me semble-t-il, avoir une connaissance personnelle du mal que j'ai attaqué. Je parle de cela parce que, dans un lot de critiques de "Une guerre de dix ans" [Note de bas de page : Maintenant, "La bataille avec les bidonvilles."] qui m'est parvenu hier de mes éditeurs, il y en a une qui met tout en avant " sensibilité maudlin" de ma part.

[Illustration : Déjeuner chez Delmonico.]

"Le bidonville", dit cet auteur, "n'est pas du tout si indiciblement ignoble", et les mesures de secours fondées sur ma mise en accusation "doivent nécessairement avorter". De temps en temps, on me demande pourquoi je suis devenu journaliste. D'abord, parce qu'il y a eu des écrivains de ces ordures, qui, eux-mêmes confortablement logés, n'ont pas assez de sang rouge dans les veines pour compatir avec ceux à qui tout est refusé, et pas assez de bon sens pour comprendre les faits lorsqu'ils les voient, ou bien ils ne qualifieraient pas les terrains de jeux, les écoles et les meilleurs logements de « mesures avortées ». Il fallait que quelqu'un raconte les faits ; c'est l'une des raisons pour lesquelles je suis devenu journaliste. Et je vais le rester jusqu'à ce que le dernier de ces acabits ait cessé de décourager les hommes d'essayer d'aider leurs semblables par le moyen le plus court qu'ils peuvent trouver, que cela corresponde ou non à une théorie. Je me fiche de toutes les théories sociales qui ont jamais été formulées, à moins qu'elles ne contribuent à rendre les hommes et les femmes meilleurs en améliorant leur sort. J'ai eu des excentriques de cet ordre, considérés comme des êtres sensés dans les affaires ordinaires de la vie, qui m'ont dit que je faisais du mal plutôt que du bien en contribuant à améliorer le sort des pauvres ; cela a retardé le dernier jour de justice que nous attendions. Pas moi. Je n'ai pas l'intention d'attendre une heure pour cela, si je peux contribuer à le faire démarrer ; et je sais que je peux.

Là! Je ne crois pas avoir lu quinze critiques d'un de mes livres. La vie est trop courte; mais je suis content de ne pas avoir manqué celui-là. Ce sont ces gens-là pour qui Roosevelt n'est pas un assez bon réformateur ; qui refroidissent l'enthousiasme de l'humanité d'un froid mortel et l'appellent à tort méthode : science. La science de comment ne pas faire quelque chose – oui ! Ils me fatiguent.

Jusqu'à l'hiver dernier, il y avait une porte sur Chatham Square, celle du vieux magasin de vêtements Barnum, devant laquelle je ne pouvais jamais passer sans me rappeler ces nuits de misère désespérée avec le périodique du policier : « Montez là-haut ! renforcé par un coup de pouce de son club ou le bout de sa botte. J'y ai dormi, ou j'ai essayé de le faire lorsque j'étais évincé des immeubles du Bend en raison de leur extrême méchanceté. Le temps froid et humide s'était installé et un plumeau en lin suffisait à couvrir mon dos. Il y avait dans ma malle une couverture en laine que j'avais de chez moi, celle, m'avait dit ma mère, dans laquelle j'étais enveloppé à ma naissance ; mais la malle était à « l'hôtel » en garantie de l'argent que je devais pour la pension, et je la demandai en vain. J'étais maintenant trop minable pour trouver du travail, même s'il y en avait eu. J'avais encore des lettres adressées à des amis de ma famille à New York qui auraient pu m'aider, mais la faim et le besoin n'avaient pas vaincu ma fierté. Je viendrais vers eux, le cas échéant, comme leur égal, et, pour ne pas tomber dans la tentation, j'ai détruit les lettres. Ainsi, après avoir brûlé mes ponts derrière moi, j'étais enfin et complètement seul dans la ville, avec l'hiver approchant et chaque nuit frissonnante dans les rues me rappelant qu'un moment approchait rapidement où une vie comme celle que je menais ne pourrait plus être supportée. .

Dans mille ans, je ne serais pas susceptible d'oublier la nuit lorsqu'elle est venue. Il avait plu toute la journée, une tempête froide d'octobre, et la nuit m'a trouvé, avec une averse glaciale sans relâche, au bord de la rivière du Nord, trempé de part en part, sans aucune possibilité de souper, désespéré et découragé. Je m'assis sur le pavois, écoutant la pluie tomber et le bruissement de la marée noire, et pensant à ma maison. Comme cela semblait loin et comme le gouffre maintenant infranchissable entre le « château » aux manières raffinées, entre elle dans sa délicate enfance et moi assis là, engourdi par le froid qui me volait lentement mes sens et mon courage. Il y avait de la chaleur et de la joie là où elle se trouvait. Ici... Un sentiment accablant de désolation m'envahit, je me rapprochai un peu plus du bord. Et si-? Est-ce que je leur manquerais beaucoup ou longtemps à la maison si aucun mot ne venait de moi ? Peut-être qu'ils n'entendront jamais. A quoi bon continuer ainsi, que Dieu nous vienne en aide, avec tout contre et rien pour soutenir un garçon solitaire ?

Et même alors, l'aide est arrivée. Un corps mouillé et frissonnant était pressé contre le mien, et je sentais plutôt qu'entendais un lamentable gémissement à mon oreille. C'était mon compagnon de misère, un petit paria noir et feu, atteint de convulsions, qui avait partagé avec moi l'abri d'une porte amicale une nuit froide et qui s'était accroché depuis à moi avec une affection fidèle qui était celle qui brillait. place dans ma dure vie. Tandis que ma main descendait machinalement pour le caresser, elle se glissa sur mes genoux et me lécha le visage, comme pour me dire qu'il y en avait quelqu'un qui comprenait ; que je n'étais pas seul. Et l'amour de la fidèle petite bête a fait fondre les glaçons dans mon cœur. Je l'ai ramassé dans mes bras et j'ai fui devant le tentateur ; je me suis enfui là où il y avait des lumières et des hommes qui bougeaient, s'ils se souciaient moins de moi que moi d'eux - n'importe où, de sorte que je ne voyais et n'entendais plus la rivière.

À minuit, nous sommes entrés dans le poste de police de Church Street et avons demandé un logement. La pluie tombait toujours à torrents. Le sergent a repéré le chien sous mon manteau en lambeaux et m'a dit d'un ton bourru de l'éteindre si je voulais dormir là. Je l'ai plaidé en vain. Il n'y avait pas le choix. Rester dans la rue, c'était périr. J'ai donc laissé mon chien sur le perron, où il s'est recroquevillé pour m'attendre. Pauvre petit ami ! C'était sa dernière montre. La chambre était remplie d'une foule immonde et bouillonnante de vagabonds. Un Allemand bruyant parlait de la guerre en Europe et me pressait sur ma planche. Le froid et la faim n'avaient pas suffi à éteindre en moi l'étincelle patriotique. Il s'est immédiatement enflammé et je lui ai dit ce que je pensais de lui et de son équipage. Certains Irlandais ont applaudi et fomenté des troubles, et le portier est entré en menaçant de tous nous enfermer. J'ai étouffé du mieux que j'ai pu mon dégoût pour cet endroit et j'ai dormi, presque épuisé.

Au milieu de la nuit, je me suis réveillé avec le sentiment que quelque chose n'allait pas. Instinctivement, je cherchai le petit médaillon doré que je portais sous ma chemise, avec une partie de la précieuse boucle qui était mon dernier lien avec la maison. C'était parti. Je l'avais senti là la dernière chose avant de m'endormir. L'un des locataires clochards avait coupé la ficelle et l'avait volée. Avec des larmes de colère, je suis monté et je me suis plaint au sergent que j'avais été volé. Il m'a regardé d'un air renfrogné à cause du buvard, m'a traité de voleur et m'a dit qu'il avait eu bien envie de m'enfermer. Comment aurais-je pu, moi, un garçon clochard, trouver un médaillon en or ? Il avait entendu, ajouta-t-il, que j'avais dit dans le logement que je souhaitais que les Français gagnent, et qu'il ne me donnerait que ce que je mérite s'il m'envoyait dans l'île. J'ai entendu et compris. Il était lui-même allemand. Toutes mes souffrances se dressaient devant moi, toute l'amertume de mon âme se déversait sur lui. Je ne sais pas ce que j'ai dit. Je me souviens qu'il a dit au portier de me faire sortir. Et il m'a saisi et m'a jeté hors de la porte, puis il m'a donné un coup de pied dans le perron.

Mon chien attendait, sans quitter la porte des yeux, que je sorte. Lorsqu'il m'a vu entre les mains du portier, il s'est jeté sur lui aussitôt, lui serrant les dents dans la jambe. Il me lâcha avec un cri de douleur, saisit la pauvre petite bête par les pattes et lui frappa la cervelle contre les marches de pierre.

[Illustration : La bagarre sur les marches du commissariat]

A cette vue, une rage aveugle m'a saisi. Délire comme un forcené, j'ai pris d'assaut le commissariat avec les pavés du caniveau. La fureur de mon assaut effraya même le sergent, qui vit peut-être qu'il était allé trop loin, et il appela deux policiers pour me désarmer et me conduire hors du commissariat n'importe où afin qu'il se débarrasse de moi. Ils m'ont conduit jusqu'au ferry le plus proche et m'ont relâché. Le capitaine du ferry m'a arrêté. Je n'avais pas d'argent, mais je lui ai donné un mouchoir en soie, la dernière chose qui ait de la valeur chez moi, et pour cela il m'a laissé traverser jusqu'à Jersey City. J'ai secoué la poussière de New York, jurant de ne jamais y revenir, et, tournant mon visage vers l'ouest, j'ai marché tout droit sur la première voie ferrée que j'ai rencontrée.

Et maintenant, ici même, commence la partie de mon histoire qui est ma seule excuse pour écrire ces faits, même si elle n'apparaîtra pas avant un moment. L'outrage de cette nuit est devenu, dans la providence de Dieu, le moyen de mettre fin à l'un des abus les plus ignobles qui aient jamais déshonoré une ville chrétienne, et un ressort principal dans la bataille contre le bidonville en ce qui concerne ma part. . Mon chien n'est pas mort sans être vengé.

J'ai marché toute la journée en suivant la voie ferrée et, dans l'après-midi, j'ai traversé le long réseau de chevalets du Jersey Central Railroad au-dessus de la baie de Newark, le visage tourné vers Philadelphie. J'y avais des amis, des parents éloignés, et j'avais enfin décidé d'aller vers eux et de leur demander de me relancer. Sur la route que je m'étais choisie, j'étais arrivé au point de départ. Avant la nuit, je trouvai de la compagnie auprès d'autres vagabonds qui avaient déjà traversé la route et savaient exactement quelles villes contourner et lesquelles traverser hardiment. Rahway, si je me souviens bien, faisait partie de ceux qui étaient sévèrement évités. Je découvris bientôt que j'étais sur la route des grands vagabonds, avec la colonne se dirigeant vers le sud sur son hégire d'automne vers des climats plus chauds. Je ne peux pas dire que j'aimais l'entreprise. Les clochards n'ont jamais eu d'attirance pour moi, que ce soit comme problème sociologique ou autre. J'ai été obligé, plus d'une fois, d'être avec eux et avec eux, mais j'ai secoué leur compagnie aussi vite que possible. Quant au "problème" qu'ils sont censés représenter, je pense que le workhouse et la police sont tout à fait compétents pour s'en occuper, à condition qu'il ne s'agisse pas d'une police de Tammany. Il ne diffère pas sensiblement du problème de la paresse humaine sous toute autre forme ou à tout autre âge. Nous avons eu des éclaircissements à ce sujet, qui devraient convaincre tout le monde, lorsque, sous l'administration du maire Strong, nous avons essayé de lutter intelligemment contre le vagabondage. La moitié des sans-abri qui demandaient un refuge de nuit étaient de jeunes paresseux, gros et bien nourris, qui ne voulaient pas travailler. Ce n'est pas ma déclaration, mais le rapport du médecin qui les a vus déshabillés en prenant leur bain. Le bain et l'enquête diminuèrent bientôt leur nombre, jusqu'à ce qu'en une semaine il ne reste presque plus rien du « problème » qui nous avait tant gênés.

J'étais quatre jours en route pour Philadelphie, vivant de pommes et d'un repas occasionnel gagné en faisant de petits boulots. La nuit, je dormais dans des granges isolées dont une planche était presque toujours arrachée : la porte des clochards. J'ai essayé d'éviter le gang, mais je n'ai pas toujours réussi. Je me souviens encore avec un frisson d'un cas de ce genre. Je m'enfouissais dans une fauche, me pensant seul. Dans la nuit, une grosse tempête éclata. Le tonnerre a secoué la vieille grange et je me suis assis en me demandant si elle allait être emportée par le vent. Un violent éclair l'emplit d'une lumière fantomatique et me montra à bout de bras un visage blanc et effrayé, les yeux sortant de leurs orbites à ma vue. L'instant d'après, tout était à nouveau dans l'obscurité noire. Mon cœur s'est arrêté pendant ce qui a semblé le moment le plus long de ma vie. Puis sortit de l'obscurité une voix tremblante demandant : « Y a-t-il quelqu'un là-bas ? Pour une fois, j'étais content d'avoir un vagabond vivant dans les parages. Je pensais vraiment que c'était un fantôme.

Les derniers kilomètres jusqu'à Camden, j'ai roulé dans un wagon à bestiaux, arrivant là-bas de nuit, bien pire à cause de l'usure de mon chiffon à linge. Dans la gare de marchandises, j'ai été récupéré par un commissaire de police de bon cœur qui m'a conduit à son commissariat, m'a fait lui raconter mon histoire et m'a donné un lit dans une cellule inutilisée dont il a pris la précaution de verrouiller la porte. dehors. Mais cela ne me dérangeait pas. Plutôt cent fois que la porcherie du commissariat de New York. Le matin, il m'a donné le petit-déjeuner et de l'argent pour faire cirer mes bottes et payer ma traversée du Delaware. C'est ainsi que mon errance sans abri a pris fin, pour le moment. Car à Philadelphie, j'ai trouvé chez le consul danois Ferdinand Myhlertz et sa chère épouse des amis vraiment dans le besoin. La Ville de l'Amour Fraternel a trouvé le courage et le temps d'accueillir le vagabond, même si à l'époque elle était déchirée par la lutte la plus acharnée sur la question de savoir s'il fallait ou non défigurer la belle place des rues Broad et Market en installant le nouveau bâtiment municipal. là.

Quand, après deux semaines de repos avec mes amis, ils m'envoyèrent chez un ancien camarade de classe à Jamestown, New York, habillé et sain d'esprit, je n'étais pas plus mal pour ma première leçon de nage à contre-courant, et tout à fait je suis sûr que la prochaine fois, je pourrai l'allaiter. L'espoir est éternel à vingt et un ans. J'avais encore beaucoup de temps à parcourir avant de pouvoir atteindre le port. Mais avec de la jeunesse et du courage comme équipement, on devrait gagner presque tous les combats.

CHAPITRE IV

TRAVAILLER ET ERRANDER

L'hiver est arrivé rapidement sur les lacs du nord, mais il ne m'a pas fait peur. Pour une fois, j'avais un abri et de quoi manger. Cela m'a vu abattre des arbres sur Swede Hill, où grandissait une colonie considérable de Scandinaves. J'avais essayé de fabriquer des berceaux dans un magasin de meubles, mais à deux dollars quarante cents la douzaine, cela ne rapportait pas beaucoup d'argent. Je suis donc allé dans les bois et j'ai appris à manier une hache à la manière américaine qui m'avait tant charmé à Brady's Bend. De toute façon, je préférais cela plutôt que d'être à la maison hiver comme été. Il est bien que nous soyons façonnés de cette façon, certains pour l'intérieur et d'autres pour l'extérieur, car ainsi l'œuvre du monde est entièrement accomplie ; mais il m'a toujours semblé que les gens d'intérieur s'attribuent une trop grande part de crédit, comme s'il y avait là une vertu particulière, même si je pense que c'est le contraire. Au moins, il semble plus naturel de vouloir être à l'air libre, là où le soleil brille et où le vent souffle. Quand je ne coupais pas de bois, j'aidais à récolter la glace sur le lac ou à réparer le bateau à vapeur qui circulait en été entre Jamestown et Mayville. J'habitais à Dexterville , à environ un kilomètre et demi de la ville, où vivait une famille danoise, les Romer , chez laquelle j'ai été accueilli. L'amitié qui s'est développée entre nous a duré toute la vie et a été pour moi un trésor. Il n'y a pas beaucoup de cœurs plus doux et plus vrais que ceux de Nicholas et de John Romer.

Je partageais ma chambre avec un autre compatriote, Anthony Ronne, un jeune fabricant de haches qui, comme moi, n'avait pas de chance. L'usine de haches avait brûlé et, sans travail en vue, les perspectives pour lui n'étaient pas vraiment brillantes. Il n'avait pas ma façon d'en rire, mais il était plutôt disposé à voir le côté sérieux des choses. C'était probablement la raison pour laquelle nous nous aimions ; l'équilibre fut ainsi rétabli. Peut-être qu'il m'a quelque peu dégrisé. Si quelqu'un suppose que, dans mon rôle d'amant malheureux, je me suis mis à regarder l'humanité avec tristesse, il commet une grave erreur. D'ailleurs, je n'avais pas la moindre idée d'accepter ce rôle comme permanent. J'étais prêt à faire tourner la roue de la fortune à ma manière quand je pouvais mettre la main dessus. Je n'ai jamais douté que je devrais le faire tôt ou tard, si seulement je continuais à faire les choses. Qu'Elizabeth épouse quelqu'un d'autre que moi était absurdement impossible, peu importe ce qu'elle ou quelqu'un d'autre disait.

Était-ce de la folie ? C'est ce qu'ils pensaient à moitié chez eux lorsqu'ils l'avaient entrevu dans mes lettres. Pas du tout. C'était une conviction — la conviction qui façonne les événements et le monde jusqu'à ses fins. Je sais de quoi je parle. Si quelqu'un en doute et pense que son cas est pire que le mien, qu'il essaie mon plan. S'il n'arrive pas à trouver le courage de le faire, c'est la meilleure preuve au monde qu'elle a eu raison de le refuser.

Pour revenir à mon copain; lui, de son côté, s'est élevé jusqu'à « sortir », mais pas avec moi. Il y avait un obstacle physique à cela. Nous n'avions qu'un seul manteau à nous deux, un kersey devenu noir, porté très lisse et brillant également sur l'envers, que j'avais acheté chez un brocanteur de Philadelphie pour un dollar. C'était notre grande tenue, et nous nous y revêtions à tour de rôle pour les soirées hebdomadaires de Dexterville . Ces réunions m'intéressaient surtout comme des explosions de cet humour américain particulier qui m'attirait beaucoup, dans et hors des journaux. La danse étant taboue comme immorale et contaminante, les jeunes avaient recours à des jeux de baisers particulièrement énergiques, qui compensaient largement leur privation sur l'autre plan. Tout cela était très inoffensif et très drôle, et l'hiver se passa assez agréablement malgré la malchance et le travail acharné lorsqu'il y en avait.

Avec le dégel précoce, le changement s'est produit. Mes amis ont déménagé à Buffalo et je suis resté pendant deux mois le seul occupant de la ferme Romer. Mon dernier emploi manquait vers cette époque, et un express à brouettes que j'avais établi entre Dexterville et le bateau à vapeur débarquant sur le lac refusait de prospérer. L'idée était bonne, mais j'étais en avance sur mon temps : les voyages sur le lac n'avaient pas encore commencé. Mon champ ainsi rétréci, je me rabattais sur mon fusil et sur quelques vieux pièges à rats trouvés dans le bûcher. Je suis devenu chasseur et trappeur. Juste en dessous de moi se trouvait le vallon à travers lequel coulait le ruisseau pour se diriger vers les scieries et les magasins de meubles de Jamestown. Il était plein de rats musqués qui creusaient ses berges entre les racines des pruches et des pins morts. Là, j'ai posé mes pièges et je les ai appâtés avec des carottes et des navets. La manière de procéder était assez simple. J'ai posé le piège au fond du ruisseau et j'ai accroché l'appât à un bâton dépassant de la berge, de sorte que pour l'atteindre, le rat devait marcher sur le piège. J'en ai attrapé beaucoup. Leurs peaux rapportaient vingt sous pièce en ville, de sorte que j'étais vraiment tout à fait indépendant. Je gagnais souvent jusqu'à un dollar pendant la nuit avec mes pièges, puis je passais toute la journée seul dans les collines, où j'attaquais de nombreux lapins ou écureuils gras et parfois un oiseau.

[Illustration : « Là j'ai posé mes pièges »]

La seule chose qui a gâché mon plaisir de cette vie de liberté était ma vaine lutte pour maîtriser l'art de la cuisine dans ses éléments. Pour bien comprendre cela, et le ménage en général, il faut deux têtes, comme je l'ai découvert depuis, l'une d'elles avec des boucles et de longs cils. Alors c'est très amusant ; mais il n'est pas bon que l'homme s'attaque seul à cette tâche.

Dieu sait que j'ai assez essayé. Je me souviens de la première omelette que j'ai préparée. J'étais obligé de réussir. J'ai donc dressé une liste de toutes les bonnes choses que Mme Romer avait laissées dans la maison et je les ai toutes mises dedans. Des œufs, de la confiture de fraises, des raisins secs, de la compote de pommes, et des tranches de bacon – comme j'avais vu ma mère faire. avec des "crêpes aux œufs". Mais bien que je l'aie généreusement assaisonné avec de la levure chimique pour le faire lever, il n'a pas levé. C'était terriblement lourd et décourageant, et même la confiture de fraises n'avait pas le pouvoir de le racheter. A vrai dire, ce n'était pas une bonne omelette. C'était à peine bon à manger. La confiture ressortait mieux dans le sagou que j'avais fait bouillir, mais il y en avait trop. Ce n'était qu'un pot de fruits plein, mais je n'ai jamais rien vu de pareil gonfler. Il bouillait hors de la marmite et dans une autre puis une autre, tandis que je continuais à verser de l'eau jusqu'à ce que presque tous les pots de la maison soient remplis de sagou qui restait autour jusqu'à ce que la mousse pousse dessus avec l'âge. Il y a beaucoup de contradictions dans la cuisine. Quand je saignais mes érables avec le reste — il y avait deux grands arbres devant la maison — et que j'essayais de faire du sucre, j'étais prêt à voir la sève bouillir ; mais après avoir travaillé toute une journée et brûlé une demi-corde de bois, et eu pour ma peine une demi-tasse de thé de sucre, ce qui me rendait malade par-dessus le marché, j'en conclus que ce jeu n'en valait pas la chandelle, et je donnai mes projets de devenir planteur de sucre à plus grande échelle.

C'est à cette époque que je fis ma première apparition sur la plateforme de conférences. Il y avait une société scandinave à Jamestown, composée principalement d'ouvriers dont la lutte contre la vie ne leur avait laissé que peu de temps pour l'école. Mais ils avaient hâte d'apprendre, et comme j'étais déterminé à enseigner là où j'en voyais l'occasion, l'affaire est venue d'elle-même. J'avais été très intéressé par le récit du Français Figuier sur la formation et le développement de la Terre, et j'en ai fait mon sujet. Deux fois par semaine, lorsque j'avais posé mes pièges dans le vallon, j'allais en ville et parlais d'astronomie et de géologie à un public intéressé qui regardait avec terreur les répugnants sauriens et le maudit ptérodactyle que j'avais dessiné au tableau. Eh bien, ils pourraient. Je ne leur ai épargné aucun détail macabre et, de toute façon, je n'ai jamais pu dessiner. Cependant, je les ai sauvés de ces bêtes en temps opportun, et ensemble nous avons transporté la terre à travers des pluies séculaires de métal en fusion jusqu'à la lumière du soleil de notre journée. J'emportais parfois chez moi jusqu'à deux ou trois dollars, après avoir payé l'essence et la salle, avec les billets à dix cents pièce, et je voyais la richesse et la gloire devant moi, quand un naufrage soudain s'abattit sur mes espoirs et ma carrière de conférencier.

Tout cela parce que, après avoir construit et aménagé la terre correctement, j'ai entrepris d'expliquer la latitude et la longitude. Les chiffres entraient en jeu et je n'ai jamais été fort en mathématiques. Mon éducation dans cette branche s'était heurtée à un problème au milieu de la petite table de multiplication. Un garçon de l'école de la « plèbe » m'a mis au défi de me battre, alors que je me dirigeais vers la récitation, en essayant d'apprendre la table par cœur. Je me suis arrêté au milieu des six pour le frapper, et je ne suis jamais allé plus loin. Le cours s'est déroulé ce jour-là sans moi et je ne l'ai jamais dépassé. Je n'ai fait que peu d'efforts. Dans l'école latine, qui se targuait plutôt d'être exempte de toute souillure commerciale, les mathématiques étaient considérées comme une intrusion, et c'était une sorte de bonne note pour un garçon de ne pas s'y intéresser, même s'il en même temps, il montra des aptitudes pour le langage. J'ai donc dû déplorer jusqu'à la fin de mes jours avec Marjorie Fleming la méchanceté inhérente aux sept et aux huit, comme étant « plus que ce que la nature humaine peut supporter ». C'est une des ironies de la vie que j'aie dû me lancer dans un travail dans lequel l'étude des statistiques entre largement. Mais les pouvoirs qui m'ont confié cette tâche m'ont fourni un dos plus en forme que le mien pour ce fardeau. Comme je l'ai expliqué il y a des années dans la préface de "Comment vit l'autre moitié", l'amitié patiente du Dr Roger S. Tracy, le savant statisticien du ministère de la Santé, a aplani les problèmes de rébellion dans les taux de mortalité et les statistiques démographiques. ainsi que de tant d'autres problèmes épineux que nous avons résolus ensemble.

Mais je sors de ma longitude, comme je le faisais alors. Après avoir tâtonné assez longtemps pour essayer de faire comprendre à mon auditoire ce que je ne comprenais moi-même qu'à moitié, un vieux capitaine de vaisseau se leva à sa place et dit que quiconque voudrait gâcher une chose aussi simple que la latitude et la longitude savait évidemment rien du tout. C'était la seule chose qu'il savait. La faveur populaire est une chose inconstante. Le public qui venait tout juste d'applaudir mes efforts pour organiser la Terre l'a cru sur parole sans attendre d'explication et est sorti en masse, considérant même l'ichtyosaure comme un faux préhistorique.

J'ai fait un vaillant effort pour endiguer la marée, mais j'ai été confronté à un chagrin encore plus grave qu'auparavant. Mon seul auditeur était un forgeron suédois qui avait assisté dès le début à la création et au développement de la terre avec une foi inébranlable, bien qu'il fût membre de l'Église luthérienne, avec le pasteur et les diacres de laquelle j'avais mené une âpre guerre dans les journaux pour le sujet. "péché" de la danse. Mais quand j'ai dit, d'après Figuier , qu'un navire de guerre anglais avait été jeté une fois, lors d'un tremblement de terre, dans la ville de Callao et à travers le toit d'une église, entre les murs de laquelle il restait debout sur son quille, il s'est levé et est parti aussi. Il a fait circuler l'histoire en ville avec diverses embellissements. Les diacres susmentionnés s'en sont emparés comme d'une munition bienvenue, l'interprétant comme une insulte à l'Église, et ma conférence a pris fin.

Le temps chaud du printemps, ainsi que ces déceptions, ont fait naître en moi l'envie de vagabonder. J'ai rangé mes pièges et suis parti vers Buffalo avec ma prise, en longeant le lac. Une pluie battante s'est installée et j'ai vite été mouillée jusqu'aux os. Là où se trouve actuellement le terrain de l'école d'été de Chautauqua, j'ai surpris un troupeau de canards sauvages près du rivage et j'ai eu la chance d'en blesser un avec mon revolver. Mais le vent l'emporta hors de ma portée, et je marchai péniblement, sans souper, à travers Mayville, où les lumières commençaient à briller aux fenêtres. Aucun d'eux n'était pour moi. Tout mon argent avait servi à rembourser mes dettes envers ma logeuse de Dexterville . Les Danois avaient une bonne réputation à Jamestown et nous en étions tous très jaloux. Nous aurions tous crevé de faim plutôt que de laisser derrière nous des dettes impayées. Comme me l'a dit Mme Ben Wah plusieurs années plus tard, "ce n'est pas une honte d'être pauvre, mais c'est parfois très gênant". C'est ce que j'ai découvert lorsque, épuisé par la marche, j'ai rampé dans une grange abandonnée à mi-chemin de Westfield et j'ai creusé dans le foin, trempé et affamé comme un ours. Il y a eu un orage et il a plu toute la nuit, et un rat ou un écureuil est tombé du toit sur mon visage. C'était comme une grosse main étendue et cela m'a réveillé avec une grande frayeur.

Le soleil brillait lors d'un sabbat paisible lorsque j'ai rampé hors de mon trou et j'ai vu avec consternation que je dormais dans un tas de vieilles graines de foin qui avaient traversé mes vêtements mouillés jusqu'à ce que je sois visible. Une heure de cueillette patiente et un bain dans un étang voisin m'ont restitué quelque chose qui ressemblait à une forme humaine, et j'ai retenu mon entrée à Westfield. Les gens allaient à l'église dans leurs vêtements de fête et regardaient d'un mauvais œil l'étranger grossier. J'ai parcouru toute la ville en pensant à ce que je devais faire ensuite. Mon ventre a décidé pour moi. Il y avait une maison située dans un joli jardin avec deux petits garçons noirs en fonte comme poteaux d'attelage aux marches. J'ai sonné et à une vieille dame qui a ouvert la porte, j'ai proposé de couper du bois, d'aller chercher de l'eau ou de faire tout ce qu'il y avait à faire en échange d'un petit-déjeuner. Elle est entrée et a fait sortir son mari, qui m'a regardé et m'a dit que si j'étais prêt à faire ses corvées, je n'avais pas besoin d'aller plus loin. J'étais fatigué et affamé, et l'endroit était si reposant que j'ai immédiatement dit oui. Dix minutes plus tard, je prenais mon petit-déjeuner dans la cuisine, dûment installé en tant qu'homme de main du Dr Spencer.

Je pense au mois que j'ai passé chez le médecin avec un mélange d'exaspération et d'amusement. Si je n'avais pas appris à traire une vache là-bas, Octavia Ely ne serait probablement jamais entrée dans ma vie, horrible cauchemar qu'elle était. Octavia Ely était une vache Jersey avec une étiquette en laiton à l'oreille, dont les attaques contre la paix domestique de ma maison après des années me remplissent encore de rage. Au cours des douze mois de son séjour chez nous, elle a eu quinze sortes de maladies différentes, dont chacune se manifestait par l'arrêt de son lait. Lorsqu'elle n'en avait pas, elle n'a jamais abandonné le lait sans en vouloir. Avec trois d'entre nous pour tenir ses pattes et sa queue de peur qu'elle ne marche dans le seau ou ne change d'oreille, elle tendait la main et mangeait le gilet de mon dos où je m'asseyais pour la traire. Mais elle n'a pas sa place dans cette histoire, Dieu merci ! Si elle n'avait jamais appartenu à moi ni à moi, je serais aujourd'hui un homme meilleur ; elle m'a tellement provoqué. Cependant, je ne peux raisonnablement pas rejeter la faute sur le médecin. Sa vache était plutôt sympathique. C'était Sport, le vieux chien, qui constituait l'objet à la fois le plus lourd et le plus ridicule de mes fonctions de salarié. Bien au-delà de l'ère du sport sous quelque forme que ce soit, il a passé ses années de décadence dans un état de peur abjecte du tonnerre et de la foudre. Si seulement un nuage obscurcissait le soleil, Sport faisait un pèlerinage incessant entre son coin et la porte de la cuisine pour observer le ciel, soupirant très douloureusement devant la vue. Au premier grondement lointain — c'était au mois de mai, où il tonnait presque tous les jours — il se raidit de terreur. Il était alors de mon devoir de le transporter jusqu'à la cave et de l'enfermer dans le coffre à bois, où il était à l'écart de tout cela. Poor Sport a posé sa tête contre mon épaule et a pleuré de grosses larmes qui m'ont arraché des éclats de rire ainsi qu'aux garçons qui restaient toujours là pour voir le spectacle.

L'un d'eux commençait tout juste la lutte avec son Homer, que je connaissais presque par cœur, et c'était peut-être la découverte que j'étais capable de le guider entre les corvées, ainsi que de lui apprendre quelques tours d'escrime, que Cela a contribué à rendre le médecin anxieux à l'idée que je promette de rester toujours avec lui. Il me rendrait riche, dit-il. Mais d'autres ambitions que traire les vaches et planter des camions de jardinage me venaient à l'esprit. Être riche n'a jamais été parmi eux. J'avais commencé à écrire des essais pour les revues, choisissant comme sujet, faute d'autre, les mauvais traitements infligés au Danemark par la Prusse, qui restaient frais dans ma mémoire, et le devoir de tous les Scandinaves de se soulever et de les venger. Les Scandinaves n'écoutaient pas lorsque j'écrivais en danois, et mes écrits en anglais ne parvenaient jamais jusqu'aux éditeurs. J'ai découvert que je manquais de mots : ils ne coulaient pas ; sur quoi, mécontent de moi-même et de toutes choses, j'ai mis le paquet et je suis allé à Buffalo. Seulement, cette fois, je suis monté dans un train, avec de l'argent en poche.

Pour autant, Buffalo ne m'a pas reçu avec plus de circonspection que lorsque j'y étais arrivé sans le sou, en route pour la guerre, l'année précédente. J'ai empilé des planches dans un parc à bois jusqu'à ce que je me dispute avec un contremaître tyran au nom d'un groupe d'Allemands verts qu'il maltraitait de la manière la plus honteuse. Ensuite, j'ai été mis dehors. Un ébéniste de la « Beehive », une usine située dans la rue Niagara, m'a ensuite engagé pour fabriquer des sommiers et m'a emmené en pension avec lui. Au dernier étage de l'usine, nous avons aménagé une chambre juste assez grande pour une personne assise et deux debout, tant que la porte n'était pas ouverte ; puis l'un des deux a dû sortir. Cela importait peu, car le seul visiteur que j'avais était un de mes compatriotes à moitié âgé avec qui ils avaient travaillé si dur dans son enfance qu'il n'avait jamais eu la chance d'aller à l'école. Nous travaillions ensemble près de ma petite lampe, et c'était très amusant de le voir, qui n'avait jamais su lire et écrire son danois, faire de grands pas dans cette langue étrange qu'il parlait si singulièrement bien. Quand nous étions tous les deux fatigués, nous grimpions sur le toit, nous allongeions là et regardions le lac et la ville où brillaient une myriade de lumières, et nous parlions de l'ancienne maison et du bon vieux temps.

Parfois, la nouveauté les évince malgré tout. Je me souviens de ce 4 juillet, lorsque le salut de Fort Porter m'a réveillé au lever du soleil et m'a enflammé d'une soudaine ardeur patriotique. J'ai sauté du lit et j'ai attrapé mon revolver. Il y avait une pile de cartons d'emballage dans la cour en contrebas et, sachant qu'il n'y avait personne autour de qui je pouvais blesser, j'en ai fait ma cible et j'ai tiré toutes mes munitions dessus. Cela faisait un beau vacarme et j'étais content. Quelques jours plus tard, alors que j'étais dans la cour, j'ai eu l'idée de regarder les cartons pour vérifier quel genre de score j'avais fait. Un très bon. Toutes les balles avaient touché. Les boîtes ressemblaient à autant de tamis. Par hasard, j'ai découvert qu'ils n'étaient pas vides, comme je l'avais supposé, mais remplis de pots de fruits en verre.

J'ai finalement dû abandonner ce travail également, parce que mon patron était « mal payé ». Il était plutôt mauvais, je suppose. Je pense que sa maison était la plus désordonnée que j'aie jamais vue. Sept enfants défavorisés criaient autour de la table, se battant avec leur mère encore plus défavorisée. Elle avait l'habitude de désigner celui à qui elle souhaitait s'adresser en lui lançant une poignée de haricots verts, ou tout autre vert à portée de main, sur la table. Le jeune ripostait et ils étaient donc *en relation* l'un avec l'autre. Le père était rarement sobre aux repas. Lorsqu'il « se sentait drôle », il versait furtivement un verre d'eau dans le dos de l'enfant le plus proche, puis s'asseyait et riait des ravages qu'il avait causés. S'ensuivit un long et affreux gémissement et une explosion instantanée de la part de la mère dans ce sens. Je peux l'entendre maintenant. C'était toujours pareil :—

"Gott- himmel - donnerwetter - noch - emal -ich-will-de-mal-hole-du-spitzbub - eselskerl -wart'- nur- ich- schlag -de- noch - todt-potz-sacrement !"

Après quoi, à cause de l'épuisement général, le calme régna pendant au moins cinq minutes.

Cela me rappelle ma rencontre avec Adler, mon copain de Brady's Bend, à Buffalo. Il était venu chercher une place à 1 500 $, comme il me l'a informé. Cela le satisferait à peu près. Il n'en doutait pas un instant que de tels emplois attendaient un Allemand instruit dans ce pays barbare. Finalement, il est allé travailler dans un laminoir pour un dollar par jour. Adler a toujours été à cheval sur l'étiquette. À Brady's Bend, nous en avions très peu. A l'heure des repas, un troupeau de poules venait dans la cuisine d'été où nous mangions et se nourrissait, au grand dégoût d'Adler. Un jour, ils s'envolèrent délibérément sur la table et se mirent à se battre avec les pensionnaires pour la nourriture. Un gros coq de Shanghai a foulé le beurre et l'a suivi au-dessus de la table. A cette vue, la colère d'Adler ne connut aucune limite. Saisissant une demi-miche de pain, il la pointa sur le coq et l'abattit sur son passage. Le troupeau de volailles s'envola en criant hors de la porte. Les femmes criaient et les hommes hurlaient de rire. Adler brandit un autre pain et jura de se venger de l'oiseau ou de la bête qui ne laissait pas le beurre tranquille.

J'ai assez souvent perdu patience à l'égard des comportements des ouvriers qui me semblent être le plus grand obstacle au succès de leur cause ; mais je ne risque pas d'oublier l'autre côté qui défend cette cause, ne serait-ce que pour une autre raison, à cause d'une expérience que j'ai eue à Buffalo cette année-là. Dans une usine de rabotage où j'avais trouvé un emploi, j'ai engagé le patron pour raboter les portes, les poncer et boucher les trous de nœuds à quinze cents la porte. C'était sa propre offre, et j'ai bien fait le travail, mieux qu'avant , dit-il lui-même. Mais lorsqu'il a découvert à la fin de la semaine que j'avais gagné 15 dollars alors que mon prédécesseur en autocar lent n'en avait gagné que dix, il a réduit le prix à douze cents. Je me suis opposé, mais j'ai finalement ravalé ma colère et, en mettant plus d'énergie et en faisant des heures supplémentaires, j'ai gagné 16 $ la semaine suivante. Le patron a examiné le travail très attentivement, a dit qu'il était bon, a payé mon salaire et a réduit le prix à dix cents. Il ne voulait pas que ses hommes gagnent plus de 10 dollars par semaine, a-t-il déclaré ; ce n'était pas bon pour eux. J'ai alors arrêté, après lui avoir donné mon avis sur lui et sur les chances de sa boutique. Je ne sais pas où il se trouve actuellement, mais où qu'il soit, je garantirai que ma prédiction s'est réalisée. Il existe en danois un vieux proverbe : « Falsk slaar sin egen Herre paa Hals", ce qui veut dire que les poulets reviennent se percher, et que le droit finit par l'emporter sur la force. Le Lord Chief Justice ne doit pas être trompé. Si seulement les ouvriers se souviennent de cela et consacrent, disons, autant de temps à leurs devoirs qu'à lutter pour leurs droits, ils les obtiendront plus tôt. Ce qui ne veut pas dire qu'il n'y a pas de moment pour faire grève. Témoin mon expérience avec le raboteur .

J'ai frappé non seulement contre lui, mais contre toute la ville de Buffalo. J'en ai secoué la poussière et je suis allé travailler avec une équipe sur un nouveau chemin de fer alors en construction dans le comté de Cattaraugus – le Buffalo et le Washington, je pense. Près d'un village appelé Coonville, notre travail était fait pour nous. Nous étions vingt dans l'équipe et nous devions alors construire la ligne à travers un ancien lit de rivière asséché. Au milieu de la rivière se trouvait autrefois une île recouverte de forêt. Nous l'avons attaqué avec une pioche et une bêche et l'avons emporté petit à petit dans nos brouettes. C'était le temps le plus chaud de l'année. Dans le creux où aucun vent ne soufflait, c'était absolument insupportable. Je n'avais jamais fait un tel travail auparavant et je n'étais pas fait pour cela. J'ai fait de mon mieux pour suivre le groupe, mais ma poitrine se soulevait et mon cœur battait à tout rompre. Il y avait dix-neuf Irlandais dans la bande – des gars grands et rudes qui m'avaient choisi, comme le seul « Hollandais », comme cible de leurs grossières plaisanteries ; mais quand ils virent que le travail était manifestement trop lourd pour moi, l'autre côté de ce peuple curieusement contradictoire, épris de malice et au grand cœur, apparut. Ils ont inventé mille excuses pour me sortir du rang. L'eau n'était certainement pas leur régime quotidien, mais ils étaient tous victimes d'une soif des plus vorace, qui exigeait que je m'envoie toutes les heures à la source située à un quart de mille de là pour remplir le seau. S'ils ne parvenaient pas à le vider assez vite, ils parvenaient à le renverser et, pour dissimuler la fraude, se maudissaient ouvertement pour leur maladresse. Entre temps, ils m'inquiétaient comme toujours avec leurs chahuts ; mais j'avais vu le véritable homme derrière tout cela, et ils auraient pu m'appeler Bismarck, s'ils l'avaient choisi, sans offense.

La chaleur, le travail et le travail d'un contremaître étaient trop durs pour eux même, et avant la fin d'une semaine, la bande était brisée et dispersée. J'étais de nouveau sur la route à la recherche de travail dans une ferme. Ce n'était pas possible . Peut-être que je n'ai pas fait beaucoup d'efforts. Dimanche matin, je passais mon dernier quart d'heure à prendre un petit-déjeuner dans une auberge à Lime Lake. Après avoir mangé, je sortais dans les champs, m'asseyais le dos contre un arbre et écoutais les cloches des églises qui sonnaient aussi, je le savais, chez moi à six mille kilomètres de là. J'ai vu le vénérable Domkirke , la tête grise de mon père sur son banc, et Elle, jeune et innocente, dans les sièges des femmes de l'autre côté de l'allée. J'entendis la voix du vieux pasteur dans le calme solennel, et mes larmes tombèrent sur son tableau qui avait évoqué la vision. C'était comme si une voix me parlait et me disait de me lever et d'être un homme ; que si je voulais conquérir Elizabeth, il fallait travailler pour elle et ne pas passer mes journées sur la route. Et je me suis levé et, tournant mon visage vers Buffalo, j'ai fait le raccourci le plus court vers mon travail.

[Illustration : Notre vieux pasteur.]

J'ai marché jour et nuit, poursuivi dans l'obscurité par une centaine de chiens furtifs qui se cachaient derrière les arbres jusqu'à ce que je les atteigne, puis je suis sorti pour contester ma progression. Je les ai lapidés et j'ai continué.

Le soleil couchant de lundi m'a vu à l'extérieur de Buffalo, fatigué, mais avec un nouveau but. J'avais parcouru cinquante kilomètres sans m'arrêter ni manger. J'ai dormi sous un hangar cette nuit-là et, dès le lendemain, j'ai trouvé du travail bien rémunéré sur des bateaux à vapeur que le chemin de fer Erie construisait alors pour le commerce du lac Supérieur. Avec des intervalles d'autres emplois où, pour une raison quelconque, le travail dans le chantier naval était ralenti, j'ai gardé cela tout l'hiver et je suis devenu assez opulent, au point même d'acheter un nouveau costume, le premier que j'avais eu depuis mon débarquement. . J'ai payé toutes mes dettes et je me suis disputé avec tous mes amis au sujet de la religion. Je n'ai jamais eu de patience avec une personne qui dit « Dieu n'existe pas ». Cet homme est un imbécile et on ne peut donc pas le raisonner. Mais à cette époque, j'étais déterminé à le convertir, comme l'ont fait mes ancêtres vikings lorsqu'ils sont devenus chrétiens de païens – par le feu et l'épée s'il le fallait. J'ai frappé les infidèles autour de moi à la hanche et à la cuisse, mais ils étaient nombreux et ils surgissaient sans cesse, à mon grand étonnement. La guerre incessante a probablement donné une teinte de férocité à toute cette période de ma vie, car je me souviens qu'un de mes employeurs, un entrepreneur catholique, m'a licencié pour n'être pas d'accord avec lui au sujet des saints, me disant que j'étais "trop blâmé pour être indépendant". , de toute façon." Je soupçonne que j'ai dû être un client plutôt peu charmant, tout compte fait. Pourtant, de temps en temps, cela bouillonne en moi contre la discrétion qui s'est installée avec les années, et j'ai envie de m'en prendre à l'ancienne mode. Il me semble que nous risquons aujourd'hui de devenir obsolètes avec tous nos discours doux.

Il s'est passé suffisamment de choses pour miner mon estime de soi de bon nombre de points. C'est à peu près à cette époque que j'ai décidé de me lancer dans la presse. Il me semblait que le métier de journaliste était le plus élevé et le plus noble de tous les métiers ; personne ne pouvait distinguer le mal du bien comme lui et punir le mal. En cela, j'avais raison. Je n'ai pas changé du tout mon opinion sur ce point, et je suis sûr que je ne le ferai jamais. Le pouvoir des faits est le levier le plus puissant de cette journée ou de n'importe quelle autre. Le journaliste a la main dessus, et c'est sa grave faute s'il ne s'en sert pas bien. Je pensais que je ferais un bon journaliste. Mon père avait édité notre journal local, et le peu d'aide que je lui avais apporté m'avait donné le goût du métier. C'est dans cet esprit que je me suis rendu un matin au bureau *du Courrier* et que j'ai demandé le rédacteur en chef. Il n'était pas là. Apparemment, personne n'y était. J'ai erré de pièce en pièce, toutes vides, jusqu'à ce que j'en arrive enfin à une dans laquelle était assis un homme avec un pot à pâte et une longue paire de cisailles. Ce doit être l'éditeur ; il avait les outils de son métier. Je lui ai raconté ma course pendant qu'il s'éloignait.

[Figure : Quand je travaillais au chantier naval de Buffalo.]

"Qu'est-ce que vous voulez?" » demanda-t-il lorsque j'eus cessé de parler et que j'attendais une réponse.

"Travailler", dis-je.

"Travail!" dit-il en me faisant signe de m'éloigner avec hauteur avec les cisailles ; "Nous ne travaillons pas ici. C'est un bureau de journal."

J'y suis allé, déconcerté. J'ai ensuite essayé l'Express. Cette fois, c'est l'éditeur qui me l'a montré. Il venait juste de passer par le bureau commercial. A la porte, je l'ai arrêté et j'ai préféré ma demande. Il m'a regardé, un garçon fraîchement sorti du chantier naval, avec des mains cornées et un poil rêche, et m'a demandé :

"Qu'est-ce que tu es?"

"Un charpentier", dis-je.

L'homme se tourna sur ses talons avec un rire bruyant et rauque et me ferma la porte au nez. Pendant un moment, je restai là, stupéfait. Ses pas montant les escaliers m'ont ramené à la raison. J'ai couru vers la porte et je l'ai ouverte. "Tu rigoles!" J'ai crié en lui tendant le poing, debout à mi-hauteur de l'escalier, "tu ris maintenant, mais attends..." Et puis j'ai repris mon sang-froid et j'ai claqué la porte à mon tour. Pourtant, à cette heure-là, il fut décidé que je serais reporter. Je l'ai su en sortant dans la rue.

CHAPITRE V

Je me lance dans les affaires, tête baissée

De manière assez soudaine et tout à fait inattendue, une carrière dans les affaires s'est ouverte à moi cet hiver-là. Une fois, j'avais essayé de m'y rendre sans y être invité, mais le résultat n'était pas bon. C'est alors que j'avais remarqué que, faute des réflecteurs de fenêtre, très utilisés dans le vieux pays, les dames américaines étaient désavantagées dans leurs maisons, car elles ne pouvaient pas distinguer à distance les personnes indésirables, elles-mêmes invisibles. et oubliant commodément qu'ils étaient "in". Cette agence civilisatrice, je me mis à la fournir immédiatement. J'en ai fabriqué un modèle et je l'ai apporté à un homme d'affaires yankee, à qui j'ai expliqué son utilisation. Il a écouté attentivement, a pris le modèle et a dit qu'il avait eu bonne idée de me faire incarcérer pour avoir enfreint les lois sur les brevets d'autres pays ; mais parce que j'avais péché par ignorance, il s'abstenait. Ses manières étaient si impressionnantes qu'il me mettait vraiment mal à l'aise de peur que j'aie enfreint une sorte de loi que je ne connaissais pas. Du fait que peu de temps après que les réflecteurs de fenêtre ont commencé à faire leur apparition à Buffalo, je déduis que, quelle que soit la loi, elle ne s'appliquait pas aux autochtones, ou bien qu'il était un homme très intrépide, prêt à prendre le risque qu'il me sauverait, une sorte de philanthrope commercial. Cependant, à ce moment-là, j'avais autre chose à penser : être batteur et très énergique.

Cela s'est produit de la manière suivante : certains de mes compatriotes avaient fondé une fabrique de meubles coopérative à Jamestown, où l'on trouvait de l'énergie hydraulique et du bois bon marché. Ils n'avaient pas de capital, mais juste en dessous se trouvait le pays pétrolier, où tout le monde avait de l'argent, une grande partie de celui-ci. De nouveaux puits jaillissaient chaque jour et des villes en plein essor surgissaient tout au long de la vallée d'Allegheny. Les hommes y affluaient de partout et avaient besoin de meubles. S'ils avaient pris possession de ce pays, raisonnaient les fabricants de meubles, ils s'enrichiraient rapidement avec le reste. Le problème était de l'obtenir. Pour ce faire, ils avaient besoin d'un homme capable de parler. Peut-être se sont-ils souvenus de la création du monde l'année précédente. Quoi qu'il en soit, ils m'ont envoyé à Buffalo et m'ont demandé si j'allais essayer.

J'ai fermé ma boîte à outils et je suis parti pour Jamestown dans le train suivant. Vingt-quatre heures plus tard, je me dirigeais vers le pays pétrolier, équipé d'un puissant album et d'une liste de prix. L'album contenait des photos des meubles que j'avais à vendre. Tout au long du chemin, j'ai étudié la liste des prix, et quand j'ai atteint Titusville, je savais au centime près ce qu'il en coûtait à mes employeurs par pied pour fabriquer des tables à rallonges en frêne. J'aurais seulement aimé qu'ils en connaissent la moitié aussi.

Mon premier client était un vieux commerçant grincheux qui n'avait besoin ni de tables ni de sommiers, disait-il. Mais j'y avais bien réfléchi et j'avais décidé que le premier coup représentait la moitié de la bataille. C'est pourquoi je savais mieux. Je lui ai poussé mon album sous le nez et il s'est ouvert au niveau des rallonges. Pas cher, ai-je dit, et j'ai indiqué le prix. Je l'ai vu dresser les oreilles, mais il a seulement grogné en disant que ce n'était probablement pas bon.

Quoi! mes tables d'extension ne servent à rien ? Je l'ai mis au défi de les essayer, et il m'a donné une commande d'une douzaine, mais m'a fait signer un accord stipulant qu'ils devaient être représentés de toutes les manières possibles. J'aurais soutenu mes tables avec une commande pour tout le magasin, tellement j'étais sûr qu'elles ne pouvaient pas être battues. L'idée! Dans un accès de juste indignation, je suis sorti et j'ai vendu à tous les autres marchands de meubles de Titusville une liste de tables ; aucun d'eux n'a échappé. Le soir, après avoir renvoyé la commande chez moi, je partis pour Oil City, afin de ne pas perdre de temps précieux.

C'était pareil là-bas. Pour une raison quelconque, ils se méfiaient des tables à rallonges, mais ils ne voulaient rien d'autre. J'ai dû donner des garanties à toute épreuve qu'ils étaient tels que représentés, ce que j'ai fait avec assez d'impatience. Il y avait un orage qui faisait rage à ce moment-là. La foudre avait frappé un char et le pétrole en feu dévalait une colline et incendiait la ville. Une extrémité brûlait pendant que je parcourais l'autre, calculant mentalement combien de tables d'extension seraient nécessaires pour remplacer celles qui avaient été perdues. Les gens ne semblaient pas avoir entendu parler d'autres types de meubles dans ce pays. Châssis de lit en noyer, bureaux en marbre, lavabos tournés, ils passèrent tous devant eux pour se jeter sur les tables avec une demande criarde. J'ai présenté leurs arguments en fonction des faits, alors que je parcourais cette région, dispersant des tables d'extension à droite et à gauche. C'était l'excitation, raisonnais-je, l'afflux de population de partout ; probablement tout le monde avait des pensionnaires, un peu plus chaque jour ; ont dû allonger leurs tables pour les asseoir. J'ai vu une grande opportunité et je l'ai résolument saisie. S'ils voulaient des tables, ce devrait être des tables. J'ai lâché tout le reste du stock et me suis jeté exclusivement sur les tables. Ville après ville, j'en ai rempli. Nuit après nuit, le courrier gémissait sous les lourdes commandes de tables à rallonges que j'envoyais vers le nord. De la seule ville d'Allegheny City, une commande d'une valeur de mille dollars provenant d'un seul revendeur réputé est arrivée chez moi, et j'ai inscrit dans mon carnet ce soir-là une commission de 50 $ pour moi plus mon salaire.

[Illustration : « Un bout de la ville brûlait pendant que je parcourais l'autre »]

Je ne pouvais rien savoir des dépêches qui me suivaient depuis que ma première commande arrivait de Titusville, me disant de m'arrêter, de laisser tomber les tables, de rentrer à la maison, n'importe quoi ; il y a eu une erreur dans le prix. Ils ne m'ont jamais dépassé. Mon rythme était trop rapide pour ça. Quoi qu'il en soit, je doute que j'y aurais prêté attention. J'avais mes instructions et je vendais selon les commandes. Les affaires allaient bien et s'amélioraient chaque jour. L'entreprise a écrit à mes clients, mais ils se sont contentés de renvoyer des copies du contrat définitif. Ils avaient vu mes instructions et savaient que tout allait bien. Ce n'est que lorsque j'ai grandi, mon dernier sou dépensé, à Rochester, près de la ligne de l'Ohio, que l'entreprise a enfin établi la communication avec moi. Leurs instructions étaient brèves : rentrer à la maison et ne plus vendre de tables. Ils ont envoyé 10 $, mais ne m'ont donné aucune idée de leur curieuse décision, alors que les choses étaient en plein essor.

Étant sur le terrain, je considérais que, quoi qu'il arrive, je maîtrisais mieux la situation. J'ai décidé que je ne rentrerais pas chez moi, du moins pas avant d'avoir vendu quelques tables à rallonge supplémentaires alors qu'elles étaient si demandées. J'ai fait en sorte que ces 10 $ aillent plus loin que 10 $ auparavant. Cela m'a emmené un peu dans l'Ohio, à Youngstown, puis de retour en Pennsylvanie, à Warren, Meadville et Corry. Ma formation précédente pour avoir faim pendant des jours s'est enfin avérée utile. Dans l'intérêt du commerce, j'ai laissé tomber mes dîners. J'ai donc pu faire un dernier élan vers Erie, où j'ai planté mon dernier lot de tables avant de rentrer chez moi, heureux.

Je suis rentré chez moi à temps pour aider à la liquidation de l'entreprise. Les contrats à toute épreuve avaient fait l'affaire. Mes clients n'écoutaient pas les explications. Lorsqu'on leur a dit que le prix de ces tables était inférieur au coût de travail du bois, ils ont répondu que cela ne les regardait pas. Ils avaient leurs contrats. L'homme d'Allegheny a menacé de porter plainte, si je me souviens bien, et l'entreprise a abandonné. Personne ne m'en a voulu, car j'avais vendu selon les commandes ; mais au lieu des 450 $ que j'avais calculés comme commission, j'ai reçu soixante-quinze cents. C'était la moitié de ce que mon employeur avait. Il se divisa carrément, et je ne pouvais raisonnablement me plaindre.

J'étais assis dans le restaurant où il m'avait expliqué la situation et j'essayais de ramener mes ambitions au niveau de soixante-quinze cents, lorsque mes yeux tombèrent sur un exemplaire du Harper's Weekly qui se trouvait sur la *table* . Distraitement, j'ai lu une publicité en petits caractères, l'épelant sans rien faire pendant que j'essayais de réfléchir à ce que je devais faire ensuite.

"Recherché", lit-on, "par la Myers Manufacturing Company, des agents pour vendre un fer plat et cannelé breveté. Échantillons 75 cents."

L'adresse était quelque part dans John Street, à New York. Échantillons à soixante-quinze cents ! Je l'ai répété machinalement. Eh bien, c'était juste la taille de ma pile. Et directement dans ma ligne de démarchage aussi ! En dix minutes, j'étais en route pour New York et j'avais trouvé un client provisoire, le cuisinier du restaurant, pour un fer à repasser qui ferait ce que celui-ci promettait, repasser la jupe et canneler également le volant. En trois jours, le fer est arrivé et s'est avéré bon. J'ai commencé à faire du démarchage à Jamestown avec, et en une semaine j'ai obtenu cent vingt commandes, sur lesquelles mon bénéfice dépasserait 80 $. Après tout, quelque chose de commercial a dû m'être resté gravé dans la mémoire lors de ma seule excursion dans le domaine du commerce ; car lorsqu'il s'agissait de livrer les marchandises et que je n'avais pas d'argent, je me suis adressé hardiment chez un homme d'affaires dont la femme était inscrite dans mes livres et je lui ai proposé, s'il voulait bien envoyer chercher les fers, de les payer au fur et à mesure que je les retirais du magasin. magasin. Il ne s'en est pas caché, mais il a fait venir les fers et me les a remis pour que je les paie quand je le pouvais. Ainsi les hommes sont faits. Caractère commercial, comme il est coté au « changement », je n'en avais pas avant cela ; mais j'en avais après. Comment pourrais-je décevoir un homme comme ça ?

[Illustration : « Je suis allé entendre Horace Greeley prononcer un discours lors d'une réunion en plein air. »]

La confiance de la communauté, je ne l'avais pas perdue du fait de mon voyage trop réussi en tant que batteur, en tout cas. Des propositions me sont rapidement venues de "voyager" des pianos et des pompes pour des préoccupations locales. Il ne pleut jamais, mais il verse. Un ancien camarade de classe qui avait été ordonné ecclésiastique m'a écrit du Danemark pour lui trouver une charge parmi les colonies danoises de l'Ouest. Mais ni les pompes, ni les pianos, ni les curés n'avaient le pouvoir de me détourner de la voie que j'avais choisie. Avec eux allaient les patrons et les ordres ; avec l'indépendance chérie du fer plat. Après avoir vendu Jamestown, je me suis dirigé vers Pittsburg, une ville qui m'avait séduit en raison de son dynamisme commercial. Ils étaient vraiment vifs. La deuxième campagne présidentielle de Grant battait son plein. Lors de ma deuxième nuit en ville, je suis allé entendre Horace Greeley prendre la parole lors d'une réunion en plein air. Je peux encore voir sa noble vieille tête au-dessus de la foule et entendre son appel d'ouverture. Je ne suis jamais allé plus loin. Une fanfare composée de crieurs en uniforme pour Grant avait traversé la foule. Au passage, je me sentis soudain saisi ; une cape en toile cirée a été jetée sur ma tête, une casquette de campagne coincée ensuite, et je me suis retrouvé à marcher avec une torche sur l'épaule au son d'une fanfare juste devant moi. Combien d'autres auditeurs de M. Greeley se sont comportés comme moi, je ne le sais pas. La chose semblait si ridicule (et si je devais marcher, je me souciais très peu de savoir si c'était pour Greeley ou Grant) que je tenais le coup, espérant que nous allions tomber quelque part sur mon chapeau, qui avait été perdu dans l'attaque soudaine ; mais je ne l'ai jamais revu.

En parlant de parade, mon ancien désir d'errer, qui ne cessait de resurgir par intervalles, me payait un tour caractéristique à cette époque. Je passais par un marché aux chevaux lorsque j'ai vu un jeune cheval, beau et bien fait, vendu à un prix qui semblait ridiculement bas. L'offre était de dix-huit dollars, et elle était sur le point d'être renversée. Le soleil d'octobre brillait chaud et brillant. Un désir soudain de monter à cheval et de partir à la découverte du vaste monde, loin de la ville et des repaires des hommes, pour ne jamais revenir, m'a saisi. J'ai augmenté l'enchère à 19 $. Presque avant que je m'en rende compte, la bête m'a été renversée et j'ai payé l'argent. Cela m'a laissé exactement 6 $ à mon actif.

Conduisant l'animal par le licol, je descendis la rue et m'assis sur le perron de la maison Robinson pour réfléchir. À chaque pas, des perplexités auxquelles je n'avais pas pensé surgissaient. En premier lieu, je ne pouvais pas rouler. J'en avais toujours eu envie, mais je n'avais jamais appris. Même si j'en avais été capable, où allais-je et pour quoi faire ? Je ne pouvais pas me promener et vendre des fers plats. Le vaste monde semblait soudain un endroit froid et lointain, et un petit recul dans une attaque contre lui, avec un cheval affamé attendant d'être nourri. Cela n'était que trop évident.

[Illustration : « Le vaste monde semblait soudain un endroit froid et lointain. »]

La bête déchirait le poteau d'attelage avec ses dents d'une manière qui ne supportait aucun retard. De toute évidence, il avait un bon appétit. La conclusion me vint lentement à l'esprit que je m'étais ridiculisé lorsque l'homme qui avait enchéri 18 $ est passé et m'a vu assis là. Il s'est arrêté pour demander ce qui n'allait pas, et je lui ai dit franchement. Il a rugi et m'a donné 18 $ pour la bête. J'étais assez content d'y renoncer. Je n'ai jamais possédé de cheval avant ni depuis, et je l'ai eu en moins de quinze minutes ; mais c'était le quart d'heure le plus long depuis que je travaillais à la mine de charbon.

Le fer plat n'est pas allé à Pittsburg. C'était trop bon marché. Pendant un bref intervalle, j'ai colporté des livres de campagne, mais j'ai rapidement trouvé un fer plus cher et je me suis fait attribuer comme territoire cinq comtés de l'ouest de la Pennsylvanie. S'ensuit un hiver riche en affaires. Avant la moitié de la journée, j'avais ouvert un compte bancaire, mais la façon dont je l'ai géré reste un mystère pour moi jusqu'à ce jour. Aussi simple que devrait être le calcul de mon commerce quotidien, je ne pourrai jamais réussir comme il le devrait. J'ai essayé honnêtement tous les soirs, mais les recettes ne correspondraient jamais aux dépenses, quoi que je puisse. Je les gardais soigneusement séparés dans différentes poches, mais ils se mélangeaient malgré tout. Je devais l'appeler carré, quelle que soit la distance entre les pieds, ou rester assis toute la nuit, ce que je ne ferais pas. Je me souviens bien de la seule fois où je suis sorti. J'étais tellement étonné que je ne voulais pas y croire, mais j'ai dû recommencer tout le récit. Cette nuit-là, j'ai dormi du sommeil du juste. Le lendemain matin, alors que je partais en route la conscience tranquille et la table rase, un commerçant a frappé à sa fenêtre au moment où je passais pour me dire que je lui avais donné la veille un billet de vingt dollars pour un billet de dix dollars. , en apportant le changement. Après cela, j'ai renoncé à essayer.

Je n'étais plus seul. De Buffalo, mon vieux copain Ronne était venu me rejoindre, apprenant que j'allais bien, et du Danemark un vieux camarade d'école dont la vie à vingt-deux ans avait été détruite par l'alcool et qui avait écrit pour implorer d'être autorisé à venir. Sa mère a également plaidé pour lui, mais ce n'était pas nécessaire. Il avait inclus dans sa lettre le talisman le plus puissant de tous, une lettre écrite par Elizabeth il y a longtemps, lorsque nous étions enfants ensemble. Je l'ai encore. Il est venu et j'ai essayé de le briser de son échec. Mais j'avais entrepris un travail trop grand pour moi. À mon retour d'un voyage dans l'Ouest, j'ai découvert qu'il avait recommencé à boire et qu'il s'était enrôlé dans ses tasses. Sa malédiction l'a suivi dans l'armée. Il accède au grade de sergent, pour ensuite retomber et subir une dégradation. L'autre jour, il s'est suicidé au poste où il était en poste, après près de trente ans de service. Pourtant, malgré ses hauts et ses bas, il n'a jamais oublié sa maison. Pendant que sa mère vivait, il l'aidait à subvenir à ses besoins dans le lointain Danemark ; et après son départ, il ne se passait pas un mois sans qu'il n'envoyât chez lui la moitié de son salaire pour subvenir aux besoins de sa sœur infirme dans la vieille ville. Charles n'était pas mal. C'était un garçon pauvre, sans défense et malheureux, qui est venu me demander de l'aide, et je n'en avais personne à donner, que Dieu ait pitié de lui et de moi.

Le voyage occidental dont j'ai parlé a été ma perte. Enflé de mon succès de vendeur, je cédai dans un mauvais moment aux flatteries de mes fabricants, et acceptai l'agence générale de l'État de l'Illinois, dont le siège était à Chicago. Cela sonnait bien, mais cela n'a pas bien fonctionné. Chicago n'était pas encore sur pied après le grand incendie ; et ses jeunes gens étaient trop vifs pour moi. En six semaines, ils m'avaient nettoyé physiquement, s'étaient enfuis avec mes fers et avec l'argent qu'ils m'avaient emprunté pour les lancer en affaires. Je retournai à Pittsburg, toujours aussi pauvre, et découvris que les agents que j'avais laissés sur mon territoire de Pennsylvanie s'étaient occupés de moi de la même manière. L'entreprise pour laquelle je travaillais était complice des fraudes. Mes amis m'avaient quitté. Celui dont j'ai parlé était dans l'armée. Ronne avait abandonné, découragé, et travaillait dans un laminoir. Dans l'effondrement total de tous mes espoirs, j'étais de nouveau seul.

En colère et endolori, j'ai remonté la rivière Allegheny, sans aucun objectif précis en tête, sauf celui de m'éloigner de tous ceux que je connaissais. A Franklin, je tombai malade d'une fièvre sournoise. C'est alors que j'étais étendu, impuissant, dans une taverne isolée au bord de la rivière, que le coup dévastateur est tombé. Des lettres de chez moi, envoyées de Pittsburg, m'apprenaient qu'Elizabeth allait se marier. Un officier de cavalerie qui dirigeait la police des frontières, un brave garçon et un bon soldat, avait conquis son cœur. Le mariage devait avoir lieu en été. C'était alors la dernière semaine d'avril. A cette pensée, j'ai tourné mon visage vers le mur et j'ai espéré pouvoir mourir.

Mais on ne meurt pas d'amour à vingt-quatre ans. Les jours qui passaient lentement me voyaient quitter mon lit de malade et descendre en boitant jusqu'à la rivière les jours ensoleillés, pour m'asseoir et regarder le ruisseau avec indifférence pendant des heures, sans rien espérer, sans rien saisir, sauf que tout était fini. Dans toutes mes mésaventures, c'était la seule chose à laquelle je n'avais jamais rêvé. Si je l'ai fait, j'ai aussi rapidement banni cette pensée comme étant absurde. Qu'elle soit l'épouse d'un autre me paraissait si absolument impossible que, malade et faible comme j'étais, j'en riais déjà avec mépris ; alors je me mis à relire la lettre fatale et à essayer d'en saisir le sens. Cela rendait d'autant plus perplexe que je ne savais pas qui il était ni ce qu'il était. Je n'avais jamais entendu parler de lui auparavant, dans cette ville où je pensais connaître tous les êtres vivants. Je savais qu'il devait être un noble garçon, sinon il n'aurait pas pu la gagner ; mais qui… pourquoi… quoi… qu'est-ce qui s'était passé en si peu de temps, et quel était ce vilain rêve qui me faisait tourner la tête et masquait la lumière du soleil et le jour ? Actuellement, j'étais en rechute, et ce n'était pour moi que ténèbres et oubli.

Quand enfin je me sentis assez bien pour voyager, je me tournai vers l'est et voyageai à pied à travers les régions charbonnières du nord de la Pennsylvanie, par étapes lentes, sans me soucier de l'endroit où j'allais, et gagnant juste assez en vendant des fers plats pour payer. mon chemin. C'était le printemps quand j'ai commencé ; les teintes d'automne étaient sur les feuilles quand j'ai enfin grandi à New York, aussi presque restaurées que la jeunesse et le long vagabond avaient le pouvoir de le faire. Mais l'énergie agitée qui avait fait de moi un vendeur à succès avait disparu. Je pensais seulement, si je pensais du tout, à trouver un endroit tranquille où je pourrais m'asseoir et voir le monde passer qui ne me concernait plus. Avec la vague idée d'être envoyé dans les contrées les plus reculées en tant qu'opérateur, je suis allé dans une école de commerce sur la Quatrième Avenue et j'ai payé 20 $ pour apprendre la télégraphie. C'était le dernier argent que j'avais. J'ai fréquenté l'école l'après-midi. Le matin, je vendais des fers plats, gagnant de l'argent pour ma planche, et je m'en sortais ainsi.

Un jour, alors que j'étais très occupé, j'ai vu parmi les annonces de recherche dans un journal une offre offrant le poste de rédacteur en chef d'un hebdomadaire de Long Island City à un homme compétent. Quelque chose de mon ancienne ambition s'est réveillé en moi. Il ne m'est pas venu à l'esprit que les rédacteurs municipaux n'étaient généralement pas obtenus grâce à la publicité, et encore moins que je n'étais pas compétent, n'ayant qu'une idée très vague de ce que pouvaient être les fonctions d'un rédacteur municipal. J'ai postulé pour le poste et je l'ai obtenu immédiatement. Mon salaire devait être de huit dollars par semaine ; mon travail, remplir la chronique locale et m'occuper des affaires de Hunter's Point et de Blissville en général, politique exclue. L'éditeur s'en est occupé. En vingt-quatre heures, j'ai travaillé dur pour rédiger mon bailliage alors le plus défavorisé. Ce n'est pas encore très beau, mais à l'époque où tous les nuisances venant de New York y trouvaient refuge, cela puait jusqu'au ciel.

Certes, j'étais entré dans le journalisme par la porte dérobée, très loin d'ailleurs, lorsque j'ai rejoint l'équipe de la *Revue* . Les signes en apparurent rapidement et se multiplièrent de jour en jour. Le troisième jour de mon emploi, j'ai vu le rédacteur en chef se faire tabasser dans la rue par un cocher en colère qu'il avait offensé, et alors que, par esprit de loyauté, j'aurais jeté mon sort avec lui, j'étais retenu par l'un des imprimeurs en commentant en riant que c'était son régime quotidien et que c'était bon pour lui. C'était la seule façon pour quiconque d'obtenir de lui une quelconque satisfaction ou quoi que ce soit d'autre. À en juger par ce qui s'est passé au bureau au cours des deux semaines où j'étais là-bas, il devait avoir des dettes considérables auprès de toutes sortes de personnes qui essayaient de recouvrer leurs dettes. Lorsque, lors de mon deuxième jour de paie différé, je le rencontrai dans l'escalier, poussé par sa blanchisseuse, qui lui faisait tomber son panier sur la tête à chaque pas qu'il faisait, appelant la population (l'escalier était à l'extérieur de l'immeuble) à témoigner. justement la punition qui lui a été infligée pour ne pas avoir payé le lavage de ses chemises, j'ai conclu à juste titre que les affirmations du rédacteur en chef de la ville n'étaient pas valables. Je lui ai laissé deux semaines de salaire, mais je lui pardonne librement. Je pense que j'en ai eu pour mon argent grâce à l'expérience. Je n'ai pas laissé l'herbe pousser sous mes pieds en tant que « rédacteur en chef de la ville ». Hunter's Point avait fait l'objet, pour une fois, d'un ratissage minutieux, et c'était ma première leçon sur la chasse à l'objet insaisissable et, une fois trouvé, sur le fait d'en prendre note.

À l'exception d'un petit Terre-Neuve que quelqu'un m'avait donné, j'ai traversé la rivière aussi pauvre que j'étais venu. Le chien c'est avéré une possession plutôt douteuse au fil des jours. Son appétit était énorme et sa préférence pour ma société était embarrassante et illimitée. Il ne se contenterait pas de dormir ailleurs que dans ma chambre. Si je l'étalais dans la cour, il organisait aussitôt pour moi une recherche à laquelle tout le quartier était obligé de participer, bon gré mal gré. Cette manière de procéder a stimulé le commerce local de brosses à cheveux et de bric-à-brac pour manteaux de cheminée, mais a entraîné des complications avec le propriétaire le matin, qui entraînaient généralement le départ de Bob et moi-même vers d'autres pâturages. Je ne pouvais pas me séparer de lui ; car Bob m'aimait. Une fois, j'ai essayé, alors qu'il semblait que je n'avais pas le choix. J'étais mis dehors peut-être pour la dixième fois, et je n'avais plus d'argent pour subvenir à nos besoins. Un courtier de Wall Street avait fait une annonce pour un chien de garde et je suis allé le voir avec Bob. Mais alors qu'il aurait compté les trois pièces d'or qu'il m'avait offertes dans la main, j'ai vu les honnêtes yeux bruns de Bob me regarder avec un regard d'affection si fidèle que j'ai laissé tomber les pièces comme si elles brûlaient, et je l'ai attrapé par le cou pour lui dire que nous ne nous séparerions jamais. Bob a posé ses énormes pattes sur mes épaules, m'a léché le visage et a aboyé un cri de défi si joyeux au monde en général que même l'homme de Wall Street en a été touché.

"Je suppose que vous êtes trop bons amis pour vous séparer", dit-il. Et c'est ce que nous étions.

Nous avons laissé Wall Street et son or derrière nous pour mourir de faim ensemble. Nous l'avons littéralement fait dans les jours qui ont suivi. Je m'étais mis à colporter des livres, un Dickens illustré publié par les Harper, mais je gagnais à peine assez d'argent pour garder la vie en nous et un toit éphémère au-dessus de nos têtes. J'appelle cela transitoire parce que c'était rarement les mêmes deux nuits ensemble, pour les causes que j'ai expliquées. Dans la journée, Bob s'en sortait plutôt mieux que moi. Il parvenait toujours à obtenir un dîner du domestique à la porte du sous-sol grâce à ses courbures et à ses astuces, tandis que je plaidais en vain et avidement avec la maîtresse à la porte d'entrée. Dickens était une drogue sur le marché. Une curieuse fatalité m'avait donné un exemplaire de "Hard Times" pour faire du démarchage. Je pense qu'aucune chance ne pourrait me faire tourner la tête tant qu'elle se trouve dans ma bibliothèque. Un seul coup d'œil nous rappelle de manière trop frappante ce jour où Bob et moi étions partis, désespérés et sans petit-déjeuner , du dernier lit que nous pourrions connaître pendant plusieurs jours, pour essayer de le vendre et ainsi obtenir les moyens de nous entretenir pendant encore vingt-quatre heures. heures.

Ce n'était pas seulement le petit-déjeuner qui nous manquait. La veille, nous n'avions mangé qu'une croûte ensemble. Deux jours sans nourriture ne constituent pas une bonne préparation pour une journée de prospection. Nous avons fait de notre mieux. Bob est resté là et a remué la queue de manière convaincante pendant que je parlais ; mais la chance était contre nous, et "Hard Times" nous est resté malgré tout ce que nous avons essayé. Le soir est venu et nous nous sommes retrouvés près du Cooper Institute, sans jamais un centime. Évanoui de faim, je m'assis sur les marches sous l'horloge illuminée, tandis que Bob s'étendait à mes pieds. Il avait séduit le cuisinier dans l'une des dernières maisons où nous sommes allés et son estomac était rempli. Du coin, je l'avais regardé avec envie. Pour moi, il n'y avait pas de dîner, comme il n'y avait pas eu de dîner ni de petit-déjeuner. Demain, il y eut un autre jour de famine. Combien de temps cela devait-il durer ? Était-ce utile de poursuivre une lutte aussi désespérée ? J'étais parti d'ici, affamé et courroucé, trois ans auparavant, lorsque les restaurateurs français pour lesquels je voulais me battre m'avaient chassé de leur compagnie. Trois années perdues ! Ensuite, j'avais un centime en poche, je m'en souviens. Aujourd'hui, je n'en avais même pas tellement. J'étais en faillite d'espoir et de but. Rien ne s'était bien passé ; rien ne se passerait jamais bien ; et, pire encore, je m'en fichais. J'ai tambouriné d'un air maussade sur mon livre. Gaspillé! Oui, ma vie a été gâchée, complètement gâchée.

[Illustration : « Les temps difficiles »]

Une voix m'a appelé par mon nom et Bob s'est assis, me regardant attentivement pour savoir quel était le traitement réservé à son propriétaire. Je reconnus en lui le directeur de l'école télégraphique où j'étais allé jusqu'à ce que mon argent tombe. Il parut soudain frappé par quelque chose.

"Pourquoi, qu'est-ce que tu fais ici ?" Il a demandé. Je lui ai dit que Bob et moi nous reposions après une journée de prospection.

"Livres!" il renifla. "Je suppose qu'ils ne vous rendront pas riche. Maintenant, que diriez-vous d'être journaliste, si vous n'avez rien de mieux à faire ? Le directeur d'une agence de presse du centre-ville m'a demandé aujourd'hui de lui trouver un jeune brillant. Ce n'est pas grand-chose : 10 dollars par semaine pour commencer. Mais c'est mieux que de vendre des livres, je sais.

Il fouilla le livre que je tenais à la main et lut le titre. "Hard Times", dit-il avec un petit rire. "Je suppose. Qu'en dites-vous ? Je pense que vous le ferez. Mieux vaut venir et laissez-moi vous donner un mot maintenant."

Comme dans un rêve, j'ai traversé la rue avec lui jusqu'à son bureau et j'ai reçu la lettre qui devait me rendre, à moitié affamé et sans abri, riche comme Crusus , me semblait-il. Bob m'accompagna et, avant que je quitte l'école, on lui trouva un meilleur foyer que celui que je pouvais lui offrir auprès de mon bienfaiteur. Je devais l'amener le lendemain. Je devais admettre que c'était mieux ainsi. Cette nuit-là, la dernière que Bob et moi avons passée ensemble, nous avons parcouru Broadway, où tout était calme, en réfléchissant. Ce qui s'était passé m'avait profondément ému. Pour la deuxième fois, je vis une main tendue pour me sauver du naufrage au moment où cela semblait inévitable ; et je le savais pour sa main, à la volonté de laquelle je commençais enfin à m'incliner avec une humilité qui m'était étrangère auparavant. Cela a toujours été ma propre volonté, ma propre voie, sur laquelle j'ai insisté. À l'ombre de Grace Church, j'ai incliné la tête contre le mur de granit de la tour grise et j'ai prié pour avoir la force d'accomplir le travail que j'avais si longtemps et si ardemment recherché et qui m'était maintenant venu ; Pendant ce temps, Bob restait assis et regardait, disant assez clairement, en remuant la queue, qu'il ne savait pas ce qui se passait, mais qu'il était sûr que tout allait bien. Puis nous avons repris nos pérégrinations. Une pensée, et une seule, pour laquelle j'avais de la place. Je ne l'ai pas poursuivi; il m'accompagnait partout où j'allais : elle n'était pas encore mariée. Pas encore. Lorsque le soleil s'est levé, je me suis lavé le visage et les mains dans l'abreuvoir d'un chien, j'ai mis mes vêtements en forme autant que possible et je suis parti avec Bob dans sa nouvelle maison. Cette séparation terminée, je me suis rendu au 23 Park Row et j'ai remis ma lettre au rédacteur en chef de la New York News Association, au dernier étage.

Il m'a regardé un peu dubitatif, mais visiblement impressionné par les premières heures que je gardais, m'a dit que je pourrais essayer. Il m'a fait signe de me diriger vers un bureau, me demandant d'attendre jusqu'à ce qu'il ait rédigé son cahier de devoirs du matin ; et c'est sans cérémonie que je fus finalement présenté à Newspaper Row, qui avait été pour moi comme une terre enchantée. Après vingt-sept années de travail acharné, pendant lesquelles j'ai été dans les coulisses de la plupart des pièces de théâtre qui composent la somme de la vie de la métropole, il exerce encore sur moi le charme d'autrefois. Si mes sympathies ont besoin d'être ravivées et d'ajuster mon point de vue, je n'ai qu'à me rendre à Park Row le soir, lorsque les foules se précipitent vers la maison et que l'horloge de l'hôtel de ville est allumée, en particulier lorsque la neige repose sur l'herbe du parc. et restez là à les observer un moment, pour constater que tout se passe bien. C'est Bob qui reste là et regarde avec moi, comme cette nuit-là.

La mission qui m'était confiée au moment de la rédaction du livre, le premier sur lequel mon nom était inscrit dans le livre d'un éditeur new-yorkais, était une sorte de déjeuner à l'Astor House. J'ai oublié quelle était l'occasion spéciale. Je me souviens des chapeaux en peau d'ours de la Vieille Garde, mais de rien d'autre. Dans une sorte de brume, je vis la moitié des mets savoureux de la terre étalés sous les yeux et les narines d'un homme qui n'avait pas goûté de nourriture depuis trois jours. Je n'en ai pas demandé. J'avais atteint ce stade de famine qui est comme le centre immobile d'un cyclone, où aucune faim ne se fait sentir. Mais il se peut qu'un soupçon de tout cela se soit glissé dans mon rapport ; car, lorsque le rédacteur l'eut lu, il dit brièvement :

"Vous le ferez. Prenez ce bureau et présentez-vous à dix heures précises du matin."

Cette nuit-là, après avoir été renvoyé de mon bureau, je remontai le Bowery jusqu'au n° 185, où une famille danoise tenait une pension sous le toit. J'avais désormais du travail et un salaire, et je pouvais payer. Dans les escaliers, je suis tombé évanoui et je suis resté là jusqu'à ce que quelqu'un trébuche sur moi dans le noir et me porte à l'intérieur. Mes forces avaient finalement lâché.

C'est ainsi qu'a commencé ma vie de journaliste.

CHAPITRE VI

DANS LEQUEL JE DEVIENS RÉDACTITEUR ET REÇOIS MA PREMIÈRE LETTRE D'AMOUR

J'avais les mains occupées cet hiver-là. La profession dans laquelle j'étais entré par un chemin si épineux ne s'est pas avérée être un lit de roses. Mais je ne cherchais pas de roses. Je doute que j'aurais su quoi en faire s'il y en avait eu. Jusqu'à présent, le travail acharné et les coups durs étaient mon lot, et j'étais assez entraîné à cela. D'ailleurs, maintenant que la question d'où viendrait le prochain repas ne se posait plus de quelque côté que je regardais, il s'agissait pour moi de travailler assez dur et assez longtemps pour ne pas réfléchir. Avec chaque lettre de chez moi, je m'attendais à entendre qu'elle était mariée, et puis... je ne suis jamais allé plus loin. Une sorte d'énergie furieuse s'empara de moi à cette simple idée, et je me lançai dans mon travail d'une manière qui me valut rapidement le nom de bon reporter. "Bon" faisait référence à la quantité de travail effectué plutôt qu'à sa qualité. Cela comptait moins que notre capacité à « se déplacer » vers nos missions ; nécessairement, car nous avions pour la plupart six ou sept soirées à assister, notre itinéraire s'étendant souvent de Harlem jusqu'au Bowery. De sorte qu'ils étaient presque « en ligne », nous étions censés n'avoir aucune raison de nous plaindre. Notre bureau vendait des informations aux journaux du matin et du soir, et notre journée de travail, qui commençait à 10 heures du matin, se terminait rarement avant une ou deux heures du matin suivant. Trois reporters devaient s'occuper de toute l'actualité générale de la ville qui ne passait pas par les chaînes départementales habituelles.

Nous formions un trio étrangement varié : « Doc » Lynch, diplômé de la faculté de médecine de Bohême, suivant une orientation naturelle, je suppose ; Crafts, un garçon du Maine au cadre anguleux et à la confiance en soi prodigieuse ; et moi-même. Lynch, j'ai perdu de vue il y a longtemps. Crafts, me dit-on, est riche et prospère, propriétaire d'un journal occidental. Cela devait lui arriver. Je me souviens de lui dans les jours les plus sombres de cet hiver, quand à un salaire modeste, un travail acharné et de longues heures s'étaient ajoutées une crise de rougeole qui le maintenait au lit dans sa pension désolée, loin de sa famille et de ses amis. "Doc" et moi étions arrivés lors d'une visite volée pour occuper leur place du mieux que nous pouvions. Nous nous sommes assis en essayant d'avoir l'air aussi joyeux que possible et nous n'y sommes pas parvenus ; mais la confiance de Crafts en lui-même et en son étoile dépassait toutes les trivialités du découragement actuel. Je le vois maintenant se lever sur son coude et nous transpercer tous les deux de son long index prophétique :

"Le secret de mon succès", dit-il d'une manière impressionnante, "je m'en remets à..."

Nous n'avons jamais su de quoi il avait parlé, car nous avons tous deux éclaté de rire, et Crafts, après un regard passager de surprise, s'est joint à nous. Mais ce doigt a prophétisé vrai . Son courage a gagné la journée, et l'a gagné équitablement. C'étaient deux bons camarades dans un endroit restreint. Je ne devrais pas souhaiter mieux.

Courir n'était qu'un travail à vide, et nous en avions beaucoup. Les longues promenades, sur des missions à Harlem, dans des chars à chevaux avec de la paille dans le fond qui n'empêchaient pas nos pieds de geler jusqu'à ce que toute sensation y disparaisse, étaient pires, bien pires. Rien qu'en y pensant, j'en arrive à soigner mes orteils pour ressentir des douleurs qui me rappellent. Cependant, j'avais au moins assez à manger. Au Delmonico du centre-ville et dans les autres restaurants chics à travers les fenêtres desquels j'avais si souvent regardé avec des yeux affamés, il m'arrivait maintenant de m'asseoir à de grandes tablées et à des dîners publics, jamais sans penser au bon vieux temps et aux pauvres gars qui pouvaient alors avoir ma malchance. Il n'y a pas si longtemps que j'aurais pu oublier. J'ai également fait une marque à Mulberry Bend, car mes engagements professionnels m'ont amené dans cette direction, me promettant que le jour viendrait où j'aurais le temps de m'en occuper. Pour le reste, si j'avais une heure à perdre, je la mettais au télégraphe. J'avais toujours l'idée que ce n'était peut-être pas du travail perdu. Et même si je n'en ai jamais eu un usage professionnel, il m'a été utile en tant que journaliste à plusieurs reprises. Il n'y a presque rien que l'on puisse apprendre qui ne soit utile tôt ou tard à un journaliste, s'il est lui-même du genre à vouloir être utile.

Au printemps, certains hommes politiques du sud de Brooklyn qui avaient lancé un hebdomadaire pour faire exploser leur propre fortune se sont retrouvés à la recherche d'un journaliste et ont entendu parler d'un "jeune Néerlandais" qui pourrait faire avancer les choses. J'étais ce "Hollandais". Ils m'ont offert 15 $ par semaine et, le 20 mai 1874, j'ai traversé la rivière avec mon emprise et, tout à fait inconscient du fait que ma fortune était en train de changer, je me suis associé à « la foule de Beecher », comme le » les garçons du bureau ont dit avec dérision quand je les ai quittés.

En deux semaines, j'étais rédacteur en chef du journal. Ce n'était pas un vote de confiance, mais une pure économie de la part de mes propriétaires. Ils ont économisé quarante dollars par semaine en m'en donnant vingt-cinq et le nom du rédacteur en chef. L'idée d'un éditeur autre que le nom, je suppose, ne leur était jamais venue à l'esprit. Leur organe était un « organe » et, compte tenu des objectifs pour lesquels ils l'avaient créé, ils se croyaient tout à fait capables de le faire fonctionner. Pour ma part, j'ai rapidement développé une haute notion d'indépendance éditoriale. Leurs objectifs n'avaient rien à voir avec cela. Les deux points de vue se sont révélés inconciliables. Ils s'affrontaient assez régulièrement, et peut-être était-ce autant leur lassitude à l'égard du rédacteur en chef que le fait que le journal leur pesait lourd qui les a poussés à le rejeter après les élections d'automne, qu'ils ont remportées. La presse et le moteur ont été saisis pour dettes. Le dernier numéro du *South Brooklyn News* avait été publié dans la rue et je suis allé en ville pour négocier ce type de caractères avec le fondeur. C'était dans les derniers jours de l'année. Noël était à la porte, avec ses souvenirs. Fatigué et découragé, j'étais sur le chemin du retour, mes affaires terminées, lorsque les cloches sonnèrent la veille de la Sainte. Je me tenais à la proue d'un ferry de Fulton Street , les écoutant tristement et regardais les lumières de la ville s'allumer le long du rivage. De tous, aucun n'était pour moi. Tout était fini et il me faudrait trouver une nouvelle piste. Où cela mènerait-il ? Qu'importe, d'ailleurs ? Personne ne s'en souciait. Pourquoi devrais-je? Un magnifique météore jaillit du ciel et traversa la rivière avec un arc brillant. Je l'ai regardé naviguer lentement au-dessus de Williamsburg, sa traînée brillant sur le ciel sombre, et machinalement le vieux souhait est monté à mes lèvres. Quand nous étions enfants, c'était une superstition selon laquelle si nous étions assez rapides pour « faire un vœu » avant que l'étoile ne s'éteigne, le vœu se réaliserait. J'avais essayé cent fois, toujours sans succès ; mais pour une fois, j'avais largement le temps. Un soupir amer étouffa le vœu à moitié exprimé. Ma chance était arrivée trop tard. Même maintenant, elle était peut-être la femme d'un autre homme, et je… je venais de commettre un nouvel échec, comme d'habitude.

Il ne m'était jamais arrivé, pendant toutes les périodes de vacances où j'étais absent, qu'une lettre de chez moi me parvienne à temps pour le réveillon de Noël, et c'était un sujet sensible pour moi. Car c'était toujours pour moi le plus cher de l'année, et c'est le cas maintenant. Mais ce soir-là, en rentrant à la maison, de très mauvaise humeur, je trouvai pour la première fois la lettre tant convoitée. Il m'a appris la mort de mes deux frères aînés et de ma tante préférée. Dans un post-scriptum, mon père ajoutait que le lieutenant B..., le fiancé d'Elizabeth, était décédé à l'hôpital municipal de Copenhague. Elle-même vivait parmi des étrangers. Elle avait choisi son amant lorsque la famille lui avait demandé de l'abandonner comme un invalide désespéré. Ils pensaient que tout cela était pour son bien. D'elle, je n'aurais dû m'attendre à rien de moins. Mais elle en racontera elle-même l'histoire.

J'ai lu la lettre jusqu'au bout, puis je me suis allongé sur mon lit et j'ai pleuré. Quand je me suis levé, c'était pour aller voir les propriétaires de mon journal avec une proposition d'achat. Au début, ils se sont moqués de moi ; j'ai demandé à voir mon argent. En tant que journaliste pour le bureau de presse, j'avais économisé 75 dollars, plutôt parce que je n'avais pas le temps de les dépenser plutôt que parce que j'avais une idée précise de ce que j'allais en faire. Je le leur proposai et leur fis remarquer que la vente de l'ancien type, qui était tout ce qui restait du journal à côté du fonds de commerce, ne rapporterait rien d'autre. L'un d'eux, plus raisonnable que les autres, celui qui payait généralement les partitions pendant que les autres prenaient les tours, était disposé à écouter. Le résultat fut que j'achetais le journal pour 650 $, en donnant des notes pour le reste, à payer dès que je le pourrais. Si je ne pouvais pas, ils n'en avaient pas beaucoup. Et puis, encore une fois, je pourrais réussir.

Je l'ai fait; par quel effort j'hésite à m'asseoir ici de peur d'être pas cru. Le *News* était un grand feuillet de quatre pages. Littéralement, j'ai écrit moi-même chaque mot. J'étais mon propre rédacteur, journaliste, éditeur et agent de publicité. Ma plume occupait deux imprimeurs toute la semaine et me laissait le temps de solliciter des annonces, d'assister à des réunions et de recueillir des informations. Vendredi soir, l'entrepreneur de pompes funèbres local, qui a fait une annonce dans le journal et payé en nature, a apporté les formulaires à New York, où le travail de pressage a été effectué. Tôt le matin, j'ai porté l'édition – elle n'était pas très grande à l'époque – et je l'ai transportée de Spruce Street jusqu'à Fulton Ferry, puis chez moi dans une voiture de la Cinquième Avenue. Je me souviens avec quelle rage intérieure je me soumettais à l'idée d'être arrêté par tous les policiers et de me piquer les côtes avec des remarques facétieuses sur « les millions du vieil homme », etc. Une ou deux fois, cela déborda et on me menaça d'arrestation sommaire. En rentrant chez moi, je dormais sur le comptoir avec l'édition sur mon oreiller, afin d'être debout aux premières lueurs du jour pour affronter les vendeurs de journaux. Je les ai rassemblés dans les rues et les avenues, je les ai forcés à entrer s'ils ne le voulaient pas et je leur ai fait de telles incitations que bientôt le sud de Brooklyn a résonné du cri de « Nouvelles » du lever au coucher du soleil de samedi. Les hommes politiques qui se moquaient de mes « funérailles hebdomadaires » voyaient avec étonnement le papier qu'on leur mettait sous le nez à chaque pas. Ils entendirent ses louanges, ou autre chose, chantées de toutes parts. De leur point de vue, c'était la même chose : on parlait du journal. Tous leurs efforts avaient échoué. Lorsque, le 5 juin, jour de son anniversaire, j'ai remboursé en espèces son reste de la somme d'achat et que j'ai hissé le drapeau sur un journal indépendant, libéré de ses dettes, ils sont venus avec des discours mielleux pour se faire des amis. Je les ai à peine entendus. Au fond de mon âme, une voix répétait sans cesse : Elisabeth est libre ! Elle est libre, libre ! Cette nuit-là, dans l'isolement de ma tanière, agrippant sinistrement l'échelle sur laquelle j'avais enfin mis les pieds, je résolus que j'atteindrais le sommet, ou que je mourrais en grimpant et me trouvai sans sommeil, lui déversant mon cœur, quatre mille à des miles.

J'ai porté moi-même la lettre à la poste et j'ai attendu de la voir commencer son long voyage. Je suis resté à surveiller le transporteur jusqu'à ce qu'il tourne au coin ; puis je suis retourné à mon travail.

A ce travail s'était ajouté un nouvel aiguillon au moment où j'étais enfin libéré de toutes entraves. L'autre émotion humaine la plus forte avait été réveillée en moi. Lors d'un réveil méthodiste – c'était dans l'ancienne église de la 18e rue – j'étais tombé sous le charme de l'éloquence enflammée du prédicateur. Frère Simmons appartenait à la vieille souche des itinérants, même si leur époque était révolue depuis longtemps dans notre communauté tranquille. Il avait toute leur puissance, car l'esprit brûlait en lui ; et il m'a amené rapidement à l'autel, bien que dans mon propre cas, la conversion ait refusé de produire le degré d'agonie prescrit. C'était peut-être parce que j'avais entendu M. Beecher remettre en question l'exactitude de la prescription. Lorsqu'un homme voyageant sur la route découvrait, disait-il, qu'il s'était trompé, il ne se roulait généralement pas dans la poussière et ne s'angoissait pas à cause de son erreur ; il s'est simplement retourné et est parti dans l'autre sens. Cela m'a frappé, mais néanmoins avec une profonde conviction. En fait, face à la chaleur du converti, j'ai décidé sur-le-champ d'abandonner mon travail éditorial et de me lancer dans la prédication. Mais frère Simmons ne voulait pas en entendre parler.

[Note de bas de page : Frère Simmons. [Le révérend Ichabod Simmons.]]

"Non, non, Jacob", dit-il; "pas ça. Nous avons suffisamment de prédicateurs. Ce dont le monde a besoin, ce sont des plumes consacrées."

C'est là que j'ai consacré le mien. J'aimerais pouvoir dire honnêtement qu'il a toujours atteint l'idéal élevé qu'il avait alors fixé. Je peux dire, cependant, qu'il a toujours lutté vers lui, et qu'à peine un jour s'est écoulé depuis que je n'ai pas pensé à la charge alors portée sur lui et sur moi.

Le résultat immédiat fut une campagne de réforme qui fit remarquer la ville. Cela a d'abord frappé les hommes politiques. Ils étaient démocrates et je dirigeais un journal démocrate. Je l'ai fait *con amore* aussi, car c'était à l'époque des scandales du second mandat de Grant, et la honte de cette affaire était ignoble. Jusqu'à présent, nous étions d'accord. Mais il se trouve que le principal obstacle au succès démocrate dans le 22e quartier, où se trouvait mon journal, était le capitaine de police du quartier, John Mackellar, décédé l'autre jour en tant que chef adjoint de l'arrondissement de Brooklyn. Mackellar était un républicain d'un type prononcé et en outre un bon politicien. Il doit donc partir. Mais c'était mon ami. Je n'en avais que deux dans tout le quartier qui se souciaient vraiment de moi : Edward Wells, employé dans une pharmacie de l'autre côté de la rue, qui avait mon âge, et Mackellar. Entre nous était né un fort attachement, et je ne pouvais pas songer à faire retirer Mackellar, d'autant plus qu'il n'avait rien fait pour le mériter. C'était un bon policier. Je l'ai dit aux patrons. Ils ont insisté ; a plaidé l'opportunisme politique. Je leur ai dit que je ne le permettrais pas et, lorsqu'ils sont allés de l'avant malgré moi, j'ai dit la vérité dans mon journal. Le 22e était en réalité un quartier républicain. L'attitude des *médias* a tué le travail.

Les patrons démocrates étaient indignés.

« Comment pouvons-nous gérer la salle avec toi agissant de cette façon ? ils ont demandé. Je leur ai dit que je m'en fichais s'ils ne le faisaient pas. Je pourrais mieux le gérer moi-même, semblait-il.

Ils n'ont rien dit. Ils avaient d'autres ressources. Le chef d'entre eux – il était juge – est venu et a eu une conversation amicale avec moi. Il m'a montré que j'allais à l'encontre de mon propre intérêt. Je commençais tout juste dans la vie. J'avais de l'énergie, de l'éducation. C'étaient des qualités qui, en politique, étaient convertibles en or, beaucoup d'or, si je voulais seulement le suivre et suivre sa fortune.

"Je n'ai jamais eu d'éducation", a-t-il déclaré. "J'ai besoin de toi. Si tu restes avec moi, je te rendrai riche."

Je pense qu'il le pensait vraiment. Il aurait certainement pu le faire s'il l'avait choisi. Lui-même est mort riche. Ce n'était pas un mauvais garçon, comme disent les patrons. Mais je n'aimais pas la politique patronale. Et l'appât ne m'a pas tenté. Je n'ai jamais voulu être riche. J'ai peur que cela me fasse saisir ; Je pense que je suis construit de cette façon. De toute façon, c'est trop dérangeant. Je voulais diriger mon propre journal et je le lui ai dit.

"Eh bien," dit-il, "vous êtes jeune. Réfléchissez-y."

C'est quelque temps après que j'ai lu dans un journal, au retour d'un voyage de chasse à Staten Island, que j'avais été nommé ce jour-là interprète auprès de mon ami le juge, au salaire de 100 dollars par mois. Je suis allé vers lui et je lui ai demandé ce que cela signifiait.

"Eh bien," dit-il, "nous avons besoin d'un interprète. Il y a beaucoup de Scandinaves et d'Allemands dans ma région. Vous connaissez leur langue ?"

"Mais", protestai-je, "je n'ai pas le temps d'aller interpréter les affaires judiciaires de la police. Je ne veux pas de bureau."

Il m'a poussé dehors avec une tape amicale sur l'épaule. « Retournez et attendez que je vous envoie chercher. Nous pouvons regrouper les cas et nous n'aurons pas besoin de vous tous les jours.

En fait, ils n'avaient pas besoin de moi plus de deux ou trois fois par mois, à la fin desquelles je touchais ma paie avec beaucoup de scrupules de conscience. Mes services ne valaient certainement pas l'argent que j'avais reçu. Tel est le pouvoir apaisant du « pap » public : le deuxième jour de paie, même si j'avais rendu encore moins de services, je ne me sentais pas si mal. Mon troisième chèque, je l'ai tiré naturellement. J'étais désormais « l'un des garçons » et traité avec familiarité par des hommes que je n'aimais pas du tout et qui, j'en suis sûr, ne m'aimaient pas. Mais la cordialité ne dura pas longtemps. Il apparut bientôt que l'interprète au tribunal avait d'autres devoirs que de simplement veiller à ce que justice soit rendue aux étrangers impuissants ; parmi eux de voir les choses politiquement comme Son Honneur. Je n'ai pas. Une rupture s'ensuivit rapidement – je pense qu'il s'agissait de notre vieil ami Mackellar – qui aboutit à ce qu'il me traite d'ingrat. C'était l'un de ses mots favoris, comme j'ai remarqué que c'est le cas de tous les patrons, et il signifiait tout ce qui était répréhensible. Il ne m'a pas renvoyé; il ne pouvait pas. Je faisais autant partie du tribunal que lui, ayant été nommé en vertu d'une loi de l'État. Mais le pouvoir de la Législature qui m'avait créé a été invoqué pour me tuer ainsi que, pour le bien de l'apparence, la fonction. Avant l'ajournement, la même législature a ressuscité le bureau, mais pas moi. La nature humaine est si contradictoire qu'à ce moment-là j'étais tout à fait prêt à me battre pour mes « droits ». Mais pour une fois j'étais surclassé. Le juge et le Parlement étaient trop nombreux pour moi, et je me retirai aussi gracieusement que possible.

Ainsi cessa ma carrière d'officier public, et pour toujours. C'est la seule fonction que j'ai jamais occupée et je n'en veux pas d'autre. J'ai encore honte, vingt-cinq ans après, d'avoir détenu celui-là. Parce que, même si j'essaie de le passer sous silence, j'étais, lorsque je le tenais, un sinécuiste pur et simple.

Cependant, cela n'a en rien freiné mon zèle pour la réforme. Cela englobait toute la portée de mon petit monde ; il ne tolérerait pas non plus un retard, même d'une minute. Il n'a pas réfléchi aux voies et moyens et n'a en aucun cas été tempéré par la discrétion. Avec le recul, il semble étrange qu'à cette époque, je n'aie jamais pu comparaître au tribunal de police dans une autre qualité que celle d'interprète. Non pas que j'ai fait quoi que ce soit pour lequel j'aurais dû être à juste titre emprisonné. Mais les gens s'opposeront à ce qu'on les traîne par les cheveux, même dans la voie des réformes. Lorsque l'épicier de mon coin se plaignait d'être ruiné par des « beats » qui ne payaient pas leurs factures et l'obligeait ainsi à facturer davantage à ceux qui payaient plus, pour qu'il puisse vivre, je me suis immédiatement mis à faire ces beats. payer. J'ai fait savoir, dans un exposé clair de l'affaire dans mes colonnes éditoriales, qu'ils devaient régler leurs comptes pour le bien de l'épicier et du bien général, sinon je publierais leurs noms. J'étais aussi bon que ma parole. J'ai non seulement publié leur liste, mais également le montant et la durée de leur dette, et je leur ai demandé de payer ou de quitter la paroisse.

Ont-ils bougé ? Et bien non! C'était peut-être trop attendre. Ils étaient à l'aise. Ils sont restés pour empoisonner l'esprit de la ville contre l'homme qui restait éveillé la nuit pour la servir ; dans cet effort louable, ils furent habilement secondés par l'épicier du coin. J'enregistre sans regret l'échec ultérieur de ce commerçant. Il y avait plusieurs choses qui clochaient dans les détails de ma campagne – d'une part, j'avais omis de l'inclure parmi les battements – mais dans ses grandes lignes, nous pouvons tous convenir qu'elle était juste. Ce n'était qu'une autre illustration de la difficulté de réduire la haute prédication à la pratique. Au lieu que la société me salue comme son sauveur , je suis devenu personnellement impopulaire. Je doute que j'aie eu un autre ami au monde en dehors des deux que j'ai mentionnés. Mais le tirage de mon journal augmenta énormément. Il était doublé et triplé de semaine en semaine – un fait que j'acceptais comme une reconnaissance publique de la justesse de ma cause. J'avais tort en cela. Le fait était que notre communauté était composée de gens qui avaient normalement un bon appétit pour connaître les affaires de leurs voisins. Je suppose que l'inexpérience a déjà été prise pour un enthousiasme moral par le passé, et cela se reproduira encore.

Je dois m'arrêter ici pour expliquer la raison pour laquelle je ne condamnerais pas le voleur le plus méchant sur la base de preuves circonstancielles. Je préfère en laisser mille en liberté plutôt que de risquer avec un seul ce que j'ai risqué et de frémir encore à l'idée d'y penser. Cet été-là, le public avait été enthousiasmé par les chiens enragés, en particulier les chiens spitz. Un grand nombre de personnes avaient été mordues, et les autorités du Massachusetts, si je me souviens bien, avaient interdit cette race particulière, car elle était toujours dangereuse. Il y en avait un qui rôdait toujours dans le parking derrière mon bureau, par lequel le chemin menait à ma pension, et, lorsqu'un jour il m'a cassé la jambe en passant, j'ai décidé de le tuer dans l'intérêt de la sécurité publique. J'envoyai mon garçon de bureau acheter une poignée de chevrotine et, lorsqu'il l'apporta, je me mis à charger les deux canons de la pièce de chasse qui se trouvaient dans mon bureau. Pendant que j'étais très occupé, mon ami le pharmacien est entré et a voulu savoir ce que je faisais. Tirer sur un chien, ai-je dit, et il a ri :—

"On dirait que tu cherches ton rythme."

J'ai fait écho à son rire assez inconsidérément ; mais cela me rappela qu'il était interdit de tirer dans les limites de la ville, et j'envoyai le garçon au commissariat pour dire au capitaine de ne pas s'inquiéter s'il entendait tirer partout : j'allais chercher un chien. Sur ce, je me suis lancé dans ma quête.

Le chien était là ; mais il s'est échappé avant que je puisse lui tirer dessus. Il esquiva, grognant et claquant, parmi les mauvaises herbes, et finit par se précipiter vers un grand terrain clos dans lequel se trouvaient des tas de bois et de ferraille et de nombreuses cachettes. Je savais qu'il ne pouvait pas sortir, car la clôture en planches était haute et étanche. Alors je suis entré, j'ai fermé la porte derrière moi et je l'ai attrapé.

J'aurais dû dire auparavant que parmi mes ennemis se trouvait un type sans valeur, un parasite de la machine politique locale, qui, cet après-midi-là, était au bureau et m'ennuyait avec ses discours bruyants et bruyants. Il était ivre, et comme il y avait du monde pour me voir, je l'ai mis dehors. Il a persisté à revenir, et je lui ai finalement dit, devant une douzaine de personnes, de vaquer à ses occupations, sinon il lui arriverait un malheur grave. Si j'y associais une idée, c'était d'appeler un policier ; mais je les ai laissés déduire quelque chose de pire, je suppose. Se faire arrêter n'était pas une affaire très sérieuse pour lui. Il sortit en jurant.

C'était le crépuscule lorsque je commençai ma chasse au spitz dans le parc à bois, et les contours des choses étaient plus ou moins vagues ; mais j'ai suivi le chien jusqu'à ce qu'enfin je l'aperçoive debout sur un tas de planches, un peu plus loin. C'était ma chance. J'ai levé l'arme rapidement et j'ai visé. J'avais les deux canons armés et le doigt sur la détente, lorsque quelque chose me dit très distinctement de ne pas tirer ; poser l'arme et se rapprocher. Je le fis et trouvai, non pas le chien comme je le pensais, mais mon ennemi que j'avais menacé seulement une heure ou deux auparavant, endormi de tout son long sur la meule, avec son manteau enroulé sous sa tête en guise d'oreiller. C'était sa poitrine de chemise blanche que j'avais prise au crépuscule pour le chien spitz.

Il n'a jamais eu conscience de son péril. J'ai vu le mien d'un seul coup d'œil et cela m'a consterné. Étranger que j'étais, détesté et dénoncé par beaucoup qui se seraient posés en victimes de ma violence ; avec ce dossier contre moi de menaces contre l'homme qu'on m'accuserait d'avoir tué une heure plus tard ; avec mes deux seuls amis obligés de témoigner, ce qui ferait de moi un complot astucieux de meurtre sous le bouclier d'une invention palpable - car qui a jamais entendu parler de quelqu'un ayant prévenu la police qu'il allait tirer sur un chien ? - sans aucun lien familial. ou un bon caractère antérieur sur lequel bâtir une défense : où aurait été ma chance de m'échapper ? Quelle chaîne de preuves circonstancielles plus solide aurait pu être tissée pour m'amener, moi, un homme innocent, à la potence ? J'ai souvent souhaité oublier cette soirée près de l'homme endormi dans le parc à bois. Je ne peux même pas écrire calmement à ce sujet. Plusieurs mois se sont écoulés avant que je puisse me persuader de toucher à mon arme, aimant comme j'avais toujours eu à la porter à travers les bois.

De tout cela, les beats ne savaient rien. Ils ont continué leur guerre de médisance et de petites querelles au bureau quand je n'étais pas là, jusqu'à ce que je trouve le plan de confier la responsabilité à Pat. Pat était un chasseur de charbon irlandais typique, qui préférait se battre plutôt que de manger. Il y avait un bureau de charbon dans le bâtiment, et Pat traînait généralement dans les parages à la recherche d'un emploi. Je lui ai payé un dollar par semaine pour garder le bureau à l'écart des intrus, et après cela, il n'y a eu aucun problème. Il n'y a jamais eu de combat non plus. La simple apparition de Pat dans l'embrasure de la porte suffisait, à son grand dégoût. Ce fut un succès en ce qui concerne la préservation de la tranquillité du bureau. Mais avec cela est née, à mon insu, l'impression que personnellement je ne me battrais pas, et le courage des battements a augmenté en conséquence. Ils ont décidé de me tendre une embuscade et de s'en sortir avec moi. Un samedi soir d'hiver, alors que j'étais seul au bureau pour terminer les affaires de la semaine, ils se sont rencontrés dans le coin opposé pour me voir me faire tabasser. L'un d'entre eux, de taille géante, mais le plus lâche du lot, devait l'administrer. Il fut équipé à cet effet d'un immense gourdin en hickory, et pour muscler son bras, on le remplit de boisson.

Mon bureau avait une grande fenêtre sur toute la longueur de la façade, avec un rebord à hauteur de genou qui constituait un très bon siège lorsque les chaises étaient rares. Seulement, il fallait faire attention à ne pas s'appuyer contre la fenêtre. Elle était faite de petits carreaux placés dans une légère charpente en bois, que tout vent fort soufflait ou entraînait, et j'avais constamment peur que l'ensemble ne s'effondre. Cette nuit-là, la fenêtre était recouverte d'une épaisse couche de givre, de sorte qu'il était tout à fait impossible de voir de l'extérieur ce qui se passait à l'intérieur, ou *vice versa* . De ma place derrière le bureau, j'ai aperçu, à travers la porte, alors qu'elle était ouverte par un visiteur fortuit, la bande du coin opposé, avec Jones et son club de caryer, et je savais ce qui allait arriver. Je connaissais Jones aussi et j'attendais ses débuts en tant que combattant avec une certaine curiosité.

Il s'approcha, assez courageusement, après le cinquième ou le sixième verre, ouvrit la porte et entra d'un pas de grenadier. Mais au moment où il tomba derrière lui, il se leva et secoua si bien que le club résonna sur le sol. À l'extérieur, la bande se serrait les côtés dans l'attente de ce qui allait arriver.

"Eh bien, Jones," dis-je, "qu'est-ce qu'il y a ?"

Il a marmonné quelque chose de si tremblant et si incohérent que je me suis senti vraiment désolé pour lui. Jones n'était pas un mauvais garçon, même s'il se trouvait à ce moment-là en mauvaise compagnie. Je le lui ai dit et qu'il valait mieux qu'il sorte tranquillement, sinon il pourrait se blesser. Il a semblé soulagé par cette suggestion, et lorsque je suis sorti de derrière le comptoir et que je l'ai conduit vers la porte, il y est allé assez volontiers. Mais alors que je posais la main sur le loquet, il se souvint de sa mission et, avec un soudain regain de courage à la pensée de la bande qui l'attendait, il leva le bâton pour me frapper.

Honnêtement, je n'ai pas touché l'homme du doigt. Je suppose qu'il a trébuché sur le rebord, comme je l'avais parfois fait dans mon esprit sobre. Quelle qu'en soit la cause, il est tombé contre la fenêtre, et elle est partie avec lui, toute la façade vitrée, avec un fracas qui a retenti d'un bout à l'autre de l'avenue, et a amené les voisins et les policiers, parmi lesquels mon ami le capitaine, en courant au magasin. Au milieu de l'épave gisait Jones, gémissant faiblement que son dos était cassé. Les battements se pressaient avec de grands cris.

"Il l'a jeté par la fenêtre", crient-ils. "Nous l'avons vu faire cela ! Par la fenêtre et tout, il l'a jeté physiquement ! N'est-ce pas, Jones ?"

Jones, qui était en train d'être récupéré et transporté dans mon bureau, où ils l'ont déposé sur le comptoir pendant qu'ils envoyaient en toute hâte un médecin, a hoché la tête pour confirmer que c'était bien le cas. Il pensait probablement que c'était le cas. Je ne peux même pas blâmer les rythmes. Il a dû leur sembler que je l'avais mis dehors. Ils ont demandé avec véhémence au capitaine de m'arrêter pour meurtre. Je l'ai regardé; son visage était sérieux.

"Eh bien, je ne l'ai pas touché", dis-je avec indignation. "Il a dû tomber."

"Déchu!" ils ont crié. "Nous l'avons vu passer. Tombé ! Regardez par la fenêtre !" Et en effet, c'était un spectacle désolant.

Le Dr Howe est venu avec sa boîte à instruments et la foule s'est accrue. Le médecin était un jeune homme qui avait été très amusé par mon combat contre les battements et, bien qu'il ne professait aucune amitié particulière pour moi, il n'avait aucun respect pour les autres. Il sentit le patient gémir, le frappa ici et là, parut surpris et ressentit à nouveau. Puis il a fait un clin d'œil au capitaine et à moi.

"Jones," dit-il, "lève-toi ! Il n'y a rien de grave chez toi. Va et deviens sobre."

Les rythmes restèrent sans voix.

"Il est passé par cette fenêtre", ont-ils commencé. "Nous l'avons vu—"

" Quelque chose est évidemment passé par la fenêtre, " dit le capitaine avec aspérité, " et l'a brisée. Qui doit payer pour cela ? Si vous dites que c'était Jones, il est de mon devoir de vous prendre comme témoins, si M. Riis porte contre lui une accusation de conduite désordonnée, comme je suppose qu'il le fera. » Il m'a marché durement sur le pied. "Un homme ne peut pas sauter par la fenêtre d'un autre homme comme ça. Ici, laissez-moi..."

Mais ils étaient partis. Je n'ai plus jamais entendu parler d'eux. Mais depuis lors, j'ai toujours eu la réputation d'être un terrible combattant lorsqu'il est réveillé. Jones l'a juré, ivre ou sobre. Vingt témoins l'ont soutenu. J'ai pu renvoyer Pat cette semaine-là. Depuis, il n'y a plus eu de gros mots dans ma rue. Je suppose que ma renommée de ferrailleur survit encore dans la vieille salle. Comme dans l'autre cas, l'enchaînement des preuves circonstancielles était parfait. Aucun lien ne manquait. Aucun n'aurait pu être forgé pour le rendre plus fort.

Je ne pendrais pas un chien sur de telles preuves. Et je pense que j'ai raison de prendre cette position.

L'été et l'automne étaient terminés, et aucune nouvelle n'était venue de la maison. Mère, qui savait, n'a donné aucun signe. Chaque jour, lorsque le facteur arrivait dans la rue, j'espérais grand jusqu'à ce qu'il passe. La lettre que j'attendais n'est jamais arrivée. C'était très loin de mes pensées quand, une nuit, dans les derniers jours d'une chaude campagne politique, je suis allé à mon bureau et je l'ai trouvé là. J'ai su aux battements de mon cœur ce que c'était à l'instant où je l'ai vu. Je pense que je suis resté assis jusqu'à un quart d'heure à regarder bêtement l'enveloppe non ouverte. Puis je me levai lentement, comme quelqu'un devenu soudainement vieux, je le mis dans ma poche et je rentrai chez moi en trébuchant, marchant comme dans un rêve. Je suis monté dans ma chambre et je me suis enfermé.

[Illustration : La Lettre.]

Elle se trouve devant moi au moment où j'écris, cette lettre bénie, la première lettre d'amour que j'aie jamais reçue ; très délavé et usé, et rapiécé à de nombreux endroits pour le maintenir ensemble. L'étrange rangée de timbres étrangers qui s'empilaient les uns sur les autres – elle m'a dit plus tard qu'elle n'avait aucune idée du nombre qu'il en fallait pour une lettre vers l'Amérique et qu'elle avait peur de le demander, alors elle en a mis trois fois plus que ce qui aurait été suffisant – et l'adresse dans sa belle main ronde,

M. Jacob A. Riis, rédacteur en chef de South Brooklyn News, Fifth Avenue cor.
Neuvième rue, Brooklyn, N. Y, Amérique du Nord,

le cachet de la poste de la petite ville de Hadersleben , où elle enseignait, la forme démodée de l'enveloppe - tout cela est entré dans ma vie et en est devenu une partie, pour y demeurer pour toujours avec lumière, joie et action de grâce. Que de soleil une petite lettre peut contenir ! Six ans semblaient d'un seul coup le moindre souffle de temps pour l'attendre. Travail, difficultés, ennuis… avec cette lettre en ma possession ? J'ai éclaté de rire à cette pensée. Le son de ma propre voix m'a dégrisé. Je me suis agenouillé et j'ai prié longuement et avec ferveur afin de pouvoir lutter de toutes mes forces pour mériter le grand bonheur qui m'était venu.

Les étoiles étaient déjà tombées lorsque mon propriétaire, qui avait entendu ma marche agitée au-dessus de ma tête, a frappé pour me demander si quelque chose n'allait pas. Il a dû le voir sur mon visage lorsqu'il a ouvert la porte, car il a fait un pas de côté, protégeant ses yeux de la lampe pour mieux voir, et m'a tendu la main.

"Je te souhaite de la joie, vieil homme," dit-il chaleureusement. « Parlez-nous-en, voulez-vous ? Et j'ai fait.

Il est vrai que tout le monde aime un amant. Cela m'a souri toute la journée et j'ai souri en retour. Même les rythmes ne me regardaient plus de travers. Les hommes politiques qui ont proposé d'acheter l'influence de mon journal lors des élections ont pu s'en sortir avec leur vie. Je lui ai écrit – je pense que je lui ai écrit tous les jours. C'est du moins ce que je fais maintenant lorsque je pars loin de chez moi. Elle rit quand elle me raconte que dans la première lettre je parlais de rentrer à la maison dans un an. En attendant, selon son souhait, nous ne devions rien dire. Dans la deuxième lettre, je décidai du printemps suivant. Dans le troisième, j'ai parlé d'y aller peut-être en hiver. Les quatrième et cinquième préférèrent le début de l'hiver. Le sixième lui parvint de Hambourg, à la suite d'un télégramme annonçant que j'étais arrivé ce jour-là en Frise.

Ce qui s'est produit, c'est que juste au bon moment, les politiciens ont conclu, sur la base des preuves des récentes élections, qu'ils ne pouvaient pas autoriser la présence d'un journal indépendant dans le quartier et ont proposé de l'acheter directement. J'étais terriblement surmené. Le médecin a demandé un changement. Je n'ai pas eu besoin de beaucoup de pression. J'ai donc vendu le papier cinq fois ce que j'avais payé et j'ai pris le premier bateau à vapeur pour rentrer chez moi. L'autre jour, alors que je donnais une conférence à Chicago, une femme est venue et m'a demandé si j'étais le Riis avec lequel elle avait voyagé vingt-cinq ans auparavant sur un bateau à vapeur de Hambourg et qui rentrait chez lui pour se marier. Elle n'avait jamais oublié à quel point il était heureux. Elle et le reste des passagers ont estimé qu'il était de leur devoir de m'avertir qu'« Elle » pourrait ne pas s'avérer aussi gentille que je le pensais.

"Je suppose que nous aurions pu nous épargner des ennuis", dit-elle en me regardant.

Oui, ils pourraient. Mais je devrai remettre cela à la prochaine fois. Et je vais laisser Elizabeth, mon Elizabeth maintenant, lui en raconter une partie à sa manière.

CHAPITRE VII

ELIZABETH RACONTE SON HISTOIRE

Comme je me souviens bien des jours dont mon mari a écrit, de notre enfance dans la vieille ville danoise où, malgré mon amour pour l'Amérique, l'air semble plus frais, les prairies plus vertes, la mer plus bleue et où au-dessus l'alouette chante sa chanson plus clairement, plus doucement et plus doucement que partout ailleurs dans le monde ! Je... c'est dommage que nous ne puissions pas raconter nos propres histoires sans parler tout le temps de nous-mêmes, mais c'est ainsi, et cela ne sert à rien. Eh bien, j'étais une petite fille heureuse à cette époque-là. Bien que mon propre père, avocat du comté, soit décédé prématurément et ait laissé ma chère mère sans aucun moyen de subsistance pour elle-même et ses trois enfants, à l'exception de ce qu'elle gagnait en enseignant à l'école et en musique, cela ne m'a pas rendu la vie plus difficile, car j'avais été depuis que j'ai trois ans avec la plus jeune et la plus belle sœur de ma mère et son mari. Ils étaient riches et prospères. Ils m'ont élevé comme le leur et n'ont jamais eu d'enfant un père et une mère plus gentils ni une maison plus belle que celle que j'avais avec mon oncle et ma tante. En plus, j'étais naturellement un enfant heureux. La vie semblait pleine de soleil et chaque jour se levait avec une promesse de joie et de plaisir. Je me souviens avoir souvent dit à ma tante, que j'appelais d'ailleurs maman : « Je suis tellement heureuse que je ne sais pas quoi faire !

[Illustration : La mère d'Elizabeth.]

Alors j'ai sauté et dansé parmi le bois sous les yeux de Jacob Riis, jusqu'à ce que, dans un pur étonnement, il se coupe le doigt. *Il* dit admiration, pas étonnement, mais j'ai mes propres idées à ce sujet. Je le vois encore, le bras en écharpe et l'air provocateur, traversant la salle de l'école de danse pour m'engager comme partenaire. Je n'ai pas du tout apprécié ce compliment, car j'aurais de loin préféré avoir Charles, qui dansait bien et était un garçon beaucoup plus gentil. En outre, Valgerda, la sœur de Charles, m'avait raconté en secret comment Jacob avait dit à Charles qu'il m'épouserait quand je serais une femme, ou qu'il mourrait. Et y a-t-il jamais eu une telle assurance ? Dès le jour où j'ai appris cela, j'ai traité Jacob avec tout le sang-froid et le mépris dont mon caractère naturellement bon était capable. Lorsqu'il me parlait, je ne lui répondais presque pas un mot et je prenais soin de lui montrer ma préférence pour Charles ou pour un autre garçon. Mais cela ne semblait faire aucune différence pour lui.

J'avais à peine dix-sept ans lorsque j'ai reçu ma première lettre d'amour de Jacob. En homme dévoué, il l'a envoyé par l'intermédiaire de sa mère, à ma mère, qui l'a lu avant de me le donner. Elle me le remit avec ces mots : « Je n'ai pas besoin de vous dire que ni mon père ni moi ne donnerions jamais notre consentement à un engagement entre vous deux tant que Jacob n'aura pas une bonne position. Tout au fond de mon cœur, il y avait une petite voix qui murmurait : "Eh bien, si je l'aimais, je ne le demanderais à personne." Mais la lettre était belle et, après tant d'années, je sais que chaque mot qu'elle contenait était motivé par un amour véritable et désintéressé. J'en ai pleuré et j'y ai répondu du mieux que je pouvais, puis au bout d'un moment, je l'ai oublié et j'étais toujours aussi heureux de mes études, de ma musique et de nombreuses danses et fêtes pour briser la routine. Jacob était parti en Amérique.

Avant l'âge de vingt ans, j'ai rencontré quelqu'un qui allait avoir une grande influence sur ma vie. C'était un fringant officier de cavalerie, beaucoup plus âgé que moi, et un visiteur fréquent chez nous. Et ici, je dois dire que ma chère mère était décédée quand j'avais quinze ans et que mon frère et ma sœur étaient venus vivre avec nous à Ribe. Il y avait là une pièce de maison et une pièce de cœur pour nous tous. Ils étaient très bons avec nous, mon oncle et ma tante, et je les aimais comme s'ils étaient effectivement mes parents. Ils n'ont épargné aucune dépense pour notre éducation. Rien de ce qu'ils ont donné à leur fils unique n'était trop bon pour nous. Notre maison était très belle et heureuse.

[Illustration : La maison d'Elizabeth – « Le château ».]

C'est à l'été 1872 que je rencontrai Raymond. Ce n'est pas un nom danois, mais c'était le sien. Il est venu dans notre petite ville comme prochain commandant d'une compagnie de gendarmes, de la police des frontières à cheval. Dans l'armée, il avait servi avec le frère de ma mère, et naturellement père et mère, dont la maison hospitalière accueillait tous les étrangers distingués, faisaient tout pour que son existence, dans ce qui devait être pour un homme du monde une petite ville ennuyeuse, soit moins solitaire. qu'il ne l'aurait été autrement. Il avait de bons antécédents, avait été courageux pendant la guerre, était le meilleur cavalier de tout le pays, savait patiner, danser et parler et, par-dessus tout, il était connu pour être un fils bon et aimant pour sa mère veuve. très apprécié de ses camarades. Alors il est entré dans ma vie et m'a distinguée avant les autres filles lors des bals et des fêtes où nous nous rencontrions fréquemment. Aussi étrange que cela puisse paraître, car je n'étais pas une jolie fille, j'avais de nombreux admirateurs parmi les jeunes gens de notre ville. Peut-être qu'il n'y avait pas vraiment d'admiration là-dedans ; peut-être était-ce simplement parce que nous nous connaissions en tant que garçons et filles et que nous avions grandi ensemble. La plupart des jeunes de notre ville étaient des étudiants qui étaient allés à l'école à Ribe et revenaient pendant les vacances pour renouer d'anciennes amitiés et passer du bon temps avec d'anciens voisins. Je dansais bien, je jouais bien du piano, j'étais pleine de vie, et ils aimaient tous venir dans notre maison, où il y avait plein de bonnes choses de toutes sortes. Je ne devrais donc vraiment pas dire que moi, qui pleurais souvent sur toute la longueur de mon nez, j'avais des admirateurs. Je devrais plutôt dire de bons amis, qui veillaient dans leur bonté à ce que je ne sois jamais une giroflée au bal, ni un manque de faveurs au cotillon.

Mais il était tellement différent. Les autres étaient jeunes comme moi. Il avait de l'expérience. C'était un homme beau et bon, justement un homme susceptible de plaire à une fille de mon âge. Et lui, qui avait vu tant de filles plus jolies et meilleures que moi, m'a distinguée parmi toutes ; et je... eh bien, j'étais fier de cette distinction et je l'aimais.

Comme je me souviens bien de cette claire journée d'hiver où lui et moi avons patiné et parlé, parlé et patiné jusqu'à ce que la lune soit haute dans le ciel et que mon frère soit envoyé à ma recherche ! Je suis rentré chez moi ce soir-là, la fille la plus heureuse du monde, alors j'ai pensé : car il m'avait traité de « bel enfant » et m'avait dit qu'il m'aimait. Et père et mère avaient donné leur consentement à nos fiançailles. Jamais le soleil n'a brillé avec autant d'éclat, jamais les cloches n'ont sonné avec autant de clarté et d'attrait dans la vieille cathédrale, et sûrement jamais le monde n'a été aussi beau que le dimanche matin après nos fiançailles lorsque je me suis réveillé tôt dans ma chère petite chambre. Oh, comme j'ai aimé le monde entier et chacun de ses habitants ! comme Dieu était bon, comme mon père et ma mère, mon frère et mes sœurs étaient bons et aimants ! Comme j'aimerais être bonne envers tous ceux qui m'entourent, et ainsi montrer dans une certaine mesure ma gratitude pour tout le bonheur qui était le mien !

Ainsi passa l'hiver et le printemps, avec de nombreux préparatifs pour notre nouvelle maison et beaucoup de planification pour notre vie future. Dans une ville comme la nôtre, où tout le monde savait tout sur tout le monde depuis le jour de sa naissance jusqu'au jour de sa mort, il était tout à fait raisonnable de supposer que quelqu'un avait parlé à ma fiancée de l'amour de Jacob Riis pour moi. J'avais espéré que Jacob apprendrait à me regarder sous un jour différent, mais grâce aux petits messages qui me parvenaient de temps à autre du Nouveau Monde, je savais qu'il était toujours aussi fidèle à son idée selon laquelle nous étions destinés à les uns les autres, et que "je pourrais lui dire non encore et encore, le jour viendrait où je changerais d'avis". Mais dans les premiers jours heureux de nos fiançailles, j'avoue que je ne pensais pas beaucoup à lui, sauf à le mentionner une ou deux fois à mon ami comme un bon garçon, mais un homme si bizarre et si obstiné, qui un jour verrait clairement que je n'étais pas à moitié aussi bon qu'il le pensait et que j'ai appris à aimer une autre fille qui était bien meilleure.

Mais un jour arriva une lettre d'Amérique, et Jacob était si loin de mes pensées à ce moment-là que, lorsque mon lieutenant me demanda de qui je pensais que cette lettre américaine provenait, je répondis en toute bonne foi que je ne pouvais pas imaginer : à moins que ce ne soit d'un de nos anciens domestiques qui vivait là-bas.

— Aucun domestique n'a jamais écrit cette adresse, dit sèchement Raymond. C'était de Jacob et rempli de bons vœux pour nous deux. Il l'écouta en silence. Je dis combien j'étais heureux de constater qu'il me considérait enfin comme un simple ami. "Vous ne savez pas vraiment lire entre les lignes", fut son commentaire sobre. Il était très sérieux, presque triste, me semblait-il.

Au début de l'été, le premier nuage est apparu sur mon ciel ensoleillé. Un soir, alors que nous étions invités à une soirée de jeunes chez notre médecin, Raymond nous fit prévenir qu'il était malade et ne pouvait pas venir, mais que je ne devais en aucun cas rester à la maison . Mais je l'ai fait. Pour moi, il n'y avait pas de plaisir sans lui, non, nulle part au monde. Il se rétablit cependant bientôt ; mais après cela, de courtes périodes de maladie, principalement de gros rhumes, étaient la règle. C'était un homme fort et fier de pouvoir faire des choses que peu d'autres hommes pouvaient faire sans qu'il leur arrive de mal ; par exemple, faire un trou dans la glace et aller nager en plein hiver. Mais l'exposition à l'air froid et humide de cette région de la mer du Nord et aux épais brouillards qui dérivaient de l'océan la nuit, lorsqu'il chevauchait seul, parcourant souvent plusieurs kilomètres au-dessus de la lande lors de ses tournées d'inspection, avait miné sa splendide constitution, et Avant la fin de l'été, les médecins déclarèrent que mon bien-aimé souffrait de phtisie bronchique et nous dirent que sa seule chance résidait dans la recherche d'un climat plus doux. J'étais affligé à l'idée d'une séparation pendant tout un hiver, peut-être plus longtemps, et à sa souffrance ; mais j'étais sûr qu'il me reviendrait de Suisse en bonne santé.

Alors nous nous sommes séparés. Cet hiver-là, nous avons vécu dans nos lettres. Le beau climat de Montreux semblait lui faire du bien et ses messages étaient pleins d'espoir que tout irait bien. Ce n'est pas le cas de mes parents. Les médecins qui avaient soigné Raymond leur avaient dit que son cas était désespéré ; qu'il pourrait peut-être vivre des années en Suisse, mais que selon toute probabilité, retourner au Danemark lui serait fatal. Ils me l'ont dit, et je ne pouvais pas, je ne voulais pas les croire. Il semblait impossible que Dieu me l'enlève. Ils m'ont aussi dit que je ne devais sous aucune condition songer à l'épouser, car soit je serais veuve peu de temps après le mariage, soit je serais infirmière pendant plusieurs années. Ils ont donc souhaité que je rompe les fiançailles pendant son absence.

Ceci et bien d'autres encore m'ont été dit. Et moi, qui avais toujours été une fille obéissante et qui n'avais jamais contrarié leur volonté de quelque manière que ce soit, je me suis opposée à eux pour la première fois de ma vie et je leur ai dit que personne ne devrait jamais me séparer de celui que j'aimais jusqu'à ce que Dieu lui-même nous sépare. Ma mère m'a rappelé mon enfance heureuse et tout ce qu'elle et mon père adoptif avaient fait pour moi, et que désormais ils n'avaient en vue que mon bonheur - un fait que je ne comprendrais peut-être pas avant d'être plus âgée, dit-elle, mais il faut maintenant prendre confiance. A côté de cela, Raymond aurait l'impression qu'un fardeau lui était enlevé si, de mon plein gré, je rompais nos fiançailles et le laissais libre de toute responsabilité à mon égard. Mais ses lettres me disaient sans cesse qu'il m'aimait plus que jamais et que je ne vivais que dans l'espoir de son retour. J'ai donc refusé de les écouter. Ils lui écrivirent ; je lui ai raconté ce que le médecin avait dit et je lui ai demandé de me libérer. Et lui, aussi loyal et bon qu'il était, m'a rendu ma promesse. Il croyait qu'il irait mieux. Mais il savait qu'il ne pourrait pas retourner à Ribe. Il avait démissionné de son commandement et était revenu au grade et à la solde d'un simple lieutenant. Il ne pouvait pas m'offrir maintenant une maison telle que celle à laquelle j'étais habitué depuis tant d'années ; et comme il était beaucoup plus âgé que moi, il crut de son devoir de me raconter tout cela. Et tout le temps, il savait, oh, si bien ! que je ne le quitterais jamais, quoi qu'il arrive, maladie, pauvreté ou mort elle-même. Je devais rester à ses côtés jusqu'au bout.

Ce fut un hiver dur. Père et mère, qui ne pouvaient pas regarder dans mon cœur et voir que je les aimais toujours aussi tendrement - je sais si bien qu'ils voulaient tout cela pour le mieux - m'ont traité d'ingrat et m'ont dit que j'étais aveugle et que je ne verrais pas quoi. fait pour mon bien, et qu'ils doivent donc prendre leurs propres mesures pour mon bonheur. Alors ils m'ont proposé le choix entre abandonner celui que j'aimais ou quitter la maison qui avait été la mienne si longtemps. J'ai choisi la dernière solution, car je ne pouvais pas faire autrement. J'ai emballé mes vêtements et j'ai dit au revoir à mes amis, dont beaucoup me traitaient avec froideur, car eux aussi pensaient que je devais être ingrat envers ceux qui avaient tant fait pour moi. Sans abri et seul, je suis allé chez le frère de Raymond, qui possédait une petite maison de campagne près de la ville de Copenhague. Je suis resté avec lui et sa jeune épouse jusqu'au jour où mon Raymond est revenu, bien mieux apparemment, mais pas le même qu'avant. La souffrance, physique et mentale, avait laissé des traces sur son visage et son corps, mais son amour pour moi était plus grand que jamais, et il s'efforçait de me rattraper tout ce que j'avais perdu ; comme si j'avais vraiment rien perdu à le choisir avant tout le monde.

Nous étions très heureux au début de la joie d'être ensemble. Mais bientôt, il a fait une rechute et a décidé d'aller à l'hôpital pour se faire soigner. Il ne l'a jamais quitté, sauf une ou deux fois pour se promener avec moi. Toutes les longues et belles journées d'été qu'il passait dans sa chambre, les derniers mois au lit. Beaucoup d'amis venaient le voir, et moi, je passais toutes mes journées avec lui, lui lisant doucement ou causant avec lui. Et je n'ai jamais abandonné l'espoir qu'il aille mieux un jour . Il savait probablement que son temps était compté, mais je pense qu'il n'a pas eu le cœur de me le dire. Parfois, il disait : « Je me demande si vos gens vous ramèneraient chez vous si je mourais. » Ou : « Si je devais mourir et qu'un autre homme qui vous aimait et que vous saviez bon et fidèle vous demandait de l'épouser, vous devriez l'accepter, même si vous ne l'aimiez pas. Je n'ai jamais pu supporter de l'entendre ou d'y penser à ce moment-là.

Par un matin humide et sombre de novembre, j'ai commencé la longue marche depuis la maison de sa mère, où j'étais resté depuis qu'il s'était couché, pour aller passer la journée avec lui comme d'habitude. À cette époque, je connaissais bien tout le monde à l'hôpital. Les infirmières ont été gentilles avec moi. Ils m'ont enlevé mes chaussures, les ont séchées et réchauffées pour moi, et certains m'ont apporté du café l'après-midi, qui autrement était de contrebande dans les chambres des malades. Mais ce matin, l'infirmière qui s'occupait du service de Raymond m'a tourné le dos et a fait semblant de ne pas m'entendre lorsque je lui ai dit bonjour. Lorsque j'entrai dans sa chambre, c'était pour trouver le corps sans vie de celui qui, quelques heures auparavant, m'avait souhaité une bonne nuit affectueuse et même joyeuse.

Oh! la solitude totale de cette époque ; le désir de mère et de foyer ! Mais Ribe ne dit rien à ce moment-là. Mon bien-aimé a été enterré, avec son sourire doux et résigné sur son visage courageux, et je suis resté un moment avec son peuple, ne pouvant pas vraiment regarder vers l'avenir. Entre-temps, mon père m'avait pourvu à Copenhague. Quand je fus capable de penser clairement, je me rendis à l'école où mes études avaient été « terminées » dans les jours heureux et insouciants, et, par l'intermédiaire de ses directeurs, j'obtins un poste dans la maison du baron von D..., non loin de chez moi. vieille maison, mais dans la province qui a été prise au Danemark par l'Allemagne l'hiver, j'ai joué dans la cour à bois. Mes employeurs étaient gentils avec moi, et mes trois élèves devinrent bientôt les amies fermes de la petite gouvernante tranquille au visage triste. Nous avons travaillé dur ensemble, pour oublier si je le pouvais. Mais chaque jour, je tournais mon visage vers l'ouest, vers Ribe, et mon cœur criait à mon enfance heureuse.

[Illustration : Elizabeth telle que je l'ai retrouvée.]

Finalement, ma mère m'a fait venir chez eux pendant les vacances d'été. Oh, comme c'était bon de rentrer à la maison ! Comme ils étaient tous gentils et quel contentement calme je ressentais, même si je savais que je ne devais jamais oublier ! Les six semaines se sont écoulées comme un rêve. Le dernier jour, alors que je partais, ma mère m'a remis une lettre de Jacob Riis, auquel je n'avais pas pensé depuis longtemps. C'était une lettre de proposition et j'étais en colère. J'y répondis cependant du mieux que je pus et j'envoyai la lettre à sa mère. Puis je retournai auprès de mes trois élèves dans leur agréable maison de campagne, et bientôt nous nous occupâmes de nos études et de nos promenades. Mais je me sentais plus seul que jamais, j'avais plus que jamais envie des jours qui étaient passés et qui ne reviendraient jamais. Je ne pouvais pas dormir et je suis devenu pâle et maigre. Et toujours les paroles de Raymond sur un ami bon et fidèle, qui m'aimait vraiment, me revenaient. Voulait-il parler de Jacob, qui s'était sûrement montré constant et, comme moi, avait beaucoup souffert ? Il était seul et j'étais seul, oh ! si seul! Et si j'acceptais son offre et qu'à son retour à la maison, je retourne avec lui dans son étrange nouveau pays pour partager sa vie bien remplie et, en essayant de le rendre heureux, peut-être trouver le bonheur moi-même ? À moins que je ne lui demande de venir, il ne reviendrait probablement jamais. L'idée que ses parents seraient heureux s'ils pouvaient le revoir, maintenant qu'ils avaient enterré deux merveilleux fils, me tentait presque.

Encore une fois, c'était trop tôt, trop tôt. J'ai banni cette pensée avec une impatience colérique. Mais pendant la nuit calme, il revint et frappa à nouveau. Jacob n'a pas besoin de rentrer à la maison tout de suite. Nous pourrions écrire et faire connaissance, nous habituer à l'idée de l'autre, et ses aînés pourraient espérer la joie de le revoir dans un an ou deux.

Enfin, un soir, je me suis levé à deux heures, je me suis assis à mon bureau et je lui ai écrit en toute sincérité tout ce que j'avais en tête le concernant, et que s'il voulait encore de moi, j'étais prêt à le lui dire. accompagne-le en Amérique s'il veut bien venir me chercher un jour. Curieusement, la mère de Jacob n'avait jamais envoyé la lettre dans laquelle je l'avais refusé une seconde fois. Peut-être pensait-elle que sa constance et son grand amour toucheraient enfin mon cœur, si désireux qu'il soit de trouver quelqu'un à qui s'accrocher. Pour qu'il reçoive ma dernière lettre en premier. Mais au lieu d'attendre plusieurs années, il est venu en quelques semaines. Il a toujours été comme ça.

Et maintenant, après vingt-cinq années heureuses...

ÉLISABETH. [Note de bas de page : C'est vrai. Jusqu'à présent, l'imprimeur a fait ce qu'il voulait. Maintenant, nous allons avoir le nôtre, elle et moi, et épeler son nom correctement. Ensemble, nous le gérerons.]

J'ai coupé le reste, parce que je suis l'éditeur et que je veux recommencer ici moi-même, et à quoi sert d'être éditeur à moins de pouvoir couper « copier » ? De plus, il n'est pas bon pour une femme de lui permettre d'en dire trop. Elle en a déjà trop dit sur cette lettre. Je l'ai dans ma poche et je suppose que je devrais le savoir. « Votre propre Elisabeth », n'était-ce pas suffisant ? Pour lui, avec sa vie pauvre et attristée, paix soit à sa mémoire ! Il l'aimait. Cela couvre tout. Comment pourrait-il s'en empêcher ?

S'ils ne pensaient pas que j'avais perdu la raison auparavant, ils le pensèrent certainement lorsque ce télégramme parvint à Ribe. Parlez de la confidentialité du courrier (le télégraphe fait partie du système postal là-bas), de la propriété officielle et de tout ça - eh bien, je ne suppose pas qu'un opérateur télégraphiste pourrait enfiler son manteau assez vite pour sortir et dire la nouvelle incroyable. Cela n'aurait pas été la nature humaine, et certainement pas la nature humaine de Ribe. Avant le coucher du soleil, c'était dans toute la ville que Jacob Riis rentrait chez lui et venait chercher Elisabeth. Pauvre fille! C'était pendant les vacances de Noël et elle y était en visite. Elle se demandait si elle devait le dire à sa mère et comment ; mais ils lui laissèrent peu de temps pour le débat. Ce soir-là, lors d'un rassemblement de quartier, une douairière sévère et intransigeante la transperça d'un regard vengeur.

"Ils disent que Jacob Riis rentre à la maison", a-t-elle observé. Elisabeth tricota furieusement, ses joues devenant roses à cause de tout ce qu'elle faisait croire qu'elle n'entendait pas.

— On dit qu'il revient pour proposer encore une certaine demoiselle, continua impitoyablement la douairière, en élevant la voix. Il y avait un silence de mort dans la pièce. Elisabeth a laissé tomber un point, a essayé de le relever, a échoué et s'est enfuie. Sa mère, de son siège, observait avec une dignité indéfectible que le vent soufflait comme une inondation. On pouvait presque entendre la grosse cloche de la cathédrale chanter dans la tour. Et le sujet a été changé.

Mais je garantis que Ribe n'a pas dormi cette nuit-là, pendant que je fulminais dans une auberge Holstein au bord de la route. Dans ma course effrénée pour rentrer chez moi, j'avais pris le mauvais train en provenance de Hambourg, ou j'avais oublié de me changer, ou quelque chose du genre. Je ne sais pas encore quoi. Je sais que la nuit qui tombait m'a trouvé bloqué dans une petite ville dont je n'avais jamais entendu parler, sur un embranchement de route dont j'ignorais l'existence, et j'ai dû rester là, en colère contre le chemin de fer, contre l'auberge, contre tout. . Au milieu de la nuit, alors que j'étais endormi sur le grand lit à baldaquin, un homme ivre qui s'était trompé est tombé dans ma chambre avec la porte et une bougie. Cet homme était mon ami. Je me suis levé et je l'ai mis dehors, j'ai appelé le propriétaire et je l'ai fait exploser, et je me suis senti beaucoup mieux. Le soleil ne s'était pas levé lorsque je retournais au carrefour, comptant les bornes kilométriques au fur et à mesure que nous accélérions, montre à la main.

Si maman pensait que nous étions tous devenus fous ensemble, il y avait certainement de quoi l'excuser. Ici, quelques semaines auparavant, elle avait fait part le cœur lourd à son fils en Amérique du refus catégorique d'Elisabeth de l'entendre, et alors qu'elle s'attendait à la tristesse et au désespoir, tout à coup ses lettres débordaient d'un bonheur hystérique qui ne pouvait provenir que d'un monde désordonné. esprit. Pour couronner le tout, le réveillon de Noël lui a apporté le choc de sa vie. Elisabeth, assise près d'elle dans la vieille église et la regardant avec remords pleurer ses garçons enterrés, ne put résister à l'envie de se faufiler derrière elle, alors qu'ils sortaient, et de lui murmurer à l'oreille, tout en lui faisant un petit câlin par procuration : "J'ai eu des nouvelles de Jacob. Il est *très* content." L'air d'étonnement sans mesure sur le visage de ma mère, alors qu'elle se tournait, lui rappela qu'elle ne pouvait pas savoir, et elle s'éloigna précipitamment, tandis que sa mère se levait et s'occupait d'elle, pour la première fois de sa vie, je le crois vraiment, en réfléchissant longuement. choses d'un autre être – et d'elle ! Ô maman ! Aurais-tu pu savoir que ce câlin était pour ton garçon !

Ne comptant plus les heures, mais les minutes, jusqu'à ce que je devrais le réclamer moi-même, j'étais assis dans le noir, guettant la première lueur de lumière dans la vieille ville, lorsque mon train s'est arrêté dans une gare à une douzaine de kilomètres de chez moi. Le garde courut et ouvrit les portes des compartiments. J'ai entendu des voix et le cri :—

"Par ici, Herr Doctor ! Il y a de la place ici", et sur la marche se profilait la grande silhouette de notre vieux médecin de famille. Alors que je démarrais avec un cri de reconnaissance, il s'installa sur un siège avec un air satisfait...

"Tiens, Overlaerer , j'en ai un pour toi", et je me trouvais face à face avec mon père, devenu très vieux et blanc. Mon cœur me serra à la vue de sa vénérable tête.

[Illustration : « J'étais face à face avec mon père. »]

"Père!" J'ai pleuré et j'ai tendu la main vers lui. Je pense qu'il pensait avoir vu un fantôme. Il resta immobile, appuyé contre la porte, et son visage devint très pâle. Ce fut le médecin, toujours le plus jovial des hommes, qui se rétablit le premier.

"Bénis mon âme!" s'écria-t-il, "bénis mon âme si Jacob n'est pas ici, reviens des étendues sauvages aussi grandes que la vie ! Bienvenue à la maison, mon garçon !" et nous avons ri et nous sommes serrés la main. Ils étaient allés voir un ami à la campagne et étaient tombés sur mon train.

A la porte de notre maison, mon père, qui avait récupéré deux de mes frères au dépôt, s'arrêta et réfléchit.

"Mieux vaut me laisser entrer d'abord", dit-il, et, étant un homme de petite taille, il plaça la porte de la salle à manger entre moi et ma mère, afin qu'elle ne puisse pas me voir tout de suite.

"Qu'en penses-tu..." commença-t-il, mais sa voix trembla si bien que sa mère se leva immédiatement. Comment les mères le savent-elles ?

"Jacob!" cria-t-elle et, le dépassant, elle me prit dans ses bras.

C'était une joyeuse table à thé. Si les larmes de ma mère coulaient lorsqu'elle parlait de mes frères, son chagrin était atténué. Peut-être qu'il n'a jamais été là. Pour elle, il n'y a pas de mort pour ceux qui lui sont chers, mais la joie au milieu de la douleur humaine qu'ils soient rentrés chez eux où elle les retrouvera. Si jamais un doute était apparu dans mon esprit à propos de cette maison, comment aurait-il pu persister ? Comment pourrais-je trahir la foi de ma mère ou la remettre en question ?

Nous étions parfaitement heureux ; mais quand les choses à thé furent retirées et que je commençai à regarder ma montre avec inquiétude et à parler d'une course que je devais faire, une ombre d'anxiété apparut dans les yeux de mon père. Mère m'a regardé avec un appel muet. Ils étaient toujours aussi loin de la vérité. L'idée folle que j'étais venu chercher la fille d'un autre homme leur était venue à l'esprit, ou bien, Dieu me vienne en aide, que j'avais perdu la mienne. J'ai embrassé ma mère et j'ai apaisé ses craintes.

« Je vous le dirai à mon retour ; » et quand elle aurait envoyé mes frères avec moi : « Non ! cette promenade, je dois la faire seule. Merci à Dieu.

Alors j'ai traversé la rivière, j'ai traversé le Long Pont où je l'ai rencontrée pour la première fois, et de l'arche duquel j'ai salué la lumière de sa fenêtre, le phare qui m'avait fait signe toutes les années alors que deux océans déferlaient entre nous ; sous la haie de roses sauvages où j'avais rêvé d'elle étant enfant, et bientôt je me trouvai sur les larges marches de pierre de la maison de son père et je sonnai la cloche.

Une vieille servante ouvrit la porte et, avec un grave signe de tête, me fit entrer dans la chambre de gauche, celle-là même où j'avais pris congé d'elle six ans auparavant, puis, sans qu'on lui demandât d'appeler « Mademoiselle Elisabeth ». " C'était le réveillon du Nouvel An et ils organisaient une fête de cartes dans le salon.

"Oh, ce n'est pas—?" dit-elle le cœur dans la bouche, s'arrêtant sur le seuil et regardant la servante d'un air suppliant. C'était le même qui, des années auparavant, lui avait raconté comment je veillais sous sa fenêtre.

"Oui c'est le cas!" dit-elle sans pitié, "c'est lui", et elle la poussa.

[Illustration : Faire monter les fleurs aimées]

Je pense que c'est moi qui ai parlé en premier.

"Tu te souviens quand la glace s'est brisée sur le grand fossé et que je t'avais dans mes bras, alors, en train de te soulever ?"

"Est-ce que j'étais lourd ?" » a-t-elle demandé, hors de propos, et nous avons tous les deux ri.

La lampe de lecture de mon père brillait sur la Bible ouverte à mon retour. Il essuya ses lunettes et leva les yeux avec une question patiemment "Eh bien, mon garçon ?" Mère a posé sa main sur la mienne.

« Je suis venu à la maison, dis-je en hésitant, pour te donner Elisabeth pour fille. Elle a promis d'être ma femme.

Maman s'est accrochée à moi et a pleuré. Père tourna les feuilles du livre avec des mains qui tremblaient malgré lui et lut :

"Pas à nous, Seigneur, pas à nous, mais à ton nom, rends gloire pour ta miséricorde..."

Sa voix vacilla et se brisa.

La vieille ville s'est retournée jusqu'au dernier homme et jusqu'au dernier homme et a rempli le Domkirke en ce jour de mars, il y a vingt cinq ans, lorsque je lui ai ramené chez moi mon épouse. Dès le petit matin, la rue qui menait au « Château » avait vu passer un étrange cortège de femmes pauvres et âgées, portant des fleurs cultivées dans les jardins des fenêtres, dans le peu de soleil du long hiver du Nord – « adorées », disent-ils en danois. pour « adulte » ; cela ne pourrait être fait autrement. Ils étaient retraités grâce à la générosité de sa mère et apportaient leurs cadeaux à l'amie qui partait. Et ce sont leurs fleurs qu'elle portait quand je l'ai conduite dans l'allée de l'église, ma femme, la mienne.

Le château ouvrit enfin ses portes avec hospitalité au garçon menuisier. Quand ils tombèrent derrière nous, tandis que père, mère et amis nous saluaient en pleurant du haut des marches, et que les roues de la malle postale claquaient sur les pavés des rues silencieuses où de vieux voisins avaient allumé des lumières à leurs fenêtres pour applaudir. Sur notre chemin, vers la campagne, vers le vaste monde, le voyage de notre vie avait commencé. Regardant fixement devant moi, par-dessus la lande sombre, vers l'inconnu au-delà, je savais dans mon âme que je devais vaincre. Car sa tête reposait avec confiance sur mon épaule et sa main était dans la mienne ; et tout allait bien.

[Illustration : « En pleine campagne, dans le vaste monde : le voyage de notre vie avait commencé. »]

CHAPITRE VIII

VIE MARIAGE PRÉCOCE ; JE DEVIENS UN BUREAU DE PUBLICITÉ ; SUR LA "TRIBUNE"

Ce n'était pas une vie facile dans laquelle j'ai ramené ma jeune femme à la maison. Je l'éprouvais souvent avec un pincement au cœur en pensant au peu d'amis que j'avais à lui offrir en remplacement de ceux qu'elle lui restait, et à quel point le cadre de sa nouvelle maison était très différent. Dans ces moments-là, je serrais les dents et me promettais qu'un jour elle aurait ce qu'il y avait de mieux dans le pays. Elle ne trahissait jamais, ni par un mot ni par un regard, si elle aussi ressentait le pincement au cœur. Nous étions camarades pour le meilleur et pour le pire depuis le jour où elle a mis sa main dans la mienne, et jamais il n'y en a eu de plus loyale et fidèle. Si, au crépuscule, elle se jouait doucement de vieux airs de chez elle, la mélodie était étouffée par un sanglot qui n'était pas pour mon oreille, et si bientôt notre cuisine résonnait avec le ménage le plus énergique jamais enregistré, je n'entendais pas. J'avais bu cette coupe jusqu'à la lie et je le savais. J'ai juste enfilé un tablier en vichy et je me suis retourné pour l'aider. Deux peuvent bien mieux lutter contre une crise de mal du pays qu'un seul, même si jamais un mot n'en est dit. Et il peut très rarement résister à un homme en tablier. Je suppose qu'il a l'air trop ridicule.

De plus, le ménage en double harnais était une affaire très différente du simple. Non pas que cela ait été facile, par quelque moyen que ce soit. Aucun de nous n'en savait rien ; mais nous étions là pour le découvrir, et explorer ensemble était très amusant. Nous avons commencé par faire un stock de tout ce qu'il y avait dans le livre de cuisine et dans l'épicerie, du "mace", dont aucun de nous ne savait ce qu'était, jusqu'aux pruneaux que nous n'avions jamais eu l'occasion de cuisiner parce que nous les mangions. tous ensemble avant que nous puissions trouver une place où ils s'intègrent. Les conseils profonds que nous avons tenus sur la disposition de ces choses, et les résultats étranges qui en ont suivi parfois ! Nous avons pu éviter certains rochers parce que je les avais soigneusement cartographiés à l'époque de mon célibat. Dans le cas du sagou, par exemple, qui gonfle tellement à la cuisson. Vous ne le croiriez jamais. Mais il y avait beaucoup de récifs inconnus. Ça me dérange notre premier poulet. Je ne peux pas encore imaginer ce qui se passait avec cet étrange oiseau. J'étais obligé d'être au bureau cet après-midi-là, mais j'envoyais mon « diable » souriant à la maison toutes les demi-heures pour des bulletins sur la façon dont les choses se passaient. Quand je rentrai dans la pénombre, il faisait encore grésillement, et ma femme le regardait d'un air tendu et avec des joues que le feu avait teintes d'un plus beau rouge. Je peux la voir maintenant. Elle était tout simplement trop charmante pour quoi que ce soit. Avec le poulet, quelque chose n'allait pas. Comme je l'ai dit, je ne sais pas ce que c'était et je m'en fiche. La peau était toute tendue sur les os comme le revêtement d'un cadre de parapluie, et il y avait une quantité infinie de graisse dans la poêle dont nous ne savions pas quoi faire. Mais notre souper de pain et de fromage ce soir-là était un repas digne d'un roi. Ma mère, qui était une cuisinière réputée, n'en préparait jamais un aussi bon. Il s'agit avant tout de mères qui font mieux ces choses. De toute façon, qui s'en soucie ? Les mères ont-elles des boucles dorées et de longs cils, et ont-elles des manières arquées ? Et est-ce qu'ils font la moue et ont des surnoms d'animaux ? Eh bien, alors, cela ne relève-t-il pas de l'essence même de la cuisine, malgré tous les livres secs qui affirment le contraire ? Un jour quelqu'un publiera un vrai livre de cuisine pour jeunes ménagères, mais ce sera un mari sage et sensé des choses, pas du tout maternel, qui l'écrira. Ils préparent des choses qui sont assez bonnes à manger, mais ce n'est pas la meilleure partie de la cuisine, de loin.

Il y a une prouesse ménagère dont Elisabeth dit avoir encore honte. Je ne suis pas. Je parie que c'était bien. C'est ce gâteau avec lequel nous avons eu tant de mal. La levure est bien entrée, mais quelque chose d'autre n'a pas fonctionné. Il n'était pas mis à tremper, ni à grésiller, au four, ou quoi que ce soit. Comme ma crêpe unique, elle n'a pas levé et, dans l'obscurité, avant mon retour à la maison, elle l'a fait sortir clandestinement de la maison ; seulement pour voir, avec une mortification qui perdure encore aujourd'hui, la voisine qui s'était tant intéressée à notre jeune maison, l'examinant soigneusement dans le tonneau de cendres le lendemain matin. Les gens *sont* curieux. Mais ils étaient les bienvenus pour tout ce qu'ils pouvaient espionner concernant notre maison. Ils y découvrirent, s'ils avaient bien regardé, la petite gouvernante la plus douce et en somme la plus courageuse du monde. Et qu'importe un gâteau, ou une poule, ou vingt, quand seule la ménagère a raison ?

Dans mon enthousiasme éditorial pour le nouveau plan, il n'y avait aucune note douteuse. Les « beats » se reposèrent pendant une saison pendant que je reportais mon attention sur la pension. Ma femme me taquine encore avec ces puissantes attaques contre le nouvel ennemi. L'ayant clairement distingué à la lumière de notre lampe du soir, je me suis lancé à sa poursuite avec force et force, déterminé à ne laisser aucune pension de famille dans tout le pays, ou du moins dans le sud de Brooklyn. « La nôtre, m'écriais-je chaque semaine, pour accomplir sa destinée, doit être une nation de foyers. A bas les pensions ! et les politiques ont applaudi. Ils étaient heureux d'être laissés tranquilles. Il en était de même pour les beats qui étaient en retard dans leurs factures et dont j'étais devenu le champion de manière inattendue. Un vaillant champion aussi, une publicité ambulante selon ma propre prescription ; car je suis devenu gros et fort, alors que j'étais maigre et pauvre. J'étais heureux, c'était tout ; très, très heureux et plein de foi en notre capacité à nous frayer un chemin, quoi qu'il arrive. Il n'était pas non plus nécessaire d'avoir le don d'un prophète pour comprendre que des jours difficiles allaient venir ; car ma position, encore une fois en tant que rédacteur rémunéré de mes anciens « propriétaires », les politiciens, devenait rapidement intenable. Il s'agissait d'un accord conclu temporairement. Quand cela devrait-il expirer, que se passerait-il alors ? Je m'étais engagé, lorsque j'avais vendu le journal, à ne pas en créer un autre avant dix ans dans le sud de Brooklyn. Il me faudrait donc recommencer ma vie dans un nouvel endroit. J'y ai réfléchi mais j'y ai peu réfléchi. Je suppose que les vieux, voyant tout cela de là-bas, pensaient que c'était une plaisanterie avec le destin. Ce n'était pas. C'était un défi de trompette pour que tout cela puisse se rassembler. Deuxièmement, nous battrions le monde.

Avant d'enregistrer le début qui a suivi, je dois m'arrêter pour raconter un autre combat, un combat que je regrette au fond de mon âme, même s'il me fait rire encore maintenant. La non-résistance ne m'a jamais séduit, sauf chez le malfaiteur qui a été renversé pour un motif. Je suppose que c'est méchant, mais j'ai promis de dire la vérité, et... j'ai toujours aimé Pierre pour avoir arraché l'oreille du serviteur du grand prêtre. Si seulement cela avait été l'oreille du grand prêtre ! Et ainsi quand le Révérend Monsieur... non, je ne citerai pas de noms ; il était le successeur de frère Simmons, c'est ce qui me chagrine : quand il a reproché au *News* d'être en vente le dimanche, si je me souviens bien, et a prêché à ce sujet, annonçant que « jamais, dans les jours les plus anxieux de la guerre, il n'avait regardé dans un journal le jour du sabbat" ; et quand par malheur j'ai vu, le même dimanche, Son Révérend, qui était un homme colérique, lapider violemment la poule d'un voisin depuis son jardin, j'ai fait des parallèles éditoriaux qui n'apaisaient pas l'humeur du révérend. Ce qui affligeait vraiment M.... c'était qu'il manquait de bon sens, sinon il ne m'aurait jamais appelé, avec tout son conseil de diacres, dans le calme du dimanche midi, juste après l'église, pour exiger une rétractation. Je n'ai aucun espoir que l'humour de la chose ait pénétré dans la conscience cléricale lorsque j'ai répondu que, dans les moments les plus excitants, je n'avais jamais traité d'affaires le dimanche ; car si c'était le cas, nous aurions été amis pour la vie. Mais je sais que cela a « frappé » dans le cas des diacres. Ils sortirent en se débattant avec leur gaieté dans le dos de leur pasteur. Je pense qu'il s'est retenu avec difficulté de prononcer l'excommunication majeure contre moi, avec une cloche, un livre et une bougie, sur-le-champ.

À peu près à cette époque, j'ai vu une annonce de vente pour un équipement stéréoscopique et je l'ai acheté sans aucune idée précise de ce que j'allais en faire. Je suppose que cela devrait être considéré comme une folie et un gaspillage d'argent. Et pourtant, cela devait jouer un rôle important dans le véritable travail qui m'attendait. Sans la connaissance que m'en donnait la possession, cet ouvrage n'aurait pas pu être exécuté tel quel. Cela ne veut pas dire que je recommande à chacun d'avoir une lanterne magique dans sa cave, ou d'acheter au hasard toutes sortes de choses inutiles, comme si le monde était une sorte de braderie providentielle. Je devrais plutôt dire qu'aucun effort visant à enrichir d'une manière ou d'une autre son stock de connaissances n'est susceptible d'échouer dans ce monde de changements et d'urgences, et que la Providence a le don de se ranger du côté de l'homme qui possède les bataillons d'armes les plus puissants. ressources lorsque l'urgence survient. En d'autres termes, « faire confiance à Dieu et garder sa poudre au sec » est le plan de tous les temps.

Le fait de garder la mienne au sec a failli faire exploser la maison. Mes deux amis, Mackellar et Wells, s'intéressèrent avec sympathie aux débats de la lanterne, ce qui était une bonne chose, car, étant pharmacien, Wells savait comment fabriquer du gaz et pouvait éviter des problèmes sur ce point. C'était avant le jour des chars chargés. Le gaz que nous produisions était contenu dans des sacs en caoutchouc en forme de coin, dans un cadre surmonté de poids qui donnaient la pression nécessaire. Mackellar s'est porté volontaire pour faire le poids et s'est assis sur les sacs lors de notre première séance, tandis que Wells surveillait le gaz et que je lisais les instructions écrites. Nous nous entendions bien lorsque j'arrivai à un endroit qui impose une grande prudence dans la répartition des poids. "Vous travaillez", lit-on dans le texte, "avec deux gaz qui, s'ils se mélangent dans des proportions indues, ont la force et tout le pouvoir destructeur d'une bombe". Mackellar, tout ouïe, tomba en tremblant à force de s'agiter sur son perchoir. Il n'en avait pas rêvé ; nous non plus. Je l'ai stabilisé d'un geste impératif.

"Asseyez-vous tranquillement", ordonnai-je. "Écoutez ! 'Si, par le moindre vacillement du support, la pression devait être soudainement relâchée, le gaz d'un sac pourrait être aspiré dans l'autre, avec pour résultat une explosion désastreuse.'"

Nous nous regardâmes avec une horreur muette. Mackellar était mortellement pâle.

"Laissez-moi partir, les garçons," plaida-t-il faiblement. "Je dois aller au poste pour expulser les hommes." Il fit un mouvement pour descendre.

Wells m'avait arraché le livre. "Jack ! pour ta vie, ne bouge pas !" s'écria-t-il en montrant le paragraphe suivant dans les instructions : -

"Une telle chose s'est produite lorsque le cadre a été bouleversé ou que le poids s'est soudainement déplacé d'une autre manière."

Mac était assis comme figé dans la pierre. Ed et moi nous sommes faufilés par la porte arrière sur la pointe des pieds pour descendre les escaliers, trois marches à la fois. En moins de temps qu'il n'en faut pour le dire, nous étions de retour, chacun avec une brassée de pavés, que nous entassâmes à côté de notre camarade agonisant, en l'assurant avec volubilité qu'il n'y avait aucun danger s'il restait tranquille, immobile comme une souris. , jusqu'à notre retour. Puis nous sommes repartis. Le troisième voyage nous a donné suffisamment de pierres, et avec un soin infini nous les avons empilées, l'une après l'autre, sur le râtelier tandis que le capitaine se levait, jusqu'à ce qu'enfin il se retrouve sur le sol, un homme libéré et sauvé. Ce n'est qu'à ce moment-là que nous avons pensé que nous aurions pu couper le gaz en premier lieu, et ainsi nous épargner toute notre angoisse et notre labeur.

Je peux honnêtement dire que j'ai fait de mon mieux pour m'entendre avec les politiciens que je servais, mais à long terme, cela n'a tout simplement pas été possible. Ils m'ont traité équitablement, sans rancune. Mais diriger un journal indépendant est une chose, diriger un « organe » en est une autre. Et il n'y a aucun moyen de tromper le public. Non pas que j'ai essayé. En fait, la situation était plutôt inverse. Nous nous sommes finalement séparés, à notre grand soulagement mutuel, et, de façon tout à fait inattendue, j'ai découvert que ma lanterne devenait le soutien de famille. L'idée de l'utiliser comme moyen de publicité me séduisait depuis longtemps. Il y avait une grande population à Long Island qui faisait du commerce dans les magasins de Brooklyn et pouvait être atteinte de cette manière. En fait, cela s'est avéré être le cas. Je gagnais de l'argent en parcourant les villes et les villages et en donnant des expositions en plein air dans lesquelles les "annonces" des marchands de Brooklyn étaient astucieusement entremêlées de très belles vues colorées, dont j'avais une belle collection. Lorsque la saison était trop avancée pour permettre cela, je me suis installé dans une vitrine de Myrtle Avenue et de Fulton Street et j'ai fait appel aux foules de la ville avec mes photos. J'ai donc comblé un vide de plusieurs mois, pendant que nos gens de l'autre côté se signaient parce que j'étais devenu fakir de rue. C'est du moins ce que nous ont donné leurs lettres. Ils n'étaient pas responsables. C'est leur façon de voir les choses. L'une des principales raisons pour lesquelles j'ai aimé ce pays dès le début était que ce qu'un homme faisait n'avait aucune importance, pourvu qu'il s'agisse d'un travail honnête et décent. J'ai aimé mon programme publicitaire. Je n'ai rien annoncé que je n'aurais pas vendu aux gens moi-même, et je leur ai donné cela d'une manière qui leur était nettement agréable et bonne ; car mes photos étaient de véritables œuvres d'art, pas les déchets bon marché que l'on voit aujourd'hui sur les écrans des rues.

Les foules de la ville étaient toujours reconnaissantes. A la campagne, les voyous semaient parfois des ennuis. On parle beaucoup des durs de la ville. Dans neuf cas sur dix, ce sont des garçons aux impulsions normales dont les ressources ont toutes été étouffées par le bidonville ; dont la rue et son anarchie, et l'immeuble sans maison, ont fait des voyous. Avec de meilleures opportunités, ils auraient pu être des héros. Le voyou de la campagne est souvent ce qu'il est parce que son penchant est tel, même s'il n'est pas rare, lui aussi, qu'il soit poussé à des bêtises en raison de la pauvreté extrême – esthétiquement je veux dire – de son environnement. C'est pourquoi il se montre bien pire dans son isolement que son frère de la ville. Ce n'est pas un argument en faveur du bidonville. Il fait des durs, alors que l'autre en est un malgré sa maison de campagne. C'est dire si cette dernière est réellement une habitation. Il n'y a alors qu'un seul remède : une raclée toute-puissante.

Il devrait rester quelques anciens voyous à Flushing pour faire écho à ce sentiment, même après un quart de siècle. À certains signes, lorsque j'accrochais mon rideau entre deux arbres dans le petit parc public près de la fontaine aux poissons rouges, je savais qu'il y aurait des ennuis. Ma patience était à bout et je me préparais. J'ai engagé quatre hommes robustes qui étaient prêts à se battre, et je leur ai mis entre les mains de bons clubs d'hickory, leur ordonnant de retenir leur désir naturel de s'en servir jusqu'à ce que le moment soit venu. Mes pressentiments n'étaient pas vains. Les pommes de terre, les navets et les œufs volèrent, non seulement sur le rideau, mais aussi sur la lanterne et sur moi. J'ai tenu bon jusqu'à ce que le château d'Heidelberg, qui était l'une de mes plus belles vues colorées, soit déchiré en deux par un rocher qui sortait à travers le rideau. Puis j'ai donné la parole. En un clin d'œil, l'appareil fut rassemblé et jeté dans un chariot qui attendait, les chevaux se dirigeant vers la Jamaïque. Nous nous sommes précipités dans la foule, et un cri s'est élevé des voyous meurtris et ensanglantés qui planaient sur la ville comme un cauchemar, tandis que nous en sortions au galop, suivis de cris de rage et d'une foule avec des pierres et des gourdins. Mais nous avions la meilleure équipe de la ville et nous l'avons vite perdue.

Vengeance? Non! Bien sûr, il y avait le rideau en ruine et ces œufs à régler ; mais, dans l'ensemble, je pense que nous étions une sorte de société villageoise d'amélioration pour l'occasion, même si nous ne sommes pas restés pour attendre un vote de remerciement. Je suis sûr que c'était quand même notre dû.

Au cours de l'été 1877, Wells et moi avons élaboré un projet de publicité country à plus grande échelle, dont la lanterne devait être le véhicule. Nous devions publier un annuaire de la ville d'Elmira. J'ai oublié comment nous en sommes arrivés à choisir cette ville, mais je ne suis pas près d'oublier le résultat de cette dernière de mes entreprises commerciales. Notre plan était de dynamiser le côté publicitaire de l'entreprise par une exposition nocturne dans la rue dans l'intérêt de nos clients. Nous étions à peine arrivés en ville que les grèves des chemins de fer de cet été mémorable atteignirent Elmira. Il y avait eu de terribles troubles, incendies et effusions de sang en Pennsylvanie, et les citoyens ont immédiatement pris des mesures pour préserver la paix. Un régiment de shérifs adjoints prêta serment et la ville fut soumise à la loi semi-martiale. En effet, des soldats armés de baïonnettes au canon gardaient chaque train et chaque wagon qui traversait le pont entre le quartier des affaires de la ville et les ateliers ferroviaires de l'autre côté de la rivière Chemung.

Notre malchance – ou notre bonne ; quand une chose vous arrive de façon aussi inattendue que cela, je suis plutôt disposé à considérer cela comme un coup de chance, même déguisé – voudrait-il que le bâtiment sur lequel nous avions choisi d'accrocher notre rideau soit juste au bout de ce pont. ce qui semblait être le point dangereux. De l'autre côté, les grévistes regardaient de l'autre côté de la rivière, s'attendant toutes les heures à faire un mouvement quelconque, ce que je ne sais exactement. Je sais que toute la ville était en haleine à ce sujet, tandis que nous, inconscients du fait que nous étions l'objet d'un examen minutieux, essayions en vain de tirer notre rideau de seize pieds. Un vent violent l'a projeté au-dessus de la rivière malgré tous nos efforts pour l'attraper et le retenir. À deux reprises, cela nous a échappé. On voyait une foule de grévistes nous regarder de l'autre côté. Les députés qui tenaient notre bout du pont les virent aussi. Nous étions des étrangers ; venait de on ne savait d'où. Ils ont dû conclure que nous étions de mèche avec l'ennemi et que nous lui faisions signe . Lorsque pour la troisième fois notre grand drapeau blanc fut brandi vers les magasins, un comité de citoyens sortit de la rue et nous fit savoir en quelques mots que n'importe quel autre endroit serait alors plus sain pour nous qu'Elmira.

En vain nous avons protesté en prétendant que nous étions des non-combattants et que nous travaillions dans une industrie pacifique. Le comité a montré le drapeau et la foule à l'extrémité du pont. Ils ont observé nos préparatifs pour faire le plein d'essence et ont insisté poliment mais fermement sur le fait que le prochain train quittant la ville était particulièrement adapté à notre objectif. Il n'y avait rien à faire. Il s'agissait d'un autre cas de preuve circonstancielle, et en l'absence de soutien d'aucune sorte, nous avons fait la seule chose que nous pouvions ; j'ai fait mes bagages et je suis parti. Ce n'était pas le moment de plaisanter. Le massacre d'un certain nombre de miliciens dans une rotonde de Pennsylvanie incendiée par les grévistes était frais dans l'esprit du public. Mais c'est la seule fois où j'ai été soupçonné de sympathie pour la violence dans le règlement des conflits du travail. Le problème avec ce plan, c'est qu'il ne règle rien, mais suscite de nouvelles blessures qui s'aggravent indéfiniment et élargissent le fossé entre l'homme qui fait le travail et celui qui l'engage, pour avoir le temps de s'occuper de son propre travail. . Tous deux ouvriers, il leur suffit de se comprendre et de comprendre leurs intérêts communs pour comprendre la folie de se quereller. Pour cela, ils doivent se connaître ; mais un coup et un coup de pied sont une mauvaise introduction. Je ne dis pas que la provocation n'est pas parfois grande ; mais mieux vaut pas. Cela ne fait aucun bien, mais beaucoup de mal. D'ailleurs, si nous ne sommes pas encore parvenus au point où nous pouvons régler pacifiquement nos conflits par la discussion, la faute n'en revient en aucun cas à tous les employeurs.

Il s'est avéré que nous avons sauté des cendres dans le feu. À Scranton, notre train a été retenu. Il y avait des torpilles sur la piste ; rails déchirés ou quelque chose comme ça. Faute de mieux à faire, nous sommes sortis visiter la ville. Au bout de la rue principale se trouvait une foule nombreuse. Sans expérience, nous nous sommes frayés un chemin jusqu'à ce qu'une file d'hommes armés de fusils, certains en manches de chemise, d'autres en blouse de bureau, d'autres en plumeau, bloquait l'avancée vers les magasins de la compagnie charbonnière. La foule restait maussade en arrière, laissant un espace étroit et dégagé devant la file. A l'intérieur, un homme — j'appris plus tard qu'il était le maire de la ville — haranguait les gens, leur conseillant de rentrer tranquillement chez eux. Soudain, une brique a été lancée derrière moi et l'a frappé à la tête.

J'entendis un bref commandement, le bruit d'une vingtaine de fusils tombant dans autant de mains tendues, et une volée fut tirée à bout portant sur la foule. Un homme à côté de moi baignait dans son sang. Il y eut un instant de silence de mort, puis une course de mille pieds et des cris de terreur sauvages alors que la foule se brisait et s'enfuyait. Nous avons couru avec. De toute ma vie, je n'ai jamais couru aussi vite. Je n'aurais jamais cru pouvoir le faire. Ed m'a taquiné à ce sujet jusqu'au jour de sa mort, insistant sur le fait qu'on aurait pu jouer aux billes sur mes pans de manteau, ils se sont envolés derrière ainsi. Mais il a été un vainqueur facile dans cette course. Mais les émeutes furent terminées avant d'avoir commencé, et peut-être une plus grande calamité fut-elle évitée. C'est la seule fois où j'ai été sous le feu des critiques, sauf une fois, lorsqu'un fou est entré dans Mulberry Street des années plus tard et a pointé un revolver sur les journalistes. J'ai le regret de dire que je n'ai pas donné une meilleure image de moi-même à l'époque, et pour un homme qui aimait tellement aller à la guerre, j'avoue que c'est une mauvaise performance. Peut-être valait-il mieux ne pas y aller, même pour cette raison. J'ai peut-être fait fausse route en ce qui concerne le scratch.

Nous n'avions pas encore fini de subir des indignités imméritées au cours de ce voyage, car lorsque nous arrivâmes jusqu'à Stanhope, sur la route Morris et Essex, notre argent avait été épuisé. J'offris au chef de gare ma montre en garantie du prix de deux billets pour New York, mais il ne lui lança qu'un regard méprisant et remarqua qu'il y avait de nombreux fakirs qui couraient à travers le pays et qui refilaient des montres en or « sarcastiques » sur leurs montres. personnes. Notre tenue de lanterne n'a plus trouvé grâce auprès de lui et nous avons été obligés de la promener jusqu'au village de Schooley's Mountains où ma femme passait alors l'été avec notre bébé. Nous avons marché toute la nuit, et quand nous sommes arrivés à l'aube, nous avons eu la mortification d'être retenus par le chien du fermier, qui ne savait rien de nous. Il a marché à mes côtés toute la journée pendant que je poussais la poussette vers le haut de la colline, me regardant avec un regard qui disait clairement que je ferais mieux de ne pas faire un geste pour m'enfuir avec l'enfant. Wells est allé en ville pour reconstituer nos fonds.

Et je prends ici congé de cet ami fidèle du récit de ma vie. Un meilleur que je n'ai jamais eu. Il a vécu pour s'enrichir en biens, mais sa richesse a été sa perte. C'est l'un des points sensibles de ma vie – et il y en a bien d'autres que je n'aime imaginer – que lorsqu'il avait le plus besoin de moi, je n'ai pas pu être pour lui ce que j'aurais et dû être. Nous nous étions alors trop éloignés l'un de l'autre, et l'influence que j'avais sur lui une fois que j'avais moi-même cédé. Il en était ainsi de Charles. Il en était ainsi de Nicolaï. Ils viennent, parfois quand je suis seul, et me font un signe de tête sorti d'un passé obscur : "Tu n'as pas été tenté. Tu aurais dû m'aider !" Oui, Dieu m'aide ! c'est vrai. Je suis plus coupable qu'eux. J'aurais dû aider et je ne l'ai pas fait. Que ne donnerais-je pas pour pouvoir le dire maintenant ! Deux d'entre eux sont morts de leurs propres mains, le troisième à Bloomingdale. J'avais tenté à plusieurs reprises de prendre pied dans l'un des journaux métropolitains, mais toujours sans succès. Cet automne-là, j'ai essayé le *Tribune*, dont le rédacteur en chef, M. Shanks, était l'un de mes voisins, mais on m'a dit, avec plus de franchise que de flatterie, que j'étais « trop vert ». Il est très probable que M. Shanks ait observé ma campagne contre les beats et me considérait comme un homme dangereux à l'époque des grandes poursuites en diffamation. J'aurais dû faire la même chose. Mais quelques semaines plus tard, il a changé d'avis et m'a invité à venir sur le journal et à m'essayer. J'ai donc rejoint l'équipe du *Tribune* cinq ans après la mort de son grand rédacteur, un homme battu et écrasé, l'un des personnages les plus pathétiques de l'histoire politique américaine.

Ce n'étaient pas des jours paisibles, ces mois d'hiver consacrés aux reportages pour la Tribune. J'étais en procès, et c'était un travail dur et un salaire très faible, pas suffisant pour vivre, de sorte que nous avons été obligés de nous réfugier dans notre petite pile pour joindre les deux bouts. Mais il y avait toujours un feu brillant et un accueil joyeux pour moi à la maison, alors qu'importe ? Ce fut un bon hiver malgré les cascades désespérées qui me sont parfois imposées. Les journalistes travaillant en général ne dorment pas dans des parterres fleuris. Je me souviens bien d'une nuit horrible où l'on a appris qu'un terrible désastre avait eu lieu sur les côtes de Coney Island. La moitié avait été emportée par la mer, selon le rapport, avec des maisons et des personnes. J'ai été envoyé pour découvrir la vérité. J'ai commencé au début du crépuscule et suis arrivé jusqu'à Gravesend. Le reste du trajet, j'ai dû marcher dans la neige et la neige fondante jusqu'aux genoux face à une tempête aveuglante, et je suis arrivé à Sheepshead Bay sans rien faire, pour constater que la glace et la marée avaient bloqué toute approche de l'île. .

J'ai fait la meilleure chose suivante ; J'ai recueilli auprès des hôteliers de la Baie un récit du naufrage sur la plage qui ne manquait de rien de vivant, grâce à leur louable désir de ne pas voir un journaliste entreprenant escroqué de son « espace » qui lui revient. Ensuite, j'ai loué un traîneau et je suis rentré chez moi à travers la tempête, trempé de part en part - "J'entends l'eau couler de vos bottes", dit ma femme - trempé de part en part et presque gelé, mais frémissant de fierté de mon exploit.

le *Tribune* était le seul journal à rendre compte du raz-de-marée sur l'île. Mais quelque chose ne semblait pas vraiment convenir au rédacteur en chef de la ville. Il y avait une suavité inhabituelle dans sa convocation lorsqu'il m'appelait à son bureau, que j'avais appris à redouter comme étant susceptible de dissimuler quelque coup fatal.

"Alors vous êtes allé sur l'île hier soir, M. Riis," observa-t-il en me regardant par-dessus le bord du journal.

"Non, monsieur ! Je ne pouvais pas passer ; personne ne le pouvait."

"Eh!" Il abaissa le papier d'un pouce et regarda mieux : « ce récit très circonstanciel… »

« A été recueilli auprès des hôteliers de Sheepshead Bay, qui avaient tout vu. S'il y avait eu un bateau qui n'avait pas été protégé par la glace, j'aurais réussi à traverser d'une manière ou d'une autre. »

M. Shanks laissa tomber le journal et me considéra presque gentiment. J'ai vu qu'il avait en main ma note pour la promenade en traîneau.

"Droite!" il a dit. "Nous autoriserons le traîneau. Nous autoriserons même le poêle, à un homme qui le possède ne l'a pas vu, bien qu'il soit assez raide." Il montra un paragraphe qui décrivait comment, après le naufrage de la cabane du gardien, la cuisinière flottait sur le rivage avec le chat domestique vivant et en sécurité dessus. Je crois toujours qu'un imprimeur peu sympathique m'a joué ce tour.

« La prochaine fois, ajouta-t-il en me congédiant, faites-leur jurer devant le poêle.
Il n'y a pas de comptabilité pour les chats.

Mais même si je n'en ai pas entendu parler depuis longtemps au bureau, je sais que ma mesure a été prise au bureau ce jour-là. Après cela, on m'a fait confiance, même si j'avais commis une erreur.

Malgré cela, je n'ai pas réussi. Il n'y avait pas de moyen de subsistance pour moi, c'était assez clair. Nous étions trop nombreux à faire des travaux généraux. Après six mois de dur labeur, j'ai décidé que je ferais mieux de chercher fortune ailleurs. Le printemps arrivait et cela me semblait une perte de temps de rester là où j'étais. J'ai rédigé ma démission et je l'ai laissée sur le bureau du rédacteur en chef de la ville. Une course m'a fait sortir du bureau. Quand je suis revenu, il était toujours là, non ouvert. Je l'ai vu et j'ai pensé essayer encore une semaine. Je pourrais faire grève. J'ai donc pris la note et l'ai déchirée, juste au moment où M. Shanks entrait dans la pièce.

Ce soir-là, il tomba de la neige à grande vitesse. J'étais arrivé en ville pour une mission tardive et je tombais sur Printing-House Square, courant à toute vitesse pour attraper l'édition. Le vent a fait sa part. Il n'y a pas de coin dans tout New York où ça souffle comme autour du bâtiment Tribune. Alors que je volais vers Spruce Street, j'ai rencontré deux hommes qui sortaient par la porte latérale. J'ai fait tomber l'un d'eux dans une congère. Il s'y débattait et jurait horriblement. Par la voix, j'ai su que c'était M. Shanks. Je restais pétrifié, épinglant machinalement son chapeau mou au sol avec mon orteil. Il se leva enfin et s'avança vers moi, très énervé.

"Qui dans le tonnerre..." grogna-t-il avec colère et aperçut mon visage triste. Je pensais que j'aurais aussi bien pu laisser mon mot sur son bureau ce matin-là, car de toute façon, j'allais être libéré.

"Est-ce ainsi que tu traites ton rédacteur en chef, Riis ?" » a-t-il demandé pendant   que
je lui tendais son chapeau.

"C'était le vent, monsieur, et je courais..."

"Courir ! Qu'est-ce qui vous a poussé à avancer à ce rythme ?"

Je lui ai parlé de la réunion à laquelle j'avais assisté — cela n'avait aucune importance — et que je courais chercher l'édition. Il m'a entendu.

"Et est-ce que tu cours toujours comme ça quand tu es en mission ?"

"Quand il est tard comme ça, oui. Sinon, comment pourrais-je obtenir ma copie ?"

"Eh bien, prends juste un ris quand tu tournes au coin", dit-il en époussetant la neige de ses vêtements. "Ne détruisez plus votre éditeur de ville." Et il a suivi son chemin.

C'est avec des pressentiments anxieux que je me suis rendu au bureau le lendemain matin. M. Shanks était là avant moi. Il dictait à son secrétaire, M. Taggart, qui avait été témoin de la collision de la nuit précédente, lorsque j'entrai. Bientôt, je fus convoqué à son bureau et j'y suis allé le cœur brisé. Les choses avaient commencé à s'améliorer un peu au cours des dernières vingt-quatre heures, et j'avais espéré y parvenir. Maintenant, tout était fini.

"M. Riis," commença-t-il avec raideur, "vous m'avez renversé hier soir sans raison."

"Oui, monsieur ! Mais je—" [Illustration : Mulberry Street.]

« Dans une congère », poursuivit-il sans y prêter attention. " C'est une bonne chose qu'un journaliste puisse faire à son commandant. Maintenant, monsieur ! cela ne suffira pas. Nous devons trouver un moyen d'empêcher cela à l'avenir. Notre homme au quartier général de la police est parti. Je vais vous envoyer là-haut. à sa place. Vous pouvez y courir autant que vous voulez, et vous voudrez y aller autant que vous le pouvez. C'est un endroit qui a besoin d'un homme qui courra pour récupérer sa copie, dire la vérité et s'y tenir. Vous trouverez il y a beaucoup de combats là-bas. Mais n'allez pas renverser les gens, à moins que vous n'y soyez obligé.

Et avec ce genre de présentation, j'ai été envoyé à Mulberry Street, où je devais trouver l'œuvre de ma vie. Cela fait vingt-trois ans que j'ai fait ma première promenade là-haut et que j'ai contemplé ce terrain qui m'est depuis devenu si familier. Je le connaissais de réputation comme étant l'endroit le plus difficile du journal, et ce n'était pas dans un esprit d'exultation que j'observais la vie trépidante du quartier. À vrai dire, je pense que j'avais plutôt un peu peur. L'histoire du grand combat que le journaliste *de la Tribune* menait là-haut avec tous les autres journaux résonnait depuis longtemps dans la presse , et je n'ai pas été trompé. Mais après tout, je n'avais pas fait grand-chose d'autre moi-même, et, n'ayant commis aucune offense, ma cause serait juste. Dans ce cas, qu'avais-je à craindre ? Alors dans mon âme, j'ai confié mon travail et moi-même au Dieu des batailles qui donne la victoire, et j'ai pris le dessus.

Ici, de peur de paraître meilleur que je ne le suis, je tiens à dire que je ne suis pas un homme qui prie dans le sens d'être versé dans le langage de la prière ou quoi que ce soit de ce genre. J'aurais voulu être. Ainsi, j'aurais peut-être été mieux à même de servir mes amis malheureux lorsqu'ils avaient besoin de moi. En effet, ceux qui m'ont connu sous une forte provocation – la provocation est *très* forte à Mulberry Street – mépriseraient une telle allusion, et, je suis désolé de le dire, avec raison. J'étais autrefois diacre, mais on ne me laissait pas souvent diriger la prière. Mes supplications prennent habituellement la forme de présenter clairement le cas à Celui qui est la source de tout droit et de toute justice, et de le laisser ainsi. Si je devais découvrir que je ne peux pas faire cela, je refuserais de me battre, ou, si je devais le faire, je devrais sentir que je devrais être justement battu. Au cours de toutes mes années de reportage, je n'ai jamais omis de mentionner cela lorsque quelque chose d'important se produisait, qu'il s'agisse d'un incendie, d'un meurtre, d'un vol ou de tout ce qui pourrait survenir dans l'exercice de mes fonctions, et je n'ai jamais entendu dire que mes rapports étaient à la hauteur. pire pour ça. Je sais qu'ils étaient meilleurs. Peut-être que l'idée d'un journaliste de police priant pour qu'il puisse écrire une bonne histoire de meurtre peut sembler ridicule, voire irrévérencieuse, à certaines personnes. Mais c'est seulement parce qu'ils n'y discernent pas l'élément humain qui donne de la dignité à toute chose et la sauve du reproche. Si je ne pouvais pas aborder mon histoire de cette façon, je n'y irais pas du tout. Je suis sûr qu'il n'y a là aucune irrévérence, bien au contraire.

Alors je me suis lancé. Mais avant de le faire, j'ai télégraphié à ma femme :—

"J'ai obtenu un rendez-vous avec le personnel. Quartier général de la police. 25 $ par semaine. Hourra!"

Je savais que ça la rendrait heureuse.

CHAPITRE IX

LA VIE DANS LA RUE MULBERRY

C'était bien que je m'arrête pour donner des explications avant de m'installer dans mon nouveau bureau. Il ne me restait plus beaucoup de temps après. Le sujet du combat dont je suis devenu l'héritier, je l'ai oublié depuis longtemps. Mulberry Street, à cette époque, était sujette à de telles choses. Quelqu'un se battait toujours contre quelqu'un d'autre pour une blessure imaginaire ou un acte de mauvaise foi lors de la collecte de l'information. Pour l'instant, ils ont tous fait cause commune contre le journaliste de la *Tribune* , qui représentait également le bureau local de l'Associated Press. Ils saluèrent l'arrivée du « Hollandais » avec des cris de dérision et décidèrent, je suppose, de m'achever alors que j'étais nouveau. Alors ils se sont ressaisis pour faire un effort, et en une semaine, j'ai été si violemment "battu" au département de police, au département de la santé, aux pompiers, au bureau du coroner et au bureau des accises, ce qui était mon cas. tâche à accomplir, que le directeur du Bureau de Presse m'a appelé pour m'examiner. Il a déclaré à la *Tribune* qu'il ne pensait pas que je le ferais. Mais M. Shanks lui a dit d'attendre et de voir. D'une manière ou d'une autre, j'en ai entendu parler, et cela a décidé que je devais gagner. Je pourrais être battu dans de nombreuses batailles, mais comment pourrais-je perdre le combat contre un général comme celui-là ?

En effet, une semaine plus tard, ce fut à leur tour d'être appelés à rendre compte d'eux-mêmes. Le « Hollandais » avait pris de l'avance sur eux. Je suppose que c'était pour eux une chose très étonnante, et pourtant c'était parfaitement simple. Leur force même, comme ils le croyaient, était leur faiblesse. Ils étaient une douzaine contre un, et chacun d'eux tenait pour acquis que les onze autres s'occupaient de leurs affaires et qu'il n'avait pas besoin de trop se dépenser. Bien des années plus tard, j'ai vécu cette expérience en tant que membre d'un conseil d'administration de douze administrateurs, dont chacun avait prêté son nom mais pas son travail à la cause que nous étions censés représenter. Lorsque nous nous sommes rencontrés à la fin de cette saison et avons appris à quel point nous avions échappé à une calamité due à un manque total de gestion, un bon frère méthodiste a mis des mots sur ce à quoi chacun d'entre nous pensait.

« Frères, dit-il, autant que je sache, sans l'intervention d'une Providence miséricordieuse, nous serions tous en prison, comme nous le méritons. Prions !

Je pense que pour la plupart d'entre nous, cette prière était plus que des paroles en l'air. Je sais que j'ai fait le vœu de ne plus jamais être administrateur de quoi que ce soit sans en être réellement administrateur. Et j'ai tenu ce vœu.

[Illustration : Bureau de police *de Tribune* .]

Mais revenons à Mulberry Street. Le résultat immédiat de ma première victoire fut un assaut éclair contre moi, plus féroce que tout ce qui s'était passé auparavant. Je m'y attendais et je l'ai rencontré du mieux que je pouvais, me débrouillant d'une manière ou d'une autre. Quand, épuisés, ils me lâchaient pour voir si j'étais toujours là, je les rendais en retour avec deux ou trois « beats » que j'avais emmagasinés pour l'occasion. Et puis nous nous sommes installés dans la guerre de dix ans pour la domination, dont je devais enfin sortir assez vainqueur, et avec la seule renommée que j'ai jamais convoitée ou désirée avoir, celle d'être le "patron reporter". dans la rue Mulberry. On m'a si souvent demandé ces dernières années quel était mon travail là-bas [Note de bas de page : je dis était ; ce n'est qu'au cours des douze derniers mois que j'ai compris ce que voulait dire M. Dana en appelant ses journalistes ses « jeunes hommes ». Ils doivent être cela. Pour ma part, je suis devenu trop vieux.], et comment j'ai trouvé là le point de vue dans lequel j'ai écrit mes livres, je suppose que je devrai entrer un peu dans les détails.

Le journaliste de police d'un journal est donc celui qui rassemble et traite toutes les nouvelles qui peuvent causer des ennuis à quelqu'un : les meurtres, les incendies, les suicides, les vols et tout le reste, avant qu'elles ne soient portées devant les tribunaux. Il a un bureau dans Mulberry Street, en face du quartier général de la police, où il reçoit les premières informations sur les troubles grâce aux rapports du commissariat. Ou bien il ne le reçoit pas. La police n'aime pas annoncer au public un vol ou un « piratage » d'un coffre-fort, par exemple. Ils prétendent que cela interfère avec les fins de la justice. Ce qu'ils veulent vraiment dire, c'est que cela les ridiculise ou les censure si le public sait qu'ils n'attrapent pas tous les voleurs, ni même la plupart d'entre eux. Ils aimeraient que cette impression disparaisse, car le travail de la police est en grande partie un jeu de bluff. Voici donc une opportunité pour les « beats » dont je parle. Le journaliste qui, grâce à une connaissance, une amitié ou des compétences naturelles de détective, peut obtenir ce que la police a pour politique de lui cacher, gagne. Cela peut sembler sans grande importance à beaucoup de lecteurs si un homme rate un cambriolage de coffre-fort pour son journal ; mais le reportage est un métier, très exigeant en plus, et s'il s'arrête un instant et réfléchit à ce que c'est, il regarde instinctivement d'abord son journal du matin, même s'il a appris à ne pas le lire jusqu'au bout, il verra cela différemment. Le fait est qu'il s'agit d'un grand drame humain dans lequel ces choses sont des actes qui signifient du chagrin, de la souffrance, une vengeance sur quelqu'un, une perte ou un gain. Le reporter qui est dans les coulisses voit le tumulte des passions, et pas rarement un héroïsme humain qui rachète tout le reste. C'est sa tâche de le décrire de manière à ce que nous puissions tous en comprendre la signification, ou en tout cas en saisir la dérive humaine, et pas seulement la saleté et l'odeur du sang. S'il peut faire cela, il a accompli un service remarquable, et son histoire de meurtre pourrait facilement parler avec plus d'éloquence dans l'esprit de milliers de personnes que le sermon prêché à une centaine de personnes dans l'église le dimanche.

[Illustration : "Dans lequel gisait mourant un noble français au nom fier et ancien"]

Parmi les avantages qui facilitent l'accès aux nouvelles, je n'en avais aucun. J'étais un étranger et je n'ai jamais été distingué par mes capacités de détective. Mais un bon travail acharné contribue grandement à compenser le manque de génie ; et je n'ai mentionné qu'une des possibilités de devancer mes adversaires. Ils mentaient sur nous. Tout message apparemment innocent envoyé depuis le bureau télégraphique de la police d'en face, enregistrant un petit incendie dans un immeuble, pourrait cacher un virus du feu, qui fait toujours appel à nos peurs avec frémissement ; la découverte de John Jones malade et sans ressources dans la rue signifiait peut-être une histoire pleine du pathos le plus profond. En effet, je peux penser à une douzaine maintenant qui l'ont fait. Je vois devant moi, comme si c'était hier, le grenier désolé de Wooster Street, avec le vent et la pluie balayant la pièce nue dans laquelle gisait mourant un noble français au nom fier et ancien, le dernier de sa maison. Il a été l'un de mes premiers triomphes. New York est une ville queer. C'est à lui que revient l'essentiel de toutes les trémies du monde. Je n'oublierai pas de sitôt l'immeuble sombre de Clinton Street où, ce jour-là, un pauvre cordonnier s'était suicidé. Son nom, Struensee, m'avait attiré. Je savais qu'il ne pouvait pas y en avoir un autre. C'est là que ma naissance danoise m'a été d'une grande utilité. Je connaissais l'histoire du magistral ministre de Christian VII ; de sa chute et de son procès sous l'accusation d'avoir supplanté son maître dans les affections de la jeune et belle reine, sœur de George III. Des hommes très âgés racontaient encore, quand j'étais enfant, ce jour sombre où la tête fière tomba sous la hache du bourreau sur la place du château – sombre pour le peuple dont Struensee avait essayé d'être le champion. Ma mère est née et a grandi dans le château d'Elseneur où la malheureuse reine, disgraciée et exclue, écrivait sur la vitre de sa cellule de prison : « Seigneur, garde-moi innocent ; rends les autres grands. Tout cela m'était une histoire familière, et quand je m'asseyais à côté de ce cordonnier mort et que, parcourant ses papiers, j'y lisais que la tragédie d'un siècle auparavant était l'histoire de sa famille, je savais que j'avais entre les mains les moyens de payer tous les scores accumulés à ce jour.

Est-ce que je me suis installé complètement ? Oui je l'ai fait. J'étais dans un combat que je n'avais pas choisi et j'étais bien conscient que mon tour approchait. J'ai frappé aussi fort que je pouvais, et eux aussi. Quand je parle de « triomphes », c'est professionnellement. Il n'y avait là aucune dureté de cœur. Nous ne nous réjouissions pas des malheurs que nous décrivions. Nous étions des journalistes, pas des goules. J'ai devant moi alors que j'écris une lettre qui m'est parvenue par la poste cet après-midi, d'une femme qui s'oppose amèrement à mon diagnostic selon lequel la vocation de journaliste est la plus élevée et la plus noble de toutes. Elle se déclare « victime de la méchanceté des journalistes » et me raconte comment, au moment de sa profonde affliction, ils ont foulé son cœur. Ne puis-je pas, demande-t-elle, encourager un sentiment public qui rendrait de tels reportages peu recommandables ? Toute ma vie, j'ai essayé de le faire et, malgré les preuves du contraire du journalisme jaune, je pense que nous nous rapprochons de cet idéal ; en d'autres termes, nous sortons de la sauvagerie. En luttant follement pour le scalp de l'autre, je ne pense pas que nous ayons scalpé quelqu'un d' autre injustement. Je sais que non. Ils n'étaient pas particulièrement scrupuleux, je dois le dire. Dans leur rage et leur mortification d'avoir sous-estimé l'ennemi, ils ont commis des actes indignes des hommes et des journalistes. Ils ont volé mes bordereaux au bureau télégraphique et les ont remplacés par d'autres qui m'ont envoyé à minuit dans une chasse aux oies sauvages jusqu'aux quartiers les plus éloignés de la rivière, pensant ainsi me fatiguer. Mais ils l'ont fait une fois de trop. Au cours d'un tel voyage, je suis tombé sur une affaire très importante et j'en ai profité au maximum, télégraphiant à une colonne ou plus à ce sujet depuis le bureau, tandis que l'ennemi m'observait, impuissant, depuis le perron du quartier général, de l'autre côté du chemin. Ils étaient rassemblés là, attendant mon retour, et m'ont reçu avec des hum bruyants et moqueurs ! et des toots respectueusement sympathiques sur une corne en étain, réservée à cet effet. Sa voix avait une tension lugubre qui était particulièrement exaspérante. Mais quand, sans y prêter aucune attention, je m'occupai immédiatement du fil et continuai à m'en occuper, ils flairèrent des ennuis et se consultèrent anxieusement entre eux. Mon histoire terminée, je suis sorti, je me suis assis sur mon propre perron et j'ai dit hum ! à mon tour de toutes les manières aggravantes possibles. Ils savaient alors qu'ils avaient été battus et ils en eurent bientôt la confirmation. Le rapport est arrivé du commissariat à 2 heures du matin, mais il était alors trop tard pour leurs journaux, car il n'y avait pas de téléphone à cette époque. J'avais le seul fil télégraphique. Après cela, ils renoncèrent à ces astuces, et la *Tribune* économisa de nombreuses courses de taxi la nuit ; car il n'y avait pas non plus de chemins de fer surélevés à cette époque, ni de téléphériques ou électriques.

D'un autre côté, notre entreprise était souvent du plus haut service rendu au public. Lorsque, par exemple, en suivant un cas de misère et de maladie touchant toute une famille, j'en remontais l'origine, je tombais sur une soirée où des sandwichs au jambon figuraient au menu, et en regardant les invités,

Ayant trouvé dix-sept des vingt-cinq malades présentant des symptômes identiques, il n'a fallu aucune connaissance médicale, mais simplement les informations et la formation ordinaires du journaliste, pour diagnostiquer la trichinose. Les dix-sept avaient une demi-douzaine de médecins différents qui, ne connaissant rien à la fête ni au jambon, étaient impuissants et ne voyaient que des cas de rhumatismes ou autres. J'ai appelé autant d'entre eux que possible ce soir-là, je les ai présentés les uns aux autres et à mes faits, et je leur ai demandé ce qu'ils en pensaient alors. Ce qu'ils pensaient fit sensation dans mon journal le lendemain matin et décida pratiquement du combat, même si l'ennemi parvint à gâcher mon goût pour le jambon en rapportant l'empoisonnement de toute une famille avec un plat d'éperlan dépravé pendant que je poursuivais les trichines. Cependant, j'ai eu ma revanche. Cet après-midi-là, j'ai croisé le Dr Cyrus Edson devant son microscope, entouré de mes adversaires qui le suppliaient de nier mon histoire. Le docteur les regarda d'un air interrogateur et leur répondit :

"Je voudrais vous rendre service, les garçons, mais je ne vois pas comment faire avec ces types qui se tortillent sous le microscope. Je les ai prélevés sur la chair d'un des patients envoyés aujourd'hui à l'hôpital Trinity . Regardez-les vous-même. »

Il m'a fait un clin d'œil et, en regardant dans son microscope, j'ai vu mon diagnostic plus que confirmé. Il y avait des dizaines de petites bêtes recroquevillées et fouillant dans le morceau de tissu. Le malheureux patient est décédé cette semaine-là.

Nous avions nos spécialités dans ce concours d'esprit. L'un d'eux se distinguait comme détective. Il se nourrissait de romans policiers comme un chat sur un os de poulet. Il les réfléchissait le jour et les rêvait la nuit, au grand exaspération des détectives officiels, avec qui leur solution était une affaire commerciale, pas du tout intellectuelle. Ils les résolvèrent sur le plan du manque d'honneur proverbial chez les voleurs, par la formule : « Tu me grattes le dos et je te gratte le dos ».

Un autre est sorti fort des incendies. Il connaissait l'histoire de chaque maison de la ville qui risquait d'être incendiée ; connaissait tous les pompiers; et pouvait dire à mille dollars près, plus ou moins, quelle était la valeur des marchandises stockées dans n'importe quel bâtiment du district des marchandises sèches, et pour combien elles étaient assurées. S'il ne le pouvait pas, il le faisait quand même, et ses suppositions se rapprochaient souvent de la réalité, comme le montre l'ajustement final. Il renifla un insecte de loin et savait sans demander combien de débris il y avait dans une balle de coton après avoir passé vingt-quatre heures dans le feu. Il est mort, le pauvre. Dans sa vie, il aimait les plaisanteries, et dans la mort, la plaisanterie s'accrochait à lui d'une manière totalement imprévue. Les pompiers du pâté de maisons voisin, chez qui il faisait son quartier général en dehors de son service, afin d'être toujours à portée d'entendre le gong, voulaient donner quelque preuve tangible de leur estime pour le vieux reporter, mais, pressés, il a laissé au fleuriste, qui le connaissait bien, le soin de choisir le dessin. Il trouva un insigne de feu floral comme étant la chose appropriée, et c'est ainsi que lorsque la compagnie des personnes en deuil fut rassemblée et que le service funèbre était en cours, arriva et fut déposé sur le cercueil, à la vue de tous, ce triomphe. de l'art du fleuriste, un bouclier de roses blanches, avec cette légende écrite dessus en immortelles rouges : "Admettre uniquement dans les lignes de feu." C'était choquant, mais irrésistible. Cela a fait tomber même la maison de deuil.

Cet incident en rappelle un autre, qui, à l'époque, ne m'avait pas peu étonné. Un télégramme de Long Branch annonçait la noyade d'un jeune acteur, je crois, dont les trois sœurs habitaient la Huitième Avenue. J'étais allé à la maison pour m'informer de l'accident et je les ai trouvés dans un premier élan de chagrin, fondus en larmes. C'était une très chaude journée de juillet et, pour me prémunir contre les insolations, j'avais mis une feuille de chou dans mon chapeau. En chemin, j'ai tout oublié, et la feuille, devenue molle, s'est posée confortablement sur ma tête comme une ridicule calotte verte. Ne sachant rien de cela, je n'étais absolument pas préparé à l'effet que mon entrée, sans chapeau, produisait sur la famille en pleurs. Les jeunes filles ont cessé de pleurer, ont regardé avec des yeux fous, puis, à ma grande stupéfaction, ont éclaté de rire hystérique. Pour le moment, je pensais qu'ils étaient devenus fous. Ce n'est que lorsque, dans ma perplexité, j'ai levé la main pour me frotter la tête, que j'ai découvert la cause de cette étrange hilarité. Pendant des années, cette pensée produisit sur moi le même effet que la feuille de chou produite de manière si inattendue dans cette maison accablée de chagrin.

Je pourrais remplir de nombreuses pages de telles histoires, mais je ne m'y lancerai pas. Rétrospectivement, semblent-ils mesquins et insignifiants ? Pas du tout. C'était mon travail et je l'aimais. Et j'en ai pris beaucoup de plaisir de temps en temps. Je me souviens de l'histoire du perroquet du Dr Bryant. Le Dr Joseph D. Bryant était alors commissaire à la santé, et bien que nous soyons rarement d'accord sur quoi que ce soit – il y a quelque chose de curieux à cela, c'est que les hommes auxquels j'ai pensé le plus étaient bien souvent ceux avec qui j'étais habituellement en désaccord sur tout – je peux Je dois dire en toute vérité qu'il y a eu peu de meilleurs commissaires à la santé, et aucun pour lequel j'ai eu un plus grand respect et une plus grande sympathie. Le Dr Bryant détestait particulièrement les journalistes. Il a été construit de cette façon ; il n'aimait pas la notoriété pour lui-même et ses amis, et c'est pourquoi, lorsque l'un d'entre eux se plaignait du perroquet d'un voisin auprès du ministère de la Santé, il donnait des ordres stricts pour que l'histoire soit protégée des journalistes, et particulièrement de moi, qui l'avais affligé. plus d'une fois en publiant des choses dont, à son avis, je n'aurais dû rien dire. J'en ai entendu parler au bout d'une heure et j'ai immédiatement opposé mon esprit à celui du docteur pour déterrer le perroquet.

[Illustration : Notre bureau – mon partenaire, M. Ensign, au bureau et dans le coin]

Mais cela ne sortirait pas. J'ai beau creuser, je n'ai pas pu y accéder. J'ai essayé par tous les moyens, pendant que le Docteur riait dans sa manche et rayonnait sur moi. Finalement, en désespoir de cause, j'ai mis au point un plan audacieux. Je l'obtiendrais du Docteur lui-même. Je connaissais ses horaires pour venir au quartier général des services sanitaires – depuis ses cliniques, je suppose. Il montait toujours les escaliers, absorbé dans ses pensées, ne remarquant rien de ce qui se passait. Je l'ai attaqué au détour du couloir sombre, et avant qu'il ait eu le temps de réfléchir, je lui ai lancé un...

"Oh, docteur ! à propos de ce perroquet de votre ami... euh... euh, oh ! quel était son nom ?"

"Allée", dit machinalement le Docteur, et il entra, n'entendant qu'à moitié ce que je disais. J'ai fait pour l'annuaire de la ville. Il y avait quatre ruelles. En une heure, j'avais localisé mon homme, et le lendemain matin, le *Tribune* publiait un article sur la tragédie du perroquet.

Le Docteur était très en colère. Il se rendit au Quartier Général et me convoqua solennellement devant le Conseil réuni. Le moment était venu, dit-il, d'obtenir une explication de ma part quant à savoir qui m'avait donné des informations contre les ordres et contre l'intérêt public. Évidemment, il y avait un traître dans le camp, quel que soit le moyen par lequel j'avais obtenu sa trahison.

En vain ai-je essayé de montrer au Docteur à quel point ma conduite serait peu professionnelle en trahissant mon informateur, voire méprisable. Il était inexorable. Cette fois, je ne devrais pas m'échapper, ni mon complice non plus. Fini, et tout de suite. Avec un air de résignation à regret, j'ai cédé. Pour une fois, j'allais enfreindre ma règle et « en parler » à mon informateur. Je crus déceler un léger ricanement sur la lèvre du Docteur lorsqu'il dit que c'était bien ; car c'était un gentleman, jusqu'au bout de sa personnalité, et je sais qu'il me détestait pour l'avoir raconté. Les autres commissaires avaient l'air sérieux.

"Eh bien," dis-je, "l'homme qui m'a raconté l'histoire du perroquet était...
vous,
Dr Bryant."

Le Docteur se redressa brusquement. "Pas de mauvaises blagues, M. Riis", dit-il. "Qui t'a raconté l'histoire ?"

"Pourquoi, tu l'as fait. Tu ne t'en souviens pas ?" Et j'ai raconté comment je l'avais attaqué dans le couloir. Son visage, à mesure que le récit avançait, était une étude. La colère, la gaieté, l'orgueil offensé s'y débattaient ; mais l'humour de la chose a fini par prendre le dessus, et celui qui a ri le plus fort dans la salle du Conseil était le Dr Bryant lui-même. Dans mon âme, je crois qu'il n'était pas peu soulagé, car sous une forme très sévère il avait le cœur le plus tendre.

Mais ce n'est pas toujours moi qui suis sorti vainqueur des rencontres quotidiennes qui constituaient la routine de ma journée. C'était une partie importante de ma tâche d'être en bons termes avec les chefs de département qu'ils puissent nous parler librement afin que nous puissions savoir dans un cas donné, ou en référence à la politique du département, "où nous en étions". ". Je ne parle pas de parler pour publication. C'est une erreur courante de ceux qui ne connaissent rien à la profession de journaliste que les journalistes se promènent autour des hommes publics comme autant de faucons, saisissant ce qu'ils peuvent trouver à publier comme leur proie légitime. Il ne fait aucun doute que de telles guérilleros existent, et elles ont parfois largement justifié leur existence ; mais, en ce qui concerne les journalistes d'un grand journal, rien ne pourrait être plus éloigné de la vérité. Le journaliste du département a son domaine aussi soigneusement aménagé pour lui chaque jour que n'importe quel médecin qui se met en route, et dans ce domaine, s'il est le bon genre d'homme, il est l'ami, le compagnon et souvent le conseiller des fonctionnaires. avec lesquels il entre en contact – en supposant toujours qu'il ne les combat pas en guerre ouverte. Il peut servir un journal républicain et le président du Conseil de police peut être un démocrate parmi les démocrates ; Pourtant, dans l'intimité de son bureau, il parlera aussi librement au journaliste que s'il était son ami le plus intime du parti, sachant qu'il ne publiera pas ce qui sera dit confidentiellement. C'est le capital du journaliste, sans lequel il ne peut à long terme faire des affaires.

Je suppose qu'il est parfois tenté de jouer avec cela pour une mise. Je me souviens bien de la tentation qui m'est venue un jour après une heure tranquille avec le commissaire de police Matthews, qui me racontait l'histoire intérieure d'une affaire qui, à ce moment-là, mettait toute la ville aux oreilles. Je lui ai dit que je pensais que je devrais l'imprimer ; c'était trop beau pour être gardé. Non, ça ne marcherait pas, dit-il. Je savais bien qu'il avait raison, mais j'ai insisté ; l'occasion était trop belle pour la manquer. M. Matthews secoua la tête. Il était invalide et suivait son traitement quotidien avec une batterie électrique pendant que nous parlions et fumions. Il m'a mis en garde en riant contre les conséquences de ce que je proposais de faire et a changé de sujet.

"As-tu déjà essayé ça ?" dit-il en me donnant les poignées. Je les ai pris sans méfiance et j'ai senti le courant picoter au bout de mes doigts. L'instant d'après, cela m'a saisi comme un étau. Je me tortillai de douleur.

"Arrêt!" J'ai crié et j'ai essayé de jeter les choses ; mais mes mains se courbèrent autour d'eux comme des griffes d'oiseau et les retinrent fermement. Ils ne voulaient pas lâcher prise. J'ai regardé le commissaire. Il étudiait tranquillement la batterie et retirait lentement la fiche qui augmentait le courant.

« Par pitié, arrêtez ! Je l'ai appelé. Il leva les yeux d'un air interrogateur.

"A propos de cette interview, maintenant," dit-il d'une voix traînante. "Pensez-vous que vous devriez imprimer—"

"Wow, wow ! Lâchez prise, je vous le dis !" Ça faisait terriblement mal. Il a sorti la chose d'une autre cheville.

" Vous savez que ça ne marcherait pas, vraiment. Maintenant, si... " Il fit comme pour augmenter encore le courant. Je me suis rendu.

"Laissez-vous", suppliai-je, "et je ne dirai pas un mot. Laissez-vous seulement."

Il m'a libéré. Il n'en parlait jamais une seule fois depuis que je le connaissais, mais de temps en temps il me proposait, avec un sourire sec, l'utilisation de sa batterie comme "très bonne pour la santé". J'ai toujours refusé avec remerciements.

[Illustration : à propos de cette interview, il a maintenant une voix traînante.]

Je suis arrivé dans Mulberry Street à ce qu'on pourrait bien appeler l'âge héroïque du journalisme policier. Cela résonnait encore avec les échos du mystère insondable de Charley Ross. Cette année-là ont eu lieu le vol de la tombe de Stewart et le cambriolage de la banque Manhattan – trois crimes historiques qui, chacun à sa manière, ont fait une sensation telle que New York n'en a plus connue depuis. Même si Charley Ross a été volé à Philadelphie, sa recherche s'est concentrée dans la métropole. Le cambriolage de trois millions de dollars dans l'ombre du quartier général de la police nous a donné l'inspecteur Byrnes, qui a démantelé les vieilles bandes d'escrocs et a conduit par-dessus la mer ceux qu'il n'avait pas mis en prison pour exercer leur métier en Europe. Le vol de la tombe de Stewart a mis fin à la carrière des goules, et l'affaire Charley Ross a mis un terme au vol d'enfants pendant une génération, en rendant ces crimes non rentables. L'excitation du public était telle qu'il s'est avéré impossible pour les voleurs de livrer les marchandises et d'effectuer la monnaie contre rançon. À intervalles réguliers, pendant des années, ces cas ont continué à réapparaître dans une nouvelle phase ou une autre. On ne savait jamais où les chercher. En effet, je dois remercier les goules Stewart pour la première reconnaissance publique qui m'est venue au cours de ces premières années de labeur. De tous les mystères qui ont jamais tourmenté l'âme d'un journaliste, celui-là était le plus angoissant. La police, la plupart du temps, était aussi dans le flou que nous tous, et on ne pouvait rien obtenir de cette source. Dieu sait que j'ai essayé. Dans notre désespoir, nous avons attrapé chaque goutte qui fait déborder le vase. Par une nuit orageuse, au plus fort de l'excitation, le juge Hilton, qui avait offert au nom de Mme Stewart une récompense de 50 000 $ pour le corps volé, s'est rendu au quartier général et est resté une heure dans le bureau du détective. Lorsqu'il sortit, il était accompagné de deux des détectives les plus âgés et les plus compétents. De toute évidence, quelque chose de grand était en marche. Ils ressemblaient à des sphinx et se dirigèrent directement vers la voiture qui attendait devant la porte de Mulberry Street. Je ne sais pas comment cela m'est venu à l'esprit ; peut-être que ce n'est pas le cas du tout, mais cela a été fait mécaniquement. Le vent avait éteint la lampe sur les marches et la rue était plongée dans une obscurité profonde. Alors qu'ils montaient dans la voiture, moi, avec seulement l'idée en tête qu'il y avait des nouvelles qu'il fallait obtenir d'une manière ou d'une autre, je suis entré en dernier et je me suis laissé tomber sur le siège libre, tirant la porte derrière moi. La voiture continuait son chemin. À mon grand soulagement, il a contourné le coin. Je n'étais pas découvert ! Mais à ce moment-là, tout s'est arrêté brusquement. Une main invisible ouvrit la porte et, saisissant mon col, me propulsa doucement mais fermement dans la rue et m'y déposa. Puis la voiture repartit. Pas un mot n'avait été prononcé. Ils ont compris et moi aussi. C'était suffisant.

[Illustration : La calèche continue]

Mais comme je l'ai dit, j'ai eu ma revanche. Cela s'est produit lorsque les journalistes de l'opposition, croyant que le mystère était sur le point d'être résolu [Note de bas de page : c'était, autant que je me souvienne, à l'automne 1879, l'année qui a suivi le vol] ont comploté pour l'anticiper et ont délibérément inventé les lignes du dénouement à venir. Jour après jour, ils publiaient son déroulement « sous l'autorité d'un haut fonctionnaire » qui n'a jamais existé, annonçant que « derrière chacun des pilleurs de tombes se tenait un détective à la main levée » prêt à l'arrêter dès que l'ordre serait donné. C'était véritablement l'aube du journalisme jaune. Les récits ont été faits avec une circonstance si extraordinaire que, pour une fois, ma fonction a vacillé dans sa confiance en Ensign et en moi. Amos Ensign était mon partenaire à l'époque, un brave garçon et un bon journaliste. Si nous nous trompions, on nous faisait comprendre que notre carrière à la *Tribune* prendrait fin. J'ai peu ou pas dormi pendant ce mois de travail intense et d'excitation, mais j'ai passé mes journées et mes nuits à trier chaque bribe de preuve. Rien ne justifiait ces histoires et nous affirmions dans notre journal qu'il s'agissait de mensonges. M. Shanks lui-même a quitté le bureau municipal et est venu travailler avec nous. Sa tête aussi tomberait, a-t-on entendu dire, si sa confiance dans la police avait été mal placée. La bulle a fini par éclater et, comme nous nous y attendions, il n'y avait rien dedans. La *Tribune* était justifiée. Les journalistes de l'opposition ont été condamnés à des amendes ou suspendus. Ensign et moi étions très appréciés au bureau. J'ai encore le bulletin dans lequel M. Shanks parlait de moi comme de l'homme dont le travail avait beaucoup contribué à « faire des rapports de police de la *Tribune* les meilleurs de la ville ». Doux réconfort pour « le Hollandais » ! Mon salaire a été augmenté, mais cela compte moins. Nous avions sauvé la journée et le bureau. Après cela, tout ne s'est pas déroulé en amont dans Mulberry Street. Rien dans ce monde ne réussit mieux que le succès.

[Illustration : Le Bulletin.]

Avant cela, j'avais moi-même été suspendu une fois pour avoir manqué quelque chose dans ce cas précis. Je n'étais pas à blâmer, c'est pourquoi j'étais en colère et j'ai refusé de donner des explications. Cette nuit-là, alors que j'étais assis à bouder chez moi à Brooklyn, un grand incendie dans un entrepôt s'est déclaré au centre-ville. Depuis notre maison sur la colline, j'ai vu la situation devenir incontrôlable et je savais que les garçons y étaient soumis. Il était tard et, tandis que je pensais aux heures qui se pressaient, le journaliste de la police eut raison de l'homme et je me dépêchai de lui tendre la main. Quand je suis arrivé au bureau après minuit pour écrire l'histoire, le rédacteur de nuit m'a regardé avec curiosité.

"Je pensais, Riis, que tu étais suspendu", a-t-il déclaré.

Pendant un instant, j'ai hésité, irrité par l'injustice de tout cela. Mais mon carnet me l'a rappelé.

"Oui," dis-je, "et quand j'en aurai fini avec ça, je rentrerai chez moi jusqu'à ce que vous m'envoyiez chercher. Mais ce feu, puis-je avoir un bureau ?"

Le rédacteur de nuit s'est levé et est venu lui serrer la main. "Prends le mien", dit-il. "Là ! prends-le !"

Ils m'ont fait venir le lendemain.

Il ne faut pas supposer que tout cela s'est déroulé sans heurts. Aux éloges occasionnels pour les batailles gagnées contre « la foule », s'ajoutaient des plaintes constantes et graves de la part des rédacteurs fournis par l'Associated Press, et même de temps en temps, de la part de certains de mes propres bureaux, concernant mon « style ». C'était très mauvais, selon mes critiques, à la fois rédactionnel et présomptueux, et insupportable. On m'a donc prévenu que je devais réparer et donner les faits, en évitant les commentaires. Je suppose qu'ils voulaient dire par là que je devais écrire, non pas ce que je pensais, mais ce qu'ils penseraient probablement de l'actualité. Mais, en bien ou en mal, je ne pouvais écrire autrement et je continuais. Non pas que je pense, de quelque manière que ce soit, que c'était la meilleure solution, mais c'était la mienne. Et Dieu sait que je n'avais aucune envie de devenir éditeur. Je ne l'ai pas fait maintenant. Je préfère être journaliste et traiter des faits plutôt que d'être rédacteur en chef et mentir à leur sujet. Finalement, les plaintes se sont éteintes. Je suppose que j'ai été considéré comme désespéré.

Peut-être que mes rapports contenaient trop de détails sur ma lutte avec la police. Car à cette époque, je les avais inclus dans « l'opposition ». Ils n'avaient pas été amicaux dès le début, et c'était mieux ainsi. À l'époque, je les avais tous devant, et un ennemi déclaré vaut toujours mieux qu'un faux ami qui pourrait vous poignarder dans le dos. Depuis un quart de siècle, j'ai rarement eu d'autres relations avec la police. Je veux dire avec leurs têtes. La base, l'homme à la matraque comme Roosevelt aimait l'appeler, va bien, s'il est correctement dirigé. Il a rarement été correctement dirigé. Il se peut que, sur ce point au moins, mes rapports aient été quelque peu tempérés à leur avantage. Même si je ne sais pas. Je préfère, après tout, tout dévoiler. Et cela est sorti, et mon esprit a été soulagé ; ce qui était quelque chose.

[Illustration : « Le général n'a jamais dit un mot. »]

Parler de matraques me rappelle avoir vu le général Grant à son heure la plus importante, la seule fois où il a été battu, et par un policier. J'en ai parlé à son fils, Fred Grant, lorsqu'il est devenu commissaire de police dans les années 90, mais je ne pense pas qu'il l'ait apprécié. Il n'a pas été moulé dans le moule de son grand père . L'occasion à laquelle je fais référence s'est produite après le deuxième mandat du général à la présidence. Il séjournait à l'hôtel de la Cinquième Avenue lorsqu'un matin, le temple maçonnique fut incendié. La ligne de feu était tracée à mi-chemin du pâté de maisons en direction de la Cinquième Avenue, mais la police était très gênée par la foule et perdit patience lorsque, debout à côté, j'aperçus un homme en grand ulster, la tête enfoncée profondément dans le col. un cigare qui sortait tout droit et qui descendait la rue de l'hôtel. Je l'ai reconnu à vue : il s'agissait du général Grant. Le policier qui lui barrait la route ne l'a pas fait. Il l'attrapa par le col, le fit pivoter et, lui donnant un coup de massue retentissant dans le dos, il cria :

"Qu'est-ce que tu as ? Ne vois-tu pas les lignes de feu ? Chasse-toi d'ici et fais vite."

Le général n'a jamais dit un mot. Il n'a pas cessé d'argumenter sur la question. Il s'était heurté à une sentinelle et, arrêté, il avait pris le chemin inverse. C'était tout. L'homme avait le droit d'être là ; il n'en avait pas. Je n'ai jamais été autant admirateur de Grant que depuis ce jour. C'était une vraie grandeur. Un homme plus petit aurait fait du bruit, aurait fait valoir sa dignité et aurait exigé la punition du policier. Quant à lui, il n'y a probablement jamais eu de policier aussi effrayé lorsque je lui ai dit qui il avait matraqué. Je garantis qu'il n'a pas dormi pendant une semaine, craignant toutes sortes de choses. Pas besoin. Grant ne lui a probablement jamais pensé.

C'est en poursuivant l'histoire d'un noble breton d'une lignée ancienne espérée que j'ai rencontré le revers le plus décourageant de mon expérience. Le cadre de l'affaire était des plus séduisants. Le vieux baron — car il n'était rien de moins, même si à Minetta Lane il passait pour un vendeur de viande de chat qui vendait ses étranges marchandises de porte en porte — avait été trouvé par la police malade et affamé dans sa misérable cave, et avait été emmené. à l'hôpital Bellevue. L'inévitable *devinait* l'histoire, et les papiers que je trouvai dans sa malle – papiers les plus soigneusement gardés et chéris – en disaient suffisamment pour aiguiser mon appétit jusqu'au plus vif. Si seulement on pouvait faire parler le propriétaire, si seulement son orgueil familial obstiné pouvait être surmonté, il y aurait ici toutes les promesses d'une sensation au moyen de laquelle on ne saurait dire, mais tardivement, justice pourrait même être rendue à lui et à sa famille - en dehors du une frappe phénoménale que je devrais administrer par son intermédiaire à mes rivaux. Des visions de complots, d'intrigues judiciaires, de confiscations et ainsi de suite, dansaient devant ma vision mentale avide. J'ai pris l'avion plutôt que de marcher jusqu'à l'hôpital Bellevue pour lui offrir mon papier et mon stylo au service du droit et de la vengeance, pour me rendre compte que j'avais vingt-quatre heures de retard. Le patient avait déjà été transféré à l'hôpital Charity en raison d'un cas grave. Le bateau était parti ; il n'y en aurait pas d'autre avant plusieurs heures. Je ne pouvais pas attendre, mais c'était en tout cas un réconfort de savoir que mon baron était là où je pourrais l'atteindre le lendemain. J'ai fait d'autres rêves de bonheur en revenant et j'étais content.

En fait, j'ai été très occupé le lendemain et pendant plusieurs jours après. La semaine était presque terminée lorsque je me suis retrouvé sur le bateau qui remontait vers l'île. Au cabinet de l'hôpital, ils m'ont rassuré avec un regard bizarre. Oui; mon homme était là, probablement pour y rester un petit moment. Le médecin m'emmènerait bientôt le voir lors de ses tournées. Dans l'une des grandes salles, je le trouvai enfin, compté dans la rangée de lits parmi une vingtaine d'autres épaves humaines, un petit vieillard courbé et hagard, mais avec un peu de la dignité, me figurais-je, de sa noble descendance. son front blanc et ridé. Il s'est assis dans son lit, soutenu par des oreillers, et m'a écouté avec des yeux affamés tandis que, dans un français que j'avais soigneusement peaufiné pour l'occasion, je lui racontais ma mission. Quand enfin je m'arrêtai, attendant anxieusement une réponse, il posa une main tremblante sur la mienne - je remarquai que l'autre pendait mollement à l'épaule - et fit, semble-t-il, un effort surhumain pour parler ; mais seuls des sons inarticulés et pitoyables sortaient. J'ai regardé le médecin d'un air suppliant.

« Stupide », dit-il en secouant la tête. "Paralysie des organes vocaux. Il ne parlera plus jamais."

Et il ne l'a pas fait. Il a été enterré dans le Champ des Potiers la semaine suivante. Pour une fois, il était trop tard. L'histoire du dernier de mes barons reste inédite jusqu'à cette heure.

Et maintenant que ce chapitre, quelque peu contre mon projet, est devenu entièrement l'affaire des journalistes de la police, je vais devoir évoquer ma *cause célèbre* , bien que cela soit arrivé longtemps après mon arrivée dans Mulberry Street. Je n'aurai plus une si bonne occasion. Ce fut l'occasion de la dernière de mes nombreuses batailles pour la maîtrise ; mais, plus que cela, cela illustre très bien ce que j'ai essayé de décrire comme la fonction publique du journaliste. Nous redoutions depuis des mois un fléau de choléra cet été-là, lorsqu'un jour, en passant la souris autour du Département de la Santé, je récupérai l'analyse hebdomadaire de l'eau de Croton et constatai qu'il y avait depuis deux semaines "une trace de nitrites". dans l'eau. J'ai demandé au pharmacien du département ce que c'était. Il a donné une réponse évasive et ma curiosité a été immédiatement éveillée. Il ne doit y avoir aucun ingrédient inconnu ou douteux dans l'approvisionnement en eau d'une ville de deux millions d'âmes . Comme la femme de César, elle doit être au-dessus de tout soupçon. En une heure, j'ai appris que les nitrites signifiaient en fait qu'il y avait eu autrefois une contamination des eaux usées ; par conséquent que nous étions confrontés à un problème des plus graves. Comment l'eau était-elle devenue polluée, et qui garantissait qu'il n'en était pas ainsi à l'époque où la peste noire menaçait de traverser l'océan depuis l'Europe ?

J'ai lancé l'avertissement dans mon journal, puis dans l' *Evening Sun* , j'ai conseillé aux gens de faire bouillir l'eau en attendant de nouvelles découvertes, puis j'ai pris mon appareil photo et je suis monté dans le bassin versant. J'y ai passé une semaine, suivant jusqu'à leur source chaque ruisseau qui se déversait dans la rivière Croton et photographiant mes preuves partout où je les trouvais. Lorsque j'ai raconté mon histoire sous forme imprimée, illustrée de photos, la ville a été stupéfaite. Le Conseil de Santé a envoyé des inspecteurs sur le bassin versant, qui ont signalé que la situation était bien pire que ce que j'avais dit. Des villes peuplées étaient directement raccordées à notre eau potable. Il n'y avait même pas une prétention à la décence. Les gens lavaient et lavaient leurs chiens dans les ruisseaux. Les décharges municipales étaient sur leurs rives. Les journaux rivaux ont essayé de minimiser la perversité parce que leurs journalistes ont été battus. L'eau courante se purifie, disaient-ils. C'est le cas, s'il court suffisamment loin et assez longtemps. J'ai mis cette question à l'épreuve. Prenant le cas d'une ville située à une soixantaine de kilomètres de New York, l'une des pires délinquantes, j'ai demandé à l'ingénieur des usines d'adduction d'eau combien de temps il fallait habituellement pour amener l'eau du réservoir de Sodome juste au-delà jusqu'à la maison des femmes de ménage. robinets en ville. Quatre jours, je pense. Ensuite, je suis allé voir les médecins et je leur ai demandé combien de jours un bacille vigoureux du choléra pouvait vivre et se multiplier dans l'eau courante. Vers sept heures, dirent-ils. Mon cas était fait. Il n'a fallu qu'un seul cas du fléau redouté dans l'une des douzaines de villes ou de villages qui se trouvaient sur la route du port et dans lesquels une demi-douzaine de navires étaient en quarantaine, pour mettre la métropole à la merci d'un inconcevable calamité.

Il n'y avait dans tout cela aucune tentative de sensation. C'était un simple fait, comme chacun pouvait le constater par lui-même. Le rapport des inspecteurs sanitaires a tranché. Les journaux ont abandonné leurs journalistes au ridicule et à leur sort. La ville a dû acheter une bande de terrain le long des cours d'eau suffisamment large pour se prémunir contre la pollution directe. Cela a coûté des millions de dollars, mais ce n'était qu'une infime somme par rapport à ce qu'une épidémie de choléra aurait signifié pour New York en termes de perte de prestige commercial, sans parler de vies humaines. Le débat sur ce point fut transféré à Albany, où les politiciens prirent la main. Qu'y a-t-il qu'ils n'exploitent pas ? Des années après, rencontrant l'un d'eux qui connaissait ma part, il me demanda, avec un clin d'œil et une bousculade confidentielle, « combien j'en ai retiré ». Quand je lui ai dit « rien », je savais que, d'après ma propre déclaration, il me prenait soit pour un menteur, soit pour un imbécile, la dernière étant de loin la pire des deux alternatives.

Dans tout ce récit batailleur , je n'ai rien dit sur le plus grand combat de tous. J'avais ça avec moi. Au cours des années qui s'étaient écoulées, je n'avais jamais oublié le sergent du commissariat de Church Street et mon chien. C'est le genre de chose dont on ne se remet pas. Il y avait très loin dans mon esprit la pensée secrète, le jour où je suis monté à Mulberry Street, que mon heure approchait enfin. Et maintenant, c'était arrivé. J'avais une place reconnue au quartier général, et ma place dans le monde policier signifie plus ou moins le pouvoir. Le soutien de la *Tribune* m'avait donné de l'influence. De plus, je m'étais vaincu dans mes combats avec la police. Assez pour se venger ! À cette pensée, je rougis de colère. La pensée de cette nuit au commissariat a encore le pouvoir de me faire bouillir le sang.

C'est alors que ma grande tentation est arrivée. Sans doute le sergent était-il toujours là. Sinon, je pourrais le trouver. Je connaissais le jour et l'heure où cela s'est produit. Ils ont été gravés dans mon cerveau. Il me suffisait de consulter les archives du département pour savoir qui avait établi les relevés ce matin d'octobre alors que je parcourais avec fatigue le pont à chevalets traversant la baie de Raritan, pour l'avoir à portée de main. Il y avait alors cent façons de le traquer, hors de propos et payant, même s'il m'avait chassé du dernier pauvre refuge et avait causé la mort de mon seul ami.

Ne me parle pas de la douceur de la vengeance ! De tous les mortels malheureux, l'homme vengeur doit être le plus misérable. J'ai souffert plus en attendant le mien que jamais en souffrant sous la blessure, aussi douloureux que soit pour moi le souvenir de cette blessure, même maintenant. Jour après jour, je traversais la rue pour commencer les recherches. Pendant des heures, je m'attardai dans la salle du greffier où l'on gardait les vieux buvards du commissariat, incapable de m'en arracher. Une fois, j'ai même eu entre les mains celui de Church Street, d'octobre 1870 ; mais je ne l'ai pas ouvert. Même en le tenant, j'ai vu une autre et meilleure façon. Je tuerais l'abus, non pas l'homme qui en était mais l'instrument et la victime. Car jamais parodie de la charité chrétienne n'a été plus corruptrice pour l'esprit et l'âme humaine que l'effroyable abomination du logement de la police, seul service prévu par la municipalité pour ses vagabonds sans abri. En moins d'un an , j'ai vu le processus fonctionner pleinement à Chicago et j'ai entendu un sergent de la gare de Harrison Street me dire, lorsque mon indignation s'est exprimée en paroles colériques, qu'ils « se souciaient moins de ces hommes et de ces femmes que du cur ». chiens dans la rue. » Exactement ! Mon sergent était du même genre. Ces tanières, leur association quotidienne, l'avaient marqué. Alors et là, j'ai résolu de les éliminer physiquement, si Dieu me donnait la santé et la force. Et j'ai rangé le livre rapidement et je ne l'ai plus jamais revu. Je ne sais pas jusqu'à ce jour qui était le sergent, et je suis heureux de ne pas le savoir. C'est mieux ainsi.

De ce que j'ai fait pour réaliser mon dessein, et comment cela a été fait, je dois le dire ci-après. Elle fut la source et le début de tout l'ouvrage qui justifie l'écriture de ces pages ; et parmi toutes les choses qu'on m'a attribuées, c'est une des rares dans lesquelles j'ai vraiment eu une main forte. Et pourtant, ce n'est pas le mien qui a finalement accompli cette grande œuvre, mais une œuvre plus forte et meilleure que la mienne, celle de Theodore Roosevelt. Au moment même où j'écrivais ce récit, nous enfoncions ensemble le dernier clou dans le cercueil du mauvais vieux temps, en persuadant la Commission de révision de la Charte de retirer de la loi organique de la ville la clause donnant à la police le soin des vagabonds, ce qui était la cause de tout. Elle était restée dans la Charte du Grand New York malgré nos protestations. La police n'a jamais eu à faire de la charité. Ils ont fort à faire pour réprimer la criminalité. C'est le mélange des deux qui brouille les normes et crée des ennuis sans fin à ceux qui reçoivent la « charité », et plus encore à ceux qui la dispensent. On ne peut pervertir le premier et le meilleur des instincts humains sans corrompre les hommes : en témoignent mon sergent de Church Street et son frère de Chicago.

CHAPITRE X

MON CHIEN EST VENGÉ

LES lilas fleurissent sous ma fenêtre, au moment où je commence ce chapitre, et les abeilles bourdonnent parmi eux ; la douce odeur du cerisier sauvage monte du jardin où le soleil se couche sur les jeunes herbes. Le rouge-gorge et le loriot appellent leurs compagnons dans les arbres. Là, sur la pelouse, Elisabeth fait sécher du linge. Sa forme est aussi souple et sa démarche aussi légère qu'à l'époque dont j'ai parlé, grand-mère comme elle. Je vois, bien qu'elle ait le dos tourné, l'air de fierté affectueuse avec lequel elle surveille notre maison, car je sais assez bien à quoi elle pense. Et il en a été ainsi ; une bonne et bénie maison ; comment cela pourrait-il aider d'être comme ça avec elle dedans ? On dit que c'est un signe qu'on vieillit quand on pense beaucoup au passé. Peut-être que pour moi, ce n'est qu'un signe que les imprimeurs sont sur le chemin de la guerre. Souvent, quand je l'entends chanter avec les enfants, je pense aux longues soirées d'hiver de ces premières années où elle restait assise tard pour écouter mon pas. Elle chanta alors pour garder son courage. Mon travail à Mulberry Street se faisait la nuit et elle était très seule, tout comme moi, à mener mes batailles là-bas. Elle s'en est sortie du mal du pays à ce moment-là, et je pense que son combat a été de loin le plus dur. J'avais l'ennemi tout devant, là où je pouvais voir pour le frapper. Mais c'est ainsi que nous nous sommes retrouvés les uns les autres, et cela valait tout ce que cela coûtait.

Sauf pendant les courtes journées d'hiver, il faisait toujours grand jour quand je rentrais du travail. Mon itinéraire depuis le bureau passait par les quatrième et sixième quartiers, les pires de la ville, et pendant des années, j'ai marché chaque matin entre deux et quatre heures sur toute la longueur de Mulberry Street, à travers le Bend et à travers les Five Points. à Fulton Ferry. Il y avait des voitures sur le Bowery, mais j'aimais marcher, car c'est ainsi que je voyais le bidonville au dépourvu. L'instinct de poser y est aussi fort que sur la Cinquième Avenue. C'est une impulsion humaine, je suppose. Nous aimons tous être bien considérés par nos semblables. Mais à 3 heures du matin, le placage est ôté et vous voyez le vrai grain des choses. Ainsi, aussi, j'avais en tête une image du Bend qui, dès que je pourrais la transférer à celle de la communauté, m'aiderait à régler cette porcherie selon ses mérites . Il n'était pas convenable pour des hommes et des femmes chrétiens, et encore moins pour des enfants innocents, d'y vivre, et il a donc fallu le supprimer. Il en était de même pour les logements de la police, dont certains des pires se trouvaient juste là, au poste de Mulberry Street et au coin d'Elizabeth Street. La façon dont cela s'est passé ne m'a jamais inquiété, d'après mes souvenirs. Cela s'ouvrirait dès que la vérité serait dite. Le problème, c'est que les gens ne le savaient pas et n'avaient aucun moyen de le découvrir par eux-mêmes. Mais je l'avais fait. En conséquence, j'allais fouiner dans les ruelles immondes et les immeubles les plus immondes du Bend quand ils dormaient dans leur crasse, parfois avec le policier sur le terrain, le plus souvent seuls, sondant au plus profond de eux la misère et la dépravation de la situation . Je pense qu'une idée du but de tout cela s'est glissée dans le bureau, même si je n'en étais moi-même qu'à moitié conscient, car lorsque, après un an de service au bureau de police, j'ai été pris d'une nostalgie du grand air, car il et il s'est adressé au rédacteur en chef de la ville qui avait succédé à M. Shanks pour lui demander d'être transféré au travail général, il a catégoriquement refusé. J'avais fait un bon palmarès en tant que journaliste de police, mais ce n'était pas ça.

"Retourne et reste", dit-il. "À moins que je me trompe, vous trouvez quelque chose là-haut qui a besoin de vous. Attendez et voyez."

Et ainsi, pour la deuxième fois, j'ai été renvoyé à la tâche à laquelle je voulais me soustraire. Jonah était certainement l'un des nôtres. Ceux qui ne voient que la baleine ne parviennent pas à comprendre l'essentiel de l'histoire la plus humaine jamais racontée – un aspect, j'en ai bien peur, qui a une application particulière pour la plupart d'entre nous.

On m'a souvent demandé si de tels bidonvilles n'étaient pas pleins de périls. Non, pas si vous êtes là pour affaires. De simples visites touristiques à des heures aussi inhabituelles pourraient facilement l'être. Mais l'homme qui est sobre et s'occupe de ses affaires – ce qui suppose qu'il a des affaires là-bas – ne court aucun risque nulle part à New York, de nuit comme de jour. Un tel homme prendra l'autre côté de la rue lorsqu'il verra un gang se préparer à la bagarre, et là où il ira, il emportera la tranquille autorité qui vient avec la conscience du droit d'être là où il est. Cela règle généralement le problème. Il y avait peut-être un autre facteur dans mon cas qui m'a aidé. Qu'il s'agisse de mon chapeau mou et de mes lunettes, ou du fait que j'avais souvent été appelé en réquisition pour aider un ambulancier à panser un blessé, le surnom de « Doc » m'était resté, d'une manière ou d'une autre, et beaucoup étaient censés le faire. être médecin rattaché au ministère de la Santé. Les médecins ne sont jamais agressés dans les bidonvilles. Il ne sait pas encore que son tour d'en avoir besoin viendra ensuite. Je ne l'étais plus. Je ne peux penser qu'à deux occasions en plus de vingt ans de signalement à la police où j'ai été réellement en danger, même si une fois j'ai eu très peur.

L'une d'elles s'est produite lorsqu'un cri de meurtre m'avait attiré dans Crosby Street, dans un saloon au coin de Jersey Street, où la bande du quartier venait de poignarder le tenancier du saloon au cours d'une bagarre ivre. Il était allongé sur une chaise, entouré de femmes hurlantes lorsque je suis entré en courant. À l'instant même, les portes ont été claquées et barrées derrière moi, et je me suis retrouvé sur le champ de bataille, la bataille faisant rage sans relâche. Les bouteilles volaient à toute vitesse et le bar allait se briser. En me penchant sur le blessé, je vis qu'il était fini. Le couteau lui était déjà planté dans le cou, la pointe enfoncée dans la colonne vertébrale. L'instinct du journaliste a pris le dessus, et tandis que je le retirais et le tenais pendant une pause dans la mêlée, j'ai demandé avec imprudence :

"A qui est ce couteau ?"

Une bouteille de whisky qui me rasa la tête à quelques centimètres, suivie d'un juron de colère, me rappela aussitôt à moi et me montra mon rôle.

« Vous vous occupez de vos affaires, espèce de voleur de cadavres infernal, et laissez-nous gérer les nôtres », disait le message, et j'ai compris. J'ai demandé des bandages, une éponge et une bassine, et j'ai joué le rôle du chirurgien du mieux que je pouvais, essayant d'arrêter le flux de sang, tandis que le vacarme montait et que les femmes criaient plus fort à chaque instant qui passait. Malgré la tourmente, j'ai déployé tous mes nerfs pour capter le bruit du piétinement des policiers. Il ne restait que trois minutes de course jusqu'au commissariat, mais le temps ne s'éternisait jamais comme alors. Une fois, je pensais que le soulagement était venu ; mais tandis que j'écoutais et entendais les gémissements des hommes battus dans la rue, je souriais méchamment au milieu de mes propres ennuis, car les voix me disaient que mes adversaires du quartier général, suivant mes traces, étaient tombés parmi les voleurs : la moitié des Le gang était alors dehors. Enfin, au moment où un fût vide renversait mon patient de sa chaise, les portes s'ouvrirent avec fracas ; les réserves étaient arrivées. Leurs clubs ont rapidement purifié l'air et m'ont soulagé de ma tâche involontaire, avec mon patient encore en vie.

Une autre fois, tournant un coin de rue aux petites heures du matin, je tombai soudain sur une bande de voyous ivres, prêts à faire des bêtises. Le chef avait un long couteau avec lequel il me frappait les côtes de manière ludique, exigeant insolemment ce que j'en pensais. Je l'ai saisi par le poignet avec une feinte aussi calme que possible de considérer le couteau, mais en réalité pour l'empêcher de me couper. J'ai senti la pointe percer mes vêtements.

"Environ deux pouces de plus que ce que la loi autorise", dis-je pour gagner du temps. "Je pense que je vais prendre ça."

Je savais déjà en le disant que j'avais jeté les dés ; il tenait ma vie entre ses mains. Il s'agissait simplement de savoir lequel était le plus fort, et c'était déjà décidé. Malgré tous mes efforts pour le retenir, la pointe du couteau me transperçait la peau. Le groupe restait là, observant la lutte silencieuse. Je les connaissais, les Why os , les pires assassins de la ville, accusés d'une douzaine de meurtres et de vols sans fin. Pour eux, une vie humaine, dans leur humeur, valait autant que la terre sous leurs pieds, pas plus. À cet instant, à peine six pieds derrière leur dos, le capitaine McCullagh – celui-là même qui devint plus tard chef – tourna au coin avec son détective de quartier. J'ai rassemblé toutes mes forces et j'ai donné un puissant coup de main à la main du voyou qui a détourné le couteau. Je l'ai tendu pour inspection.

« Qu'en penses-tu, Cap ?

Quatre poings musclés dispersèrent la bande aux quatre coins du monde pour obtenir une réponse. Le couteau est resté dans ma main.

Ils ne m'ont pas laissé le temps d'avoir peur. Une fois, alors que j'avais vraiment peur, c'était entièrement de ma faute. Et en plus, cela m'a bien servi. C'est par une très chaude matinée de juillet que, en descendant Mulberry Street, j'ai aperçu un gros chat gris assis sur un fût de bière devant un salon du coin. Il dormait profondément et ronflait si fort que cela a éveillé ma colère. C'est déjà assez grave qu'un homme ronfle, mais un chat... ! Ce n'était pas à supporter. Je suis parti avec ma canne et j'ai donné à la bête un coup des plus cruels et immérités pour lui apprendre de meilleures manières. Le ronflement fut étouffé par un cri, le chat descendit du tonneau et, à ma grande horreur, surgit de derrière le coin un Celte en colère jurant avec une traînée bleue. À mon regard angoissé, il semblait mesurer au moins neuf pieds. Il dormait devant sa propre porte lorsque mon coup l'a réveillé, et c'étaient ses chaussettes, appuyées sur le fût alors qu'il somnolait sur sa chaise au coin de la rue, que j'avais pris pour un chat gris. L'heure n'était pas aux explications. J'ai fait la seule chose qu'il y avait à faire ; L'Iran. J'ai couru loin et vite. J'ai eu de la chance que ses pieds brûlants l'aient empêché de le suivre, sinon je n'aurais peut-être pas vécu assez longtemps pour raconter cette histoire. Comme je l'ai dit, cela m'a bien servi. C'est peut-être en guise de réparation que j'entretiens désormais douze chats chez moi. Trois d'entre eux griffent à l'instant même la porte de mon bureau pour exiger qu'on les laisse entrer. Mais je ne peux même pas revendiquer le piètre mérite de subvenir à leurs besoins. C'est ma fille qui s'occupe des chats ; Je me contente de grogner et de les nourrir.

La mention des voitures de nuit Bowery me rappelle un épisode de cette époque tout à fait caractéristique de « l'autoroute qui ne dort jamais ». J'étais en route vers la ville dans l'un d'entre eux, avec un seul compagnon de voyage qui dormait juste derrière la porte, la tête hochant à chaque secousse comme si elle risquait de se détacher. À Grand Street, un Allemand est monté à bord de la voiture et a offert un mauvais demi-dollar en paiement de son billet. Le conducteur l'a mordu et l'a rendu avec un grognement de mépris. L'Allemand tomba aussitôt dans un état d'excitation.

"T.V.A!" il a crié, "c'est du pad ?" et il frappa la pièce de toutes ses forces sur le siège en bois, afin que nous puissions entendre la sonnerie. Il rebondit avec une longue inclinaison et tomba sur les genoux du passager endormi, qui se réveilla instantanément, attrapa le demi-dollar et disparut par la porte et dans l'obscurité, sans même regarder autour de lui, suivi du hurlement désolé de l'Allemand spolié :

"Himmel ! Un demi-dollar de United Shdades a disparu !"

Le moment vint enfin où j'échangeai le travail de nuit contre le travail de jour, et je n'en fus pas fâché. Une nouvelle vie a commencé pour moi, avec des opportunités considérablement élargies. Jusque-là, j'avais absorbé des impressions. Je rencontrai alors des hommes en compagnie desquels ils commencèrent à se cristalliser, à se transformer en convictions définitives ; des hommes de savoir, de sympathie et de pouvoir. Mes œufs ont éclos. De cette époque date mon amitié, inestimable pour moi, avec le Dr Roger S. Tracy, alors inspecteur sanitaire au ministère de la Santé, plus tard son éminent statisticien, à qui je dois à peu près toute la compréhension que j'ai jamais eue des problèmes que j'ai jamais eus . avoir combattu avec; car il est très sage, tandis que je suis plutôt ennuyeux. Mais dès que je discute avec lui, je m'éclaire. J'ai rencontré le professeur Charles F. Chandler, le major Willard Bullard, le Dr Edward H. Janes — des hommes à la sagesse pratique et au travail patient pour façonner le travail du ministère de la Santé dont la métropole doit une dette plus grande qu'elle ne le pense ; le Dr John T. Nagle, dont la sympathique caméra m'a donné plus tard des leçons inestimables ; et le général Ely Parker, chef des Six Nations.

[Illustration : Dr Roger S. Tracy.]

Je suppose que c'est le fait qu'il était indien qui m'a d'abord attiré vers lui. Au fil des années, nous sommes devenus de grands amis, et je n'aimais rien de mieux pendant une heure de repos que de fumer une pipe avec le général dans son petit bureau exigu du quartier général de la police. C'était à peu près tout ce qu'il y avait à faire, car il ouvrait rarement la bouche, sauf pour grogner son approbation de quelque chose que je disais. Lorsque, de temps en temps, il arrivait que certains de ses gens descendaient de la réserve ou du Canada, le pow-wow qui s'ensuivait était mon plus grand plaisir. Trois cornemuses et environ onze grognements constituaient le tout, mais ce fut néanmoins tout à fait amical et satisfaisant. Nous avons tous notre propre façon de faire les choses, et c'était la leur. C'était un vieil homme noble. Son titre n'était pas non plus une supercherie. Il a été mérité sur plus d'un champ de bataille sanglant avec l'armée de Grant. Parker était le secrétaire militaire de Grant et rédigea le projet original de la reddition à Appomattox, qu'il garda jusqu'à sa mort avec une grande fierté. Ce n'était cependant pas le général Parker, mais Donchogawa, chef des Sénèques et du reste des Six Nations autrefois puissants, et gardien de la porte ouest de la loge du conseil, qui m'attirait, qui dans mon enfance avait vécu avec Leather. -stocking et avec Uncas et

Chingachgook . Ils étaient pour quelque chose dans ma venue ici, et j'avais enfin pour ami un de leurs parents. Je pense qu'il ressentait un lien de sympathie entre nous et qu'il l'appréciait, car il me montrait de nombreuses manières silencieuses qu'il m'aimait. Il y avait chez lui un pathétique infini, parqué là-bas dans sa vieillesse dans les immeubles de Mulberry Street, à la solde d'un employé de second ordre, qui n'a jamais cessé de m'attirer. Lorsqu'il gisait mort, frappé comme le soldat qu'il était à son poste, certaines de ses lettres à Mme Harriet Converse, l'enfant adoptive de sa tribu, me sont allées au cœur. Ils lui étaient adressés lors de ses voyages. Il était de la tribu des « loups », elle une « bécassine ». "Du loup à la bécassine errante", couraient-ils. Même à Mulberry Street, il était un véritable fils de la forêt.

Peut-être que les sympathies du général s'adressaient à moi en tant que combattant. Le changement de front, de la nuit au jour, n'a pas ralenti les hostilités dans notre camp ; plutôt l'inverse. Il y avait une bonne raison à cela : j'avais porté atteinte à des privilèges longtemps chéris. Je trouvais le jour des hommes qui venaient travailler à toute heure, de dix heures à midi, voire une heure. J'ai pris mon service à huit heures, et le résultat immédiat a été de contraindre tous les autres à faire de même. C'était un grief douloureux qui m'a été reproché pendant longtemps. Le résultat logique de la guerre qu'elle provoqua fut d'étendre la journée jusque dans les petites heures. Avant de quitter Mulberry Street, le circuit avait été fait. La montre est désormais maintenue pendant vingt-quatre heures sans interruption. Comme son voisin le Bowery, Mulberry Street ne dort jamais.

[Illustration : Général Ely Parker, chef des Six Nations.]

Il y avait eu en 1879 un éveil de la conscience publique sur la question des immeubles d'habitation que j'avais suivi avec intérêt, car il avait commencé dans les églises qui m'ont toujours semblé être le forum approprié pour une telle discussion, sur tous les terrains. , et surtout pour leur propre bien et pour la cause qu'ils défendent. Mais le réveil s'est avéré plus un bâillement endormi que réel – comme un homme s'étirant dans son lit avec la moitié de l'intention de se lever. Cinq ans plus tard, en 1884, survint la Tenement-House Commission qui, pour la première fois, nous fit comprendre que les gens vivant dans les immeubles étaient « meilleurs que les maisons ». C'était une grande étape blanche sur une route morne. A partir de cette époque, on entend parler d'« âmes » dans le bidonville. Jusqu'alors, c'était la propriété qui tenait le devant de la scène et, dans une sorte d' auto-défense , je suppose, nous avions dû oublier que les gens là-bas avaient une âme. Parce qu'on ne peut pas très bien considérer les âmes comme des biens meubles rapportant autant de revenus au propriétaire : ce ne serait pas poli envers le Seigneur, par exemple. Cela semble bizarre, mais si ce n'était pas cette attitude, j'aimerais savoir ce que c'était. La Commission s'est réunie au quartier général de la police, et j'ai assisté à toutes ses séances en tant que journaliste et j'ai entendu chaque mot des témoignages, ce qui était plus que ce que certains commissaires ont fait. M. Ottendorfer et M. Drexel, le banquier, faisaient de nombreuses petites siestes tranquilles lorsque les choses étaient ennuyeuses. Un homme, les propriétaires, qui ont mené leur manche à plein, n'a jamais été pris au dépourvu. Ses questions claires, incisives, qui allaient par tous les subterfuges jusqu'à la racine des choses, étaient parfois comme des éclairs dans une nuit noire découvrant les paysages lointains et proches. Il s'agissait du Dr Felix Adler, que j'y ai rencontré pour la première fois. Les années qui passent lui ont donné une place très chaleureuse dans mon cœur. Adler est né juif. Souvent, quand je pense à la position que l'Église chrétienne a prise, ou plutôt n'a pas prise, sur une question qui la concernait autant que le meurtre de la maison dans un immeuble d'un million d'âmes, - car c'était de cela qu'il s'agissait - Je me souviens d'une conversation que nous avons eue une fois dans le bureau du Dr Adler. J'allais à Boston pour parler à un groupe d'ecclésiastiques lors de leur dîner-réunion mensuel. Il avait reçu peu de temps auparavant une invitation à s'adresser à la même assemblée sur « La personnalité du Christ », mais il avait décidé de ne pas y aller.

"Que vas-tu leur dire ?" J'ai demandé.

Le Docteur eut un petit sourire pensif en disant : "Je leur dirai que la personnalité du Christ est un sujet trop sacré pour que je puisse en discuter lors d'une réunion après le dîner dans un hôtel chic."

Cela vous aide-t-il à comprendre que l'une des forces morales les plus puissantes du New York chrétien était et est toujours Adler, le juif ou l'hérétique, prenez-le comme bon vous semble ?

Quatre ans plus tard, la touche finale fut apportée au cours que j'avais suivi avec la Commission Adler Tenement-House, lorsque, vers la fin d'une session de trois jours à Chickering Hall, des ministres de toutes les sectes préoccupés par la bataille perdue que l'Église était Agissant parmi les masses, un homme s'est levé dans la réunion et a crié : « Comment ces hommes et ces femmes peuvent-ils comprendre l'amour de Dieu dont vous parlez, alors qu'ils ne voient que l'avidité des hommes ? C'était un constructeur, Alfred T. White de Brooklyn, qui avait prouvé la foi qu'il avait en lui en construisant de véritables maisons pour les gens, et qui avait également prouvé qu'il s'agissait d'un investissement rentable. Il s'agissait simplement de savoir si un homme prendrait sept pour cent et sauverait son âme, ou vingt-cinq pour cent et la perdrait. Et autant ajouter ici que c'est pourtant la même histoire. Tous nos espoirs d'amélioration, tous nos combats sur la question des immeubles d'habitation, se résument dans cet effort, car il y a encore des hommes qui prendraient vingt-cinq pour cent et courraient ce risque, pour les contraindre à en prendre sept et à sauver leur des âmes pour eux. J'avais envie de sauter sur mon siège à ce moment-là et de crier Amen ! Mais je me suis rappelé que j'étais journaliste et je suis resté immobile. Cependant, c'est ce même hiver que j'ai écrit le titre de mon livre, "Comment vit l'autre moitié", et que j'en ai protégé les droits d'auteur. Le livre lui-même n'est sorti que deux ans plus tard, mais il était alors pour ainsi dire écrit. J'avais mon texte.

C'est lors de cette réunion de Chickering Hall que j'ai entendu l'Évangile prêché aux pauvres de la seule manière qui puisse jamais les atteindre. Ce fut le dernier mot qui fut dit, et j'ai toujours pensé que ce n'était pas exactement dans le plan. J'ai vu quelques vénérables frères sur l'estrade, parmi eux des évêques, grimacer lorsque le Dr Charles H. Parkhurst, réduisant en lambeaux des platitudes éminemment respectables, réclamait un service personnel, un contact affectueux, comme la clé de tout cela : -

« Et si, lorsque le pauvre lépreux venait au Seigneur pour être guéri, il avait dit à Pierre, ou à un autre sous-traitant : « Tiens, Pierre, va toucher cet homme et je te paierai pour cela » ? Ou si Le Seigneur, quand il est venu sur terre, était venu un jour à la fois et avait apporté son déjeuner avec lui, et était rentré au ciel pendant la nuit ? Le monde serait-il un jour venu pour l'appeler frère ? Nous devons donner, pas notre de vieux vêtements, pas nos prières. Celles-ci sont bon marché. Vous pouvez vous agenouiller sur un tapis et prier là où il fait chaud et confortable. Pas notre soupe – qui est parfois très bon marché. Pas notre argent – un homme avare donnera de l'argent s'il refuse. Aussitôt qu'un homme sent que vous vous asseyez à ses côtés dans une sympathie amoureuse avec lui, malgré ses pauvres, malgré ses malades et ses avilissements, aussitôt vous commencez à vous frayer un chemin dans le monde le plus chaleureux. une place dans sa vie."

C'était un discours simple, mais c'était bien. Ils murmurèrent ensuite dans les coins du « manque de discrétion de ce brave homme Parkhurst ». Un peu de ce manque contribuerait grandement à assainir New York – cela s'est produit, peu d'années après. Des secousses pires que celles-là venaient du même quartier pour ébranler les os desséchés.

Bien avant cela, « quelque chose qui avait besoin de moi » était arrivé dans Mulberry Street. J'étais aux prises avec mes deux ennemis, le logement de la police et le Bend. La Commission Adler avait proposé de « briser les reins » de ces derniers en coupant Leonard Street en son milieu – un expédient qui avait été suggéré quarante ans auparavant, lorsque les Five Points du coin défiaient le ressentiment colérique de la communauté. Mais aucun expédient ne pourrait jamais couvrir ce cas. Tout le bidonville a dû disparaître. Un projet de loi a été présenté à l'Assemblée législative pour l'éliminer physiquement, et en 1888, après quatre années de tiraillement et de transport, nous avions suffisamment d' énergie pour déposer des cartes pour le "Mulberry Bend Park". Promesse bénie ! Et cela a été conservé, si cela demandait un effort prodigieux, car c'est là qu'il fallait commencer la décence, ou pas du tout. Allez le voir aujourd'hui et voyez à quoi ça ressemble.

Mais c'est une autre histoire. L'autre nuisance est arrivée en premier. Les premiers coups de feu dont j'ai connaissance ont été tirés dans mes journaux en 1883, et depuis lors jusqu'à ce que Théodore Roosevelt fasse fermer les viles tanières en 1895, la bataille a fait rage sans interruption. Les armes dont je parle n'étaient pas les premières à avoir tiré – ce furent les premières que j'ai tirées, autant que je sache. Depuis une bonne génération auparavant, il y avait eu des protestations et des plaintes de la part des chirurgiens de la police, des policiers eux-mêmes qui détestaient loger sous le même toit avec des clochards, de la part d'organismes citoyens qui voyaient dans le système un outrage à la charité chrétienne et à toute décence, mais tout cela sans produisant tout autre effet qu'un blanchiment spasmodique et l'allumage inefficace du tuyau. Rien d'autre que de l'eau bouillante n'aurait nettoyé ces tanières. Rien d'autre n'en est sorti, car plus forte encore que la motivation égoïste qui exploite la fonction publique à des fins privées est l'inertie mortelle de la vie civique qui signifie simplement que nous sommes tous aussi paresseux que les choses nous le permettent. Plus je vieillis, plus j'ai de patience avec le pécheur, et moins avec le paresseux bon à rien qui est à l'origine de plus de la moitié des malheurs du monde. Donnez-moi le voleur s'il le faut, mais emmenez le vagabond et enfermez-le aux travaux forcés jusqu'à ce qu'il soit prêt à s'aligner et à assumer sa part. La fin qu'il laisse mentir, il faudra que quelqu'un la porte qui en a déjà assez.

J'ai enfin couru à terre contre l'un des corps de citoyens qui luttaient contre le problème, et je suis allé le rejoindre. Je ne dirai pas que j'ai été reçu gracieusement. J'étais journaliste, et c'était dans la nature humaine de supposer que je recherchais simplement une sensation ; et j'ai fait sensation avec la campagne. C'était ainsi qu'on y mettait de la vie. J'ai imprimé page après page, tantôt dans ce journal, tantôt dans celui-là, et une fois le tour terminé, j'ai repris le même chemin. Ils ont grimacé un peu, mes associés, mais l'ont supporté, m'ont même encouragé. N'importe quoi pour changer. Peut-être que cela pourrait aider. Ce ne fut pas le cas à ce moment-là. Mais peu à peu, quelque chose commença à bouger. Les éditeurs ont trouvé de quoi s'indigner alors qu'il n'y avait rien d'autre. Des dirigeants pesants sur notre « devoir envers les pauvres » apparaissaient à intervalles réguliers. Le Grand Jury, lors de ses tournées, voyait et protestait. La mairie a ressenti la douleur et s'est tortillée. Je me souviens quand nous sommes allés nous disputer avec le Conseil des estimations et des répartitions sous la direction du maire Grant. C'était ma première rencontre avec Mme Josephine Shaw Lowell et John Finley, mais pas la dernière pour beaucoup, Dieu merci pour cela ! J'étais allé à Boston pour voir avec quelle humanité ils traitaient leurs sans-abri là-bas. Ils leur donnèrent une chemise propre, un lit convenable et un bain – une bonne façon, cela, de limiter l'arrivée des vagabonds – et de quoi manger le matin, pour qu'ils n'aient pas à sortir et mendier la première chose. Cela me paraissait bien, et c'était bien. Mais le maire ne le pensait pas.

"Boston ! Boston !" s'écria-t-il avec impatience et nous écarta, ainsi que le sujet. "Je suis fatigué d'entendre toujours comment ils se comportent à Boston et de toute cette affaire."

Nous aussi, assez fatigués pour continuer. Nous sommes revenus la prochaine fois, même si cela n'a servi à rien, et pendant ce temps les journaux ont continué à faire des gros titres. Aucune chance n'a été laissée passer pour dire aux habitants de New York ce qu'ils abritaient. Ils avaient simplement besoin de savoir, j'en étais sûr. Et je sais maintenant que j'avais raison. Mais il faut beaucoup de témoignages pour faire comprendre à une ville qu'elle fait quelque chose de mal. Pourtant, c'était pour cela que j'étais là. Quand cela ne semblait pas m'aider, j'allais voir un tailleur de pierre martelant sa pierre peut-être une centaine de fois sans même qu'une fissure y soit visible. Pourtant, au cent et unième coup, il se briserait en deux, et je savais que ce n'était pas ce coup qui le produisait, mais tout ce qui l'avait précédé ensemble. Lorsque mes collègues souriaient, je leur rappelais les Israélites qui marchaient sept fois autour de Jéricho et sonnaient du cor avant que les murs ne tombent.

"Eh bien, allez-y et faites exploser le vôtre", dirent-ils ; "tu as la foi."

Et je l'ai fait, et les murs sont tombés, même si cela a pris près de deux fois sept ans. Mais ils sont tombés, comme le doivent à chaque fois les murs de l'ignorance et de l'indifférence, si vous soufflez assez fort et assez longtemps, avec foi en votre cause et en vos semblables. C'est juste une question d'endurance. Si vous continuez ainsi, ils ne pourront pas.

Ils ont commencé à céder, ces murs sinistres, lorsque le typhus a éclaté dans la ville au cours de l'hiver 1891-92. Ce qui était étonnant, c'est qu'elle ne s'est pas immédiatement concentrée dans les logements de la police. Là, ils gisaient, jeunes et vieux, des vagabonds endurcis et de jeunes naufragés avec un esprit et une âme doux comme de la cire pour que leur immondice soit marquée. Les gens n'aiment pas que leur repos soit perturbé. Les critiques se sont particulièrement opposés à l'affirmation selon laquelle il y avait des jeunes dans les tanières ; c'étaient tous de vieux vagabonds, disaient-ils. Pour répondre, je suis entré et j'ai photographié les garçons et les filles un soir et j'ai présenté leurs photos devant la communauté. Rien que dans la gare d'Oak Street, l'une des plus ignobles, il y avait six jeunes gens aussi probables que j'en ai jamais vu, en compagnie de quarante vagabonds et voleurs. Aucun d'eux n'en sortirait indemne.], sur des sols nus de pierre ou de planches.

[Illustration : La chambre d'hébergement du poste de police de la rue Leonard.]

Aussi sales qu'ils entraient à cause de chaque contact ignoble, ils sortaient le matin pour se disperser de porte en porte, où ils mendiaient pour leur petit-déjeuner les germes d'une maladie purulente. Tourner la planche, c'était « faire le lit ». Le typhus est une maladie sale, parmi toutes les plus redoutées. Si jamais il prenait pied dans ces tanières, il y avait de bonnes raisons d'avoir peur. J'ai immédiatement rédigé une remontrance, je l'ai fait signer par les représentants des sociétés caritatives unies — certains d'entre eux ont haussé les épaules, mais ils ont signé — et je l'ai portée au Conseil de Santé. Ils connaissaient le danger mieux que moi. Mais le moment n'était pas encore venu. Peut-être pensaient-ils, avec les journalistes, que je ne faisais que « copier ». Car j'ai fait un « rythme » de l'histoire. Bien sûr que je l'ai fait. Nous nous battions ; et si je pouvais préparer les garçons au point de mener leurs propres campagnes pour améliorer les choses, nous gagnerions beaucoup. Mais ils n'ont pas compris. Ils viennent de dénoncer ma « trahison ».

Je les ai prévenus qu'il y aurait des problèmes avec les chambres d'hôtel, et en onze mois la prophétie s'est réalisée. Le typhus y éclata . La nuit qui a suivi l'annonce de la nouvelle, j'ai pris mon appareil photo et ma lampe de poche et j'ai fait le tour des tanières, les photographiant tous avec leur foule. J'ai fait faire des diapositives sur les négatifs et, les portant sous le bras, j'ai frappé aux portes de l'Académie de médecine, exigeant d'être admis. C'était le lieu de cette discussion, me semblait-il, car les médecins connaissaient les l'ampleur réelle du péril auquel nous étions alors confrontés. Le typhus ne fait acception de personne, et il est impossible de s'en prémunir comme contre la variole. Ils m'ont laissé entrer, et les événements de cette nuit-là ont donné un grand coup de pouce à la cause de la décence. Je pense que c'était la première fois que je racontais la véritable histoire de mon chien. J'avais toujours contourné ce problème d'une manière ou d'une autre ; cela m'étouffait déjà, vingt ans après et plus encore, la colère bouillonnait en moi à ce souvenir.

Nous plaidâmes simplement pour l'exécution d'une loi en vigueur depuis six ans et plus, autorisant les autorités de la ville à établir un logement décent ; mais bien que la police, les autorités sanitaires, le grand jury, les sociétés caritatives et presque tous ceux qui ont une quelconque influence dans la communauté se soient rangés derrière la profession médicale pour dénoncer les maux qui existaient, nous avons plaidé en vain. Les fonctionnaires de Tammany à la mairie nous ont insolemment dit d'aller de l'avant et de construire nous-mêmes des maisons d'hébergement ; ils avaient autre chose à faire avec l'argent de la ville que de s'occuper des pauvres sans abri ; ce qui, en effet, était vrai. La Charity Organization Society, qui représentait tous les autres, abandonna, découragée, et annonça son intention de créer elle-même une Wayfarer's Lodge, sur le plan de Boston, et ce qu'elle fit. "Vous voyez," furent les adieux avec lesquels me quittèrent mes collaborateurs , "nous ne réussirons jamais". Ma campagne s'était effondrée.

Mais même alors, nous gagnions. Jamais, pendant tout ce temps, il n'y a eu de défaite qui n'ait finalement constitué un pas vers la victoire. L'agitation incessante avait eu un tel effet, bien que son but humanitaire n'ait fait aucune impression sur les fonctionnaires, que les logements pour les locataires dans les commissariats avaient été sensiblement réduits. Là où ils étaient quarante à les accueillir, il en restait à peine deux douzaines. La revendication de prisons séparées pour femmes, dirigées par des policières, qui était l'une des phases que prenait en charge la nouvelle revendication de décence, engendrait une pénurie de locaux, et un par un, les vieux repaires immondes furent fermés et ne furent pas rouverts. La nuisance périssait d'elle-même. Chaque fois qu'un morceau s'en détachait, je racontais à nouveau l'histoire sous forme imprimée, « pour ne pas l'oublier ». Une année plus tard, la réforme arriva, et avec elle vint Roosevelt. Le Comité sur le vagabondage, un organisme bénévole de la Charity Organization Society, dont Mme Lowell était la tête et moi un membre, a de nouveau déployé ses armes et a ouvert le feu, et cette fois les murs sont tombés. Car Tammany était absent.

Nous avions surveillé la police la nuit, Roosevelt et moi. Nous avions inspecté les chambres d'hôtel pendant que je parcourais la longue bagarre avec lui et étions enfin arrivés, à 2 heures du matin, à la gare de Church Street. Il pleuvait dehors. La lumière vacillait, froide et triste, dans les lampes vertes alors que nous montions les marches de pierre. Involontairement, j'ai cherché dans un coin mon petit chien ; mais ce n'était pas là, ni personne qui s'en souvenait. Le sergent jeta un regard sombre sur son buvard, je dus presque me pincer pour être sûr de ne pas grelotter dans un plumeau mouillé jusqu'aux os. En descendant les marches de la cave jusqu'au logement des hommes, j'ai conduit le président du conseil de police. C'était inchangé, tout comme le jour où j'y ai dormi. Trois hommes gisaient de tout leur long sur les planches sales, dont deux jeunes gens de la campagne. Debout là, j'ai raconté à M. Roosevelt ma propre histoire. Il devint alternativement rouge et blanc de colère en l'entendant.

[Illustration : La chambre d'hébergement de la gare de Church Street dans laquelle j'ai été cambriolé]

"Est-ce qu'ils t'ont fait ça?" il m'a demandé quand j'avais fini. Pour répondre, j'ai montré les jeunes garçons qui dormaient alors devant lui.

"J'étais comme celui-ci", dis-je.

Il frappa ses poings serrés l'un contre l'autre. "Je les écraserai demain."

Il était aussi bon que sa parole. Dès le lendemain, la commission de police s'est saisie de l'affaire. Des dispositions ont été prises pour les sans-abri sur une barge dans l'East River jusqu'à ce que des plans puissent être mis au point pour séparer les vagabonds des malheureux ; et en moins d'une semaine, sur recommandation du chef de la police, l'ordre fut donné de fermer les portes des logements de la police le 15 février 1896, pour ne plus jamais les ouvrir.

La bataille a été gagnée. Le meurtre de mon chien a été vengé et pardonné après vingt-cinq ans. Les journaux jaunes, avec le véritable instinct qui leur a toujours fait reconnaître en Roosevelt l'ennemi implacable de tout ce qu'ils défendaient, ont imprimé des caricatures d'hommes sans abri grelottant devant une porte grillagée « fermée sur ordre de T. Roosevelt » ; mais ils ne comprenaient pas, après tout, l'homme qu'ils attaquaient. Que la chose soit juste lui suffisait. Leurs flèches s'éloignaient de la cible ou tombaient inoffensives. Les vagabonds pour qui New York avait été un paradis se sont rendus dans d'autres villes moins exigeantes – ils sont allés à Chicago, où le même système infâme était en vigueur jusqu'au printemps dernier, pour autant que je sache – et les honnêtes sans-abri ont eu leur chance. Quelques citoyens au cœur tendre et à la tête douce, de ceux qui font toujours obstacle au progrès en mêlant des impulsions excellentes mais vagabondes à un manque de bon sens, gaspillèrent leur sympathie pour le vagabond qui partait, mais s'en lassèrent bientôt. Je me souviens du cas d'un clochard qui se trouvait dans le pâté de maisons de la 35e rue où habite le Dr Parkhurst. Il a été arrêté pour insolence envers une femme de ménage qui lui refusait de la nourriture. Le magistrat l'a libéré, avec quelques remarques larmoyantes sur la cruauté du monde et le droit d'un homme d'être pauvre sans être considéré comme un criminel. Ainsi encouragé, le vagabond repartit aussitôt et brisa les vitres de la maison qui l'avait rebuté. Je présume qu'il est maintenant dans la ville au bord du lac, retenant des gens qui l'offensent en étant plus travailleurs et par conséquent plus prospères que lui.

Pour les résultats généraux de la victoire si laborieusement obtenue, je dois me référer à « Une guerre de dix ans », dans lequel j'ai essayé de résumer la situation telle que je la voyais. Ils ne sont pas encore pleinement élaborés. Le maillon le plus important manque. Il s'agit d'une ferme-école qui triera le jeune oisif du tas de paille et le ramènera aux habitudes de l'industrie et au monde des hommes. Cela viendra lorsque la finalité morale aura été rétablie à l'Hôtel de Ville. Je n'ai pas entrepris ici de discuter de la réforme et de ses mérites, mais simplement de souligner que la manière d'y parvenir, la meilleure façon de la mettre en œuvre – en fait, la seule voie qui soit toujours ouverte – est de faire valoir les faits erronés. plaine. Cela dit, j'ai placé le journaliste à sa place et j'ai répondu à la question de savoir pourquoi je n'ai jamais voulu exercer de fonctions exécutives et n'en aurai jamais.

[Illustration : Contribution des Journaux Jaunes.]

Et maintenant, en prenant congé de ce sujet, dont j'espère ne plus jamais entendre parler, car il m'a assez tourmenté et a eu sa part entière dans ma vie, n'y a-t-il pas un rayon de luminosité qui traverse ses ténèbres ? Étaient-ils tous mauvais, ces repaires que je détestais, oui, détestais, avec la honte, le chagrin et l'abandon désespéré qu'ils représentaient ? N'y a-t-il pas eu un seul aperçu de miséricorde qui demeure dans la mémoire avec une touche rédemptrice ? Oui, un. Que cela témoigne qu'au bord de l'enfer lui-même, la nature humaine n'est pas entièrement perdue. Il y a toujours l'étincelle de son image, même si le bidonville est recouvert. Et laissez-le effacer à jamais le score de mon chien et du mien. C'est dans un des pires moments que je rencontrai une jeune fille, jolie, innocente : Dieu sait comment elle était arrivée là. Elle cacha sa tête dans son tablier et pleura amèrement de honte. Autour d'elle, une demi-douzaine de vieilles sorcières, imbibées de rhum et immondes, campaient sur le sol de pierre. En passant, je me suis penché sur la jeune fille en pleurs, l'une d'elles, pensant que j'étais l'un des hommes des lieux et ne comprenant pas mon but, s'est précipitée entre nous comme une tigresse et m'a repoussé.

"Pas elle !" elle a pleuré et m'a tendu le poing ; "Pas elle ! Tout va bien pour nous. Nous sommes vieux et durs. Mais elle est jeune, et n'ose pas !"

Je suis sorti, je me suis tenu sous les étoiles et j'ai remercié Dieu d'être né. Seulement des clochards ! On m'en avait parlé jusqu'à ce que je le dise moi-même, Dieu me pardonne ! Oui, c'était ce que nous avions fait d'eux avec notre machinerie infernale : magasin de rhum, immeuble, club de plongée et… cet endroit. Avec la charité chrétienne, qu'est-ce qu'ils n'auraient pas été ?

CHAPITRE XI

LE PLI EST POSÉ PAR LES TALONS

S'il y a quelqu'un pour qui le travail que nous venons de traverser ressemble à une puissante tempête dans une théière, qu'il arrête de le penser. Ce n'était pas une mince affaire. Certes, le tort aurait pu être réparé en un jour par les autorités, si elles avaient eu cet esprit. Le fait qu'elle n'ait pas été défait était en grande partie, et illogiquement, parce que personne n'avait un mot à dire pour sa défense . Lorsqu'il y a deux côtés à une chose, il n'est pas difficile de trouver le juste dans un débat et de convaincre l'opinion publique d'avoir raison. Mais lorsqu'il n'y a absolument rien à dire contre une réforme proposée, il semble que ce soit la nature humaine – la nature humaine américaine, en tout cas – de s'attendre à ce qu'elle se réalise avec les bons vœux généraux mais sans aucune impulsion particulière de la part de qui que ce soit . C'est une expression très charmante de notre foi dans le pouvoir de la droite de faire son chemin, mais tout est faux : elle ne fera pas son chemin dans la génération qui reste là pour la voir bouger. Il doit être mis en œuvre, comme tout le reste dans ce monde, par les hommes. C'est ainsi que nous prenons le titre du nom. C'est le problème de la moitié de nos lois restées lettre morte. L'autre moitié était simplement mort-née. C'est le cas, en ce moment, des terrains de jeux pour enfants à New York. Probablement tous les gens sensés souscrivent aujourd'hui à l'affirmation selon laquelle il appartient à la municipalité de donner à ses enfants la possibilité de jouer, tout autant que de leur donner des écoles où aller. Tout le monde l'applaudit. Les autorités ne le remettent pas en question ; mais ils ne fournissent toujours pas de terrains de jeux. La charité privée doit entretenir une demi-douzaine de misérables là où il devrait y en avoir quarante ou cinquante, par droit et non par charité. Appelez cela conservatisme officiel, inertie, trahison, appelez cela par des noms doux ou durs ; en fin de compte, je suppose que c'est la pierre à aiguiser sur laquelle notre objectif est aiguisé, et en ce sens, nous devons apparemment en être reconnaissants. Ainsi, un homme peut frapper son adversaire et en même temps l'accepter comme un moyen de grâce. S'il n'y avait pas de chicots, il n'y aurait ni intelligence pour les éliminer, ni bras forts pour manier la hache. C'était la même histoire avec le Mulberry Bend. Jusqu'à ce que les auberges des clochards soient fermées, jusqu'à ce que le Bend disparaisse, il semblait que le progrès était carrément impossible. Comme je l'ai dit, la décence devait commencer par là, ou pas du tout.

[Illustration : Le Mulberry Bend tel qu'il était]

Avant d'aborder The Bend, je ferais peut-être mieux d'expliquer comment j'en suis venu à me lancer dans la photographie comme... non, pas exactement comme passe-temps. Ça n'a jamais été ça avec moi. J'en avais l'utilité, et au-delà je n'y suis jamais allé. Je suis vraiment désolé d'avouer ici que je ne suis pas du tout bon en tant que photographe, car j'aimerais l'être. Cette chose est pour moi une merveille constante et un plaisir sans fin. Voir l'image apparaître sur une plaque qui était vierge auparavant, et qui a vu avec moi pendant peut-être la moindre fraction de seconde, peut-être des mois auparavant, la chose qu'elle n'a jamais oubliée, est à chaque fois un nouveau miracle. Si j'étais un ecclésiastique, je pratiquerais la photographie et je prêcherais à ce sujet. Mais je suis jaloux du miracle. Je ne veux pas que cela me soit expliqué en termes de HO (2) ou de formules similaires, apprises, mais tellement désespérément insatisfaisantes. Je ne veux pas que mon papillon soit collé sur une épingle et mis dans une vitrine. Je veux voir la lumière du soleil sur ses ailes alors qu'il vole de fleur en fleur, et je me fiche de savoir quel est son nom latin. De toute façon, ce n'est pas son nom. Le soleil, la fleur et le papillon le savent. L'homme qui y enfonce une épingle ne le fait pas et ne le fera jamais, car il ne connaît pas sa langue. Seul le poète le fait parmi les hommes. Donc, voyez-vous, je suis disqualifié pour être photographe. De plus, je suis maladroit et impatient des détails. La hache me plaisait toujours plus que l'outil à graver. J'ai vécu pour voir le jour de la hache et en profiter, et maintenant je me réjouis de l'arrivée des hommes et des femmes qui savent ; les Jane Addams , qui à cœur ajoutent connaissance et formation, et pansent de mains douces des blessures qui, hélas ! trop souvent j'ai frappé. C'est comme il se doit. J'aimerais seulement qu'ils le voient et me laissent de côté pour mes péchés.

Mais là! J'ai commencé par raconter comment je suis devenu photographe, et me voici sur le thème de la philanthropie et des aménagements sociaux. Pour être précis, j'ai alors commencé à prendre des photos par procuration. C'est lors de mes sorties de minuit avec la police sanitaire que surgissait en moi le souhait qu'il y ait un moyen de présenter aux gens ce que j'y voyais. Un dessin aurait pu le faire, mais je ne peux pas dessiner, je ne le pourrai jamais. Certains de mes croquis sont maintenant enregistrés et suscitent toujours l'hilarité bruyante de la famille. Ils ont été conçus pour enseigner à notre premier bébé la connaissance du loup, et je sais qu'il les appréciait beaucoup à l'époque. Peut-être que la mode chez les loups a changé depuis. Mais de toute façon, un dessin n'aurait pas été une preuve de ce que je souhaitais. Nous avions l'habitude d'aller aux petites heures du matin dans les pires immeubles pour compter les nez et voir si la loi contre la surpopulation était violée, et les spectacles que j'y voyais me serraient le cœur jusqu'à ce que je sente que je devais en parler, ou éclater. ou devenir anarchiste, ou quelque chose comme ça. "Un homme peut être un homme même dans un palais" dans le New York moderne comme dans la Rome antique, mais pas dans un bidonville. C'est ce qu'il me semblait, et avec colère, j'ai cherché autour de moi quelque chose avec lequel briser ses chaînes. Mais il n'y avait rien.

J'ai écrit, mais cela ne semblait faire aucune impression. Un matin, alors que je parcourais mon journal à la table du petit-déjeuner, je le reposai avec un cri qui fit sursauter ma femme, assise en face. C'était là, ce que je cherchais depuis toutes ces années. Si je me souviens bien, une dépêche sur quatre lignes venant de quelque part en Allemagne contenait tout. On avait découvert un moyen de prendre des photos avec une lampe de poche. Le coin le plus sombre pourrait être photographié de cette façon. Je suis allé au bureau plein de cette idée et n'ai pas perdu de temps pour chercher le Dr John T. Nagle, à l'époque responsable du Bureau des statistiques de l'état civil du ministère de la Santé, pour lui en parler. Le Dr Nagle était un photographe amateur de mérite et en plus un bon garçon, qui entra dans mes projets avec une grande empressement. La nouvelle avait déjà suscité beaucoup d'intérêt parmi les photographes new-yorkais, professionnels ou non, et on ne perdit pas de temps pour communiquer avec l'autre partie. En moins de quinze jours, une équipe composée du Dr Henry G. Piffard et de Richard Hoe Lawrence, de deux amateurs distingués, le Dr Nagle et moi-même, et parfois d'un ou deux policiers, envahit de nuit l'East Side, déterminés à laisser entrer la lumière là où ils se trouvaient. c'était tellement nécessaire.

C'était du moins mon objectif. Pour les photographes, c'était un voyage de découverte du plus grand intérêt ; mais l'intérêt se concentrait sur l'appareil photo et la lampe de poche. La police est venue par curiosité ; parfois pour se protéger. Pour cela, ils n'étaient guère nécessaires. Il n'est pas exagéré de dire que notre parti a semé la terreur partout où il est allé. La lampe de poche de cette époque était contenue dans des cartouches tirées par un revolver. Le spectacle d'une demi-douzaine d'hommes étranges envahissant une maison à minuit, armés de gros pistolets qu'ils tiraient imprudemment, n'était guère rassurant, aussi sucré soit-il, et il n'y avait pas lieu de s'étonner si les locataires se précipitaient à travers les fenêtres et allumaient le feu. -s'échappe partout où nous allons. Mais comme personne n'a été assassiné, les choses se sont calmées au bout d'un certain temps, même si des mois après, j'ai retrouvé le souvenir de nos visites suspendu au-dessus d'un pâté de maisons de Stanton Street comme un cauchemar. Nous avons eu de bonnes photos ; mais très vite le bidonville et les heures difficiles font pâlir les amateurs. Je me suis retrouvé seul au moment où j'avais le plus besoin d'aide. J'avais découvert grâce à la lampe de poche les possibilités dont mes compagnons rêvaient peu.

[Illustration : « Les locataires se sont précipités par les fenêtres »]

J'ai ensuite engagé un photographe professionnel que j'ai trouvé dans une situation désespérée. Il était encore moins disposé à se lever à 2 heures du matin que mes amis qui avaient une bonne excuse. Il n'en avait pas, car je le payais bien. Il m'a remboursé en essayant de vendre mes photographies dans mon dos. J'ai dû reconstituer les points négatifs pour les éloigner de lui. C'était un homme pieux, je suppose, car lorsque j'ai essayé de lui faire photographier les restes de la crèche de la Five Points House of Industry, alors qu'ils disaient leur "Maintenant, je m'endors", et l'assiette est sorti vide la deuxième fois, il a avoué que c'était de sa faute : prendre une photo de quelqu'un en prière allait à l'encontre de ses principes. J'ai donc dû trouver un autre homme, moyennant quelques ennuis et dépenses. Mais dans l'ensemble, je pense que l'expérience valait ce qu'elle coûtait. Le spectacle d'un homme empêché par des scrupules religieux de photographier des enfants en train de prier, tout en complotant en même temps pour voler son employeur, a été pour moi une sorte de tableau qui m'a guidé à travers plus d'un bourbier de la nature humaine étrange. Après ça, plus rien ne pouvait me dérouter. Cet homme était aussi sincère dans ses scrupules que coquin dans ses relations commerciales avec moi.

Il n'y avait finalement qu'un seul moyen d'en sortir ; à savoir, pour que je me procure moi-même un appareil photo. C'est ce que je fis et, avec une douzaine d'assiettes, je remontai le Sound jusqu'au Potter's Field, sur son île déserte, pour faire mes premières observations. Là au moins je devrais être seul, sans personne pour me déranger. Et je voulais une photo de la tranchée ouverte. Je l'ai eu aussi. Quand je dis qu'avec la lumière du soleil d'un jour de janvier sur la neige blanche, j'ai exposé cette plaque instantanée ultra-rapide d'abord pendant six secondes, puis pendant douze, pour être sûr d'avoir bien l'image, [Note de bas de page : Les hommes sont toujours enclins à douter de ce qui se passe. ils ne peuvent pas comprendre. Avec toutes les informations accumulées sur le sujet, même aujourd'hui, lorsqu'il s'agit de prendre un cliché, au dernier moment je faiblis et je le prends en protestation, refusant de croire que cela puisse être le cas. Un peu plus de foi ferait de moi un bien meilleur photographe.] et puis j'ai remis le porte-plaque parmi les autres pour que je ne sache pas lequel était lequel, les photographes amateurs comprendront la situation. J'ai dû développer les douze en entier pour obtenir une seule image. C'était si sombre, presque noir, à cause d'une surexposition, que c'était presque désespéré. Mais là où il y a de la vie, il y a de l'espoir, si l'on peut appliquer cette maxime au Champ du Potier, où il n'y a que des morts. La noirceur même de mon tableau m'a prouvé plus tard, lorsque j'en suis venu à l'utiliser avec une lanterne magique, le caractère prenant de celui-ci. Cela ajoutait au spectacle une tristesse plus réaliste que n'importe quel art le plus extrême de la compétence professionnelle aurait pu atteindre.

Je suis donc devenu photographe, d'une certaine manière, et j'ai ensuite pris les photos moi-même. J'ai remplacé le revolver par une poêle à frire et j'ai allumé la lumière. Cela semblait plus convivial. Mais comme je l'ai dit, je suis maladroit. Deux fois j'ai mis le feu à la maison avec l'appareil, et une fois à moi-même. À cette occasion, j'ai soufflé la lumière dans mes propres yeux et seules mes lunettes m'ont sauvé de l'aveuglement à vie. Pendant plus d'une heure après, je n'ai rien vu et j'ai été conduit par mon compagnon, impuissant. Photographier Joss dans le quartier chinois a failli y provoquer une émeute. Il semble que cela allait à l'encontre *de leurs* principes religieux. La paix n'a été conclue qu'après que les tuteurs de Joss eurent expressément assuré que sa photo serait accrochée dans la « galerie du quartier général de la police ». Ils ont pris cela comme un compliment. La « galerie » du quartier général est la galerie des coquins, généralement peu désirée. Ces Chinois sont un groupe bizarre, mais quand je me suis souvenu de mon ami chrétien de la crèche, je n'ai pas trouvé en moi la force de leur en vouloir. Un jour, alors que je prenais des photos de Hell's Kitchen, j'ai été confronté à un homme à l'air sauvage, armé d'une matraque, qui m'a demandé de souscrire à une condamnation générale des journalistes comme étant « difficilement aptes à être écorchés vifs », avant de me laisser aller; ce que j'ai fait avec une bonne bonne volonté, quoique avec une certaine réserve mentale en faveur de mes rivaux de Mulberry Street, qui avaient alors besoin d'une correction particulière.

D'une chose à l'autre, et malgré tous les obstacles, j'ai récupéré mes photos et j'en ai immédiatement mis quelques-unes en pratique. Je me souviens d'une expédition de minuit à Mulberry Bend avec la police sanitaire qui avait révélé quelques cas caractéristiques de surpeuplement. Dans un cas, deux pièces qui auraient dû accueillir au maximum quatre ou cinq dormeurs se sont avérées en contenir quinze, dont un bébé d'une semaine. La plupart d'entre eux étaient des locataires et dormaient là pour « cinq cents la place ». Il n'y avait aucune prétention de lits. Lorsque le rapport fut soumis au Conseil de Santé le lendemain, il ne fit pas grande impression – ce sont des choses qui font rarement, en termes simples – jusqu'à ce que mes négatifs, encore dégoulinants de la chambre noire, viennent les renforcer. Il n'y a eu aucun appel de leur part. Ce n'était pas le seul cas de ce genre parmi bon nombre d'entre eux. Ni les protestations du propriétaire ni le plaidoyer du locataire n'ont "résisté" aux preuves de la caméra, et j'ai été satisfait.

[Illustration : Locataires à cinq cents l'endroit]

J'avais enfin un allié dans la lutte contre le Bend. C'était encore plus nécessaire que lors de la campagne contre les résidences de la police, car nous étions une compagnie et j'étais seul dans le virage. Depuis le jour — je crois que c'était au cours de l'hiver 1886 — où il a été officiellement condamné à être adopté par une loi législative jusqu'à ce qu'il soit effectivement adopté, neuf ans plus tard, je ne me souviens pas qu'un chat ait bougé pour le pousser à aller de l'avant. Que ce soit parce que la situation était mauvaise depuis si longtemps que les gens pensaient qu'il ne pouvait en être autrement, ou parce que les Cinq Points avaient accepté toutes les réformes que le Sixth Ward lui préparait, ou encore parce que, par une sorte de consentement facile, toute cette affaire m'a été laissé comme la manivelle Mulberry Bend reconnue - quelle qu'elle soit, cette dernière était la tournure pratique qu'elle a prise. J'ai dû me battre seul. Cela étant, j'ai mis un stock d'assiettes sèches et je me suis attaché.

The Bend était un adversaire bien plus joyeux que les résidences de la police. Cela a reculé. Il n'était pas nécessaire de l'entraîner de temps en temps dans la discussion, mais de l'introduire spontanément. Au cours des vingt années où je l'ai connu en tant que journaliste, je ne crois pas qu'il y ait eu une semaine au cours de laquelle il n'a pas été entendu dans les rapports de police, généralement en relation avec un crime de violence, un meurtre ou une bagarre à l'arme blanche. C'était généralement le dimanche, lorsque les Italiens qui y vivaient étaient oisifs et se disputaient pour leurs cartes. Chaque bagarre était le signal d'au moins deux autres, parfois une douzaine, car ils s'accrochaient à leurs traditions et résistaient à tous les efforts de la police pour établir les faits avec leur obstiné « réparez-le moi-même ». Et lorsque les détectives eurent abandonné, consternés, et que l'homme blessé fut sorti de l'hôpital, on entendit bientôt parler d'une autre bagarre, et la querelle fut poussée d'un cran. Le témoignage de loin le plus encourageant montrant que notre Italien est en train de devenir l'un des nôtres m'est parvenu il y a un an ou deux : à deux reprises, Mulberry Street avait refusé de cacher un meurtrier, même dans son propre village. [Note de bas de page : Les Italiens vivent ici généralement regroupés par « villages », c'est-à-dire que ceux d'une même communauté avec le même saint patron restent proches les uns des autres. Le jour du saint est leur fête locale. Si la police veut retrouver un coquin italien, elle cherche d'abord de quel village il est originaire, puis il lui suffit généralement de trouver où il se trouve dans la ville.] C'était concluant. Ce n'était pas le cas à cette époque. Ainsi, entre la vendetta, la mafia, les querelles de quartier ordinaires et le Bend lui-même, toujours pittoresque quoique outrageusement sale, il n'était pas difficile de le maintenir au premier plan. Mon album des années 1883 à 1896 est un commentaire récurrent sur le Bend et sur l'indolence officielle qui a retardé sa démolition près d'une décennie après son décret. Mais tout cela ne servit à rien pour accélérer les choses, jusqu'à ce que, dans un moment de fanfaronnade, après quatre ans de ce genre de choses, un des fonctionnaires de la mairie daigna m'informer de la véritable cause du retard. C'était simplement que "personne là-bas ne s'était intéressé à cette chose".

[Illustration : Le perchoir des bandits – une allée de Mulberry Bend.]

Je n'aurais pas pu mieux lui présenter les choses pour qu'elles conviennent à mon cas. C'était la saison des bêtises, et les journaux se sont avidement intéressés à la sensation que je faisais. De plus, l'odeur du Bend était un peu pire que d'habitude en ce mois d'août. Ils ont fait sienne « la cause du peuple » et ont crié à la trahison jusqu'à ce que la commission chargée de condamner le Bend se réunisse et graisse ses rouages. Mais au tournant suivant, ils se retrouvèrent de nouveau dans l'ornière et il fallut pousser l'équipe encore davantage. Il a fallu deux ans pour obtenir une carte du parc proposé, conformément à la loi qui en autorisait l'aménagement. La commission a mis près de six ans à condamner les quarante et un lots de propriété et a facturé à la ville 45 498,60 $ pour cela. Le Bend lui-même a coûté un million, et une évaluation d'un demi-million a été imposée sur la propriété environnante au prétendu bénéfice de la transformation d'une porcherie en un parc. Ces propriétaires savaient mieux. Ils ont embauché un avocat qui, en moins de six semaines, a persuadé le Parlement qu'il s'agissait d'un préjudice et non d'un avantage. La ville a dû payer la totalité de la facture. Mais finalement, le Bend lui appartenait.

Au lieu de le détruire jusqu'au cou, il s'installa complaisamment à percevoir les fermages ; c'est-à-dire les rentes qu'elle pourrait percevoir. Un grand nombre de locataires ont refusé de payer et ont vécu sans loyer pendant un an. C'était une occasion rare pour le journaliste et je ne l'ai pas manquée. La ville, en tant que propriétaire du Bend, était une bonne chose. Les vieilles maisons tombèrent enfin, et pendant douze mois, tandis qu'un gouvernement réformateur siégeait à l'hôtel de ville, le terrain de trois acres resta, un véritable bourbier de découragement rempli d'indicibles méchancetés, suppurant à la vue des hommes. Aucune insistance ne semblait pouvoir l'en sortir, et pendant tout ce temps, l'argent donné pour soulager la population allait être gaspillé à raison d'un million de dollars par an. La Small Parks Act de 1887 prévoyait ce montant, et il était disponible sur demande. Mais aucun de ceux qui détenaient l'autorité ne le demandait, et comme les crédits n'étaient pas cumulatifs, chaque année qui passait voyait perdre tant de choses au profit de la cause de la décence qui attendait au dehors. Huit millions avaient été gaspillés lorsqu'ils en sont finalement venus à demander un million et demi pour payer le parc Mulberry Bend, et il a ensuite fallu obtenir une loi spéciale et un crédit spécial car le montant était de plus d'un million en un an. ". Ceci malgré le fait que nous étions alors en vacances de Noël avec une année qui venait de se terminer et l'autre qui s'ouvrait, chacune avec son crédit non réclamé. Je l'ai suggéré aux pouvoirs en place, mais ils ont levé la main : cela aurait été irrégulier et sans précédent. Oh, pour une irrégularité suffisante pour étouffer le précédent enfin et pour de bon ! Il a fait plus de mal dans le monde, je le crois sincèrement, que tous les autres contrevenants réunis. Dès le début, cela avait anéanti mes espoirs de faire planter la première cour de récréation d'une école de New York dans le Bend en reliant simplement le parc et l'école. Il y avait une école publique dans le quartier qui faisait partie du reste. La loi sur les petits parcs prévoyait expressément la construction de «tels et tant» de bâtiments pour le confort, la santé et «d'instruction» de la population, selon les besoins. Mais une école dans un parc ! On n'en avait jamais entendu parler. Cela entraînerait un conflit entre deux départements ! Et à ce jour, il n'y a pas de terrain de jeu à Mulberry Bend, bien que l'école se trouve juste en face.

[Illustration :   Quartier   général   du   Whyo
Gang de Bottle Alley Mulberry Bend.]

C'est néanmoins ce genre de choses qui ont donné l'inspiration qui a finalement fait partir le vieux Bend. C'est alors qu'au milieu de la discussion, ils m'ont montré un chèque de trois cents, raccroché et présenté dans le bureau du contrôleur comme une sorte de bureaucratie à laquelle les employés devaient se prosterner, je suppose . Ils faisaient partie du système qu'il glorifiait. Les trois cents avaient échoué lors de l'achat d'un site scolaire et, lorsque l'erreur a été découverte, ils ont été vérifiés avec tout le tapage et le faste d'une transaction en millions et au prix, m'a-t-on dit, de cinquante dollars de dollars. du temps et des ennuis. C'est pourquoi il a été suspendu pour être à jamais admiré comme le fruit mûr d'un système infaillible. Nul doute qu'il sera là lorsqu'un autre Tweed aura vidé jusqu'au dernier centime le trésor de la ville. Cependant, cela m'a suggéré une issue. Deux pourraient jouer à ce jeu. Il existe un principe familier du droit sanitaire, exprimé dans plus d'une ordonnance, selon lequel aucun citoyen n'a le droit d'entretenir une nuisance dans ses locaux parce qu'il est paresseux ou que cela lui convient d'une autre manière. La ville n'est que l'ensemble des citoyens formant une corporation et doit être soumise aux mêmes règles. J'ai rédigé une plainte en termes officiels appropriés, accusant l'état de Mulberry Bend d'être « préjudiciable à la santé et dangereux pour la vie », et j'ai formellement traduit en justice la municipalité devant le Conseil de la Santé pour avoir entretenu une nuisance dans ses locaux.

J'ai encore une copie de cette plainte et, comme point d'adieu au pire bidonville qui ait jamais existé et, espérons-le, le sera jamais, je la cite ici en partie :

"Le Bend est un amas d'épaves, un dépotoir pour toutes sortes d'immondices provenant des immeubles environnants. Le service de nettoyage des rues n'a aucune juridiction sur lui, et le service des parcs, dont il a la charge, n'en exerce aucune.

"Les nombreuses vieilles caves sont une source de danger pour les enfants qui pullulent sur le pâté de maisons. L'eau stagnante dans les trous ajoutera bientôt au risque d'épidémie. Une situation telle que celle qui prévaut actuellement dans ce pâté de maisons, avec sa population environnante dense, ne serait pas toléré par votre ministère un seul jour s'il se trouvait sur une propriété privée. Cela dure ici plusieurs mois.

"La propriété appartient à la ville, ayant été prise aux fins d'un parc et laissée dans cet état après la démolition des anciens bâtiments. Le soussigné déclare respectueusement que la ville, dans le parc proposé de Mulberry Bend, entretient actuellement une nuisance, et qu'il est du devoir de votre honorable conseil de veiller à ce qu'elle soit immédiatement abolie, à cette fin il prie pour que vous procédiez immédiatement à l'application des règles de votre département interdisant le maintien de nuisances dans le les limites de la ville. »

Si ma plainte fit sourire dans les milieux officiels, elle fut de courte durée, sauf au Bureau Sanitaire, où je crois qu'elle se cachait. Car le Bend était sous ses fenêtres. Une simple bouffée suffisait pour déterminer le type de rapport que les inspecteurs sanitaires devraient faire lorsqu'ils seraient contraints d'agir. Cette nuit-là, avant d'arriver, des garçons qui jouaient avec un camion dans les parkings l'ont précipité dans l'un des trous de cave dont il a été question et ont été écrasés dessous, et ont ainsi mis un point sur l'affaire qui l'a fait rire pendant un moment. bien. Ils ont alors lancé le projet de parc.

Quand ils eurent posé le gazon, et que je suis venu et que j'ai marché dessus au mépris du panneau "Ne pas toucher à l'herbe", j'ai été frappé par un policier pour avoir agi ainsi, comme je l'ai raconté dans la "Guerre de Dix Ans". [Note de bas de page : Maintenant, « La bataille contre les bidonvilles. »] Mais tout allait bien. Nous avions le parc. Et j'avais déjà été "déplacé" auparavant lorsque je m'asseyais et frissonnais dans des couloirs puants à cet endroit même, seul et désespéré il y a longtemps ; donc ça ne me dérangeait pas. Les enfants qui dansaient là au soleil devaient passer un meilleur moment, s'il vous plaît à Dieu ! Nous leur avions donné leur chance perdue. En les regardant maintenant avec joie, il n'est pas difficile de comprendre ce qui s'est passé : l'endroit qui évoquait le crime et le meurtre est devenu le plus ordonné de la ville. Lorsque la dernière maison fut démolie dans le Bend, j'ai compté dix-sept meurtres dans le pâté de maisons dont je me souvenais de tous les détails. Sans doute avais-je oublié plusieurs fois ce numéro. Au cours des quatre années qui ont suivi mon séjour à Mulberry Street, je n'ai été appelé qu'une seule fois pour constater un acte de violence dans le quartier, et c'est à ce moment-là qu'un étranger est entré et s'est suicidé. Le Bend ne s'était pas non plus simplement débarrassé de sa méchanceté pour s'installer et s'enraciner ailleurs. Cela aurait été quelque chose ; mais ce n'était pas ça. Le virage était devenu décent et ordonné parce que la lumière du soleil y laissait entrer et brillait sur les enfants qui avaient enfin le droit de jouer, même si le panneau « ne touchez pas à l'herbe » était toujours là. C'était ce que signifiait le parc Mulberry Bend. C'était l'histoire qu'il devait raconter. Et quant au signe, nous en verrons encore la fin. Le parc a reçu un avis indiquant que son temps est écoulé.

[Illustration : Le Mulberry Bend tel qu'il est.]

C'est ainsi que le Bend s'est déroulé, et je suis très heureux d'avoir contribué à sa réalisation. Les journaux étaient perplexes du fait que je n'étais pas invité à l'ouverture officielle. J'étais secrétaire du Comité des petits parcs à l'époque, et j'étais probablement même officiellement autorisé à être invité à l'exposition ; mais, à bien y penser, notre comité était une affaire de citoyens et non de salariés ! Le maire de Tammany, arrivé l'année suivante, a déclaré que nous avions autant d'autorité qu'un "comité de cireurs" sur l'hôtel de ville, pas plus. De sorte qu'il semble qu'il y ait quelque chose qui gouverne ces choses, qui survit aux accidents de la politique et que de simples citoyens ne sont pas censés comprendre ni se mêler. Quoi qu'il en soit, c'était mieux ainsi. Le colonel Waring, un brave garçon qu'il était, lorsqu'il en avait assez des bavardages, faisait un petit discours de dix mots qui n'était pas au programme , et après cela les politiciens rentraient chez eux, laissant le parc aux enfants. Là, il était entre de bonnes mains. Alors, qu'importait le reste ?

Et maintenant, permettez-moi de revenir du bidonville à ma maison de Brooklyn pour juste un coup d'œil. Je l'ai fait tous les soirs, sinon je ne pense pas que j'aurais pu le supporter. Je n'ai jamais vécu à New York depuis que j'avais une maison, sauf pendant une brève période de quelques mois lorsque ma famille était absente, et cela m'a presque étouffé. Je dois être là où il y a des arbres, des oiseaux et des collines verdoyantes, et là où le ciel est bleu au-dessus. Nous avons donc construit notre nid à Brooklyn, à la périphérie du grand parc, pendant que les oisillons grandissaient, et le nid était plein lorsque le dernier de notre petit tas était parti pour le rendre confortable. Les loyers augmentaient de plus en plus, et plus je m'enfonçais dans le bidonville, plus mes pensées se tournaient, par une sorte d'instinct défensif, vers la campagne. Ma femme a ri et a dit que j'aurais dû y penser pendant que nous avions encore de l'argent pour acheter ou construire, mais je n'ai emprunté aucune difficulté à ce sujet. Je n'ai jamais été un bon homme d'affaires, comme je l'ai déjà dit, et pourtant… non ! Je vais reprendre ça. Cela est consigné au compte rendu. J'ai confié mes comptes au Grand Payeur, qui possède tout l'argent disponible, et il n'a jamais signalé que j'avais un découvert sur mon compte. J'ai eu le sentiment, et je l'ai toujours, que si vous essayez de faire les choses qui sont justes et pour lesquelles vous avez été mis ici, vous pouvez et devez laisser les voies et moyens à Celui qui a dessiné les plans, après que vous ayez avez fait de votre mieux pour fournir. Toujours ça, bien sûr. Si alors les choses ne se passent pas bien, c'est à mon avis la meilleure preuve au monde que vous vous êtes trompé, et il suffit de marteler en attendant que les choses se mettent en place d'elles-mêmes, comme elles le feront inévitablement. , et laisse entrer la lumière. Car rien dans ce monde n'est sans but, et encore moins ce que vous et moi faisons, même si nous ne parvenons pas à le comprendre. J'ai reçu cette foi de ma mère, et cela ne lui a jamais fait honte, c'est ce qu'elle me l'a souvent dit.

Moi non plus. C'est en hiver, alors que tous nos enfants souffraient de la scarlatine, qu'un dimanche, alors que je faisais une longue promenade à Long Island où je ne pouvais faire de mal à personne, je suis tombé sur Richmond Hill et j'ai pensé que c'était le plus beau paysage. endroit que j'avais jamais vu.

Je suis rentré chez moi et j'ai dit à ma femme que j'avais trouvé l'endroit où nous allions vivre, et que cette chambre de malade était remplie du parfum des fleurs printanières, du baume et des pins tandis que les enfants écoutaient et applaudissaient de leurs faibles petites voix. La semaine suivante, j'ai choisi les lots que je voulais. Il y avait un enchevêtrement d'arbres qui poussaient dessus et qui ombragent ma fenêtre d'étude au moment où j'écris. Je n'avais pas d'argent, mais à ce moment-là, une compagnie d'assurance avait besoin de quelqu'un pour réviser ses politiques danoises, et mon vieil ami le général CT Christensen a pensé que je le ferais. Et je l'ai fait et j'ai gagné 200 $; sur quoi Edward Wells, qui était alors un pharmacien prospère, m'a proposé de me prêter le surplus dont j'avais besoin pour acheter les lots, et le directeur de notre bureau de presse m'a construit une maison et a contracté une hypothèque pour tout le prix. Ainsi, avant les neiges de l'hiver suivant, nous étions confortablement installés dans la maison qui est depuis toujours la nôtre, avec une crête de collines boisées, « l'épine dorsale de Long Island », entre New York et nous. Les lumières mêmes de la ville étaient éteintes. Le bidonville aussi, et je pouvais dormir.

[Illustration : Mes petits ramassent des marguerites pour les « pauvres »]

Quinze étés se sont écoulés depuis. La maison est là-bas, blanche et paisible sous les arbres. Depuis longtemps, le dernier dollar de l'hypothèque a été payé et notre maison libérée de ses dettes. [Note de bas de page : J'ai fait construire mon bureau sur la pelouse arrière pour pouvoir toujours l'avoir devant moi et avoir en même temps un endroit tranquille. , où "papa ne doit pas être dérangé". Mais, même si je l'ai mis aussi loin que possible, je remarque qu'ils entrent directement.] Le drapeau flotte dessus le dimanche en signe de cela. La joie et le chagrin nous sont parvenus sous son toit. Des enfants sont nés et nous en avons transporté un au-dessus de la colline jusqu'au cimetière, en pleurant pour le bébé que nous avions perdu. Mais Celui à qui nous l'avons rendu a changé notre douleur en joie. De tous nos bébés, celui que nous avons perdu est le seul que nous avons gardé. Les autres sont sortis de nos bras ; Je me souviens à peine d'eux dans leurs petites combinaisons blanches. Mais il est notre bébé pour toujours. Ce furent quinze années heureuses de paix, car l'amour tenait le cap.

C'est au printemps, au moment de la floraison des marguerites, que les enfants en rapportaient des brassées des champs et me demandaient de les apporter aux « pauvres » de la ville. J'ai fait ce qu'ils m'ont demandé, mais je ne suis jamais arrivé à plus d'un demi-pâté de maisons du ferry avec mon fardeau. Les enfants des rues se sont déchaînés devant les « bouquets ». Ils suppliaient et se battaient pour s'approcher de moi, et quand je n'avais plus de fleurs à leur offrir, ils s'asseyaient dans le caniveau et pleuraient de chagrin. Cette vue m'a touché le cœur et j'ai écrit cette lettre aux journaux. Il est daté dans mon album du 23 juin 1888 :—

"Les trains qui transportent des centaines de milliers de personnes depuis leurs maisons de campagne vers les magasins et les bureaux de New York se précipitent à travers les champs, ces matins lumineux de juin, glorieux de pâquerettes et de fleurs de trèfle. Il y a trop de petits yeux tristes dans les immeubles bondés, où le soleil d'été signifie la maladie et la mort, pas le jeu ou les vacances, qui se termineront sans avoir jamais vu un champ de marguerites.

« Si nous ne pouvons pas leur donner les champs, pourquoi pas les fleurs ? Si chaque homme, femme ou enfant arrivant, sur le chemin du dépôt, cueillait une brassée de fleurs sauvages pour les distribuer dans les immeubles, une œuvre missionnaire serait mis sur pied avec lequel toutes les aumônes de cette riche ville ne pouvaient être comparées.

" Alors pourquoi ne pas le faire ? Demandez à vos lecteurs d'essayer. Le plaisir d'offrir des fleurs aux gamins qui suivront leurs pas dans la rue, criant d'une voix affamée et d'un cœur affamé pour un « bouquet » fera plus que payer la peine. . Il égayera le bureau, le magasin ou la salle de classe tout au long de la journée. Qu'ils n'aient pas peur que leur cadeau ne soit pas apprécié car il ne coûte rien. Ce n'est pas l'aumône, mais la règle d'or, qui est nécessaire dans les immeubles. des pauvres.

"Si ceux qui n'en ont pas le temps ou l'occasion envoient eux-mêmes leurs fleurs au 303 Mulberry Street, en face du quartier général de la police, cela sera fait pour eux. Les médecins d'été employés par le ministère de la Santé pour inspecter les immeubles en juillet et août coopéreront volontiers. . Donnons-nous les fleurs.

Si j'avais pu prévoir le résultat, je ne pense pas que ce dernier paragraphe aurait été imprimé. Je voulais donner aux gens une chance de découvrir par eux-mêmes combien de plaisir ils pouvaient tirer d'une petite chose comme apporter une brassée de fleurs en ville, mais ils ont voté à l'unanimité, semble-t-il, pour me laisser tout avoir. Les fleurs affluaient de tous les coins de la boussole. Ils arrivaient en caisses, en tonneaux et en bottes, des champs et des jardins, de la ville et de la campagne. Des wagons express transportant des fleurs ont bloqué Mulberry Street et la police est sortie pour s'émerveiller de la dispute. Le bureau était assez étouffé par le parfum. Une foule hurlante d'enfants l'assiégea. Les journalistes ont oublié leurs rivalités et ont prêté main forte avec enthousiasme à la distribution des fleurs. Le commissaire de police a dépêché cinq robustes patrouilleurs pour aider à transporter l'abondance vers des points de distribution pratiques. Partout où nous allions, des bébés agités arrêtaient de pleurer et souriaient alors que les messagers de l'amour étaient posés sur leurs joues pâles. Les femmes négligées se sont courtisées et ont cédé la place.

"Que le bon Dieu vous bénisse", entendis-je alors que je traversais une salle sombre, "mais vous êtes un homme bon. Aucun homme pareil n'est jamais venu par là auparavant." Oh! le chagrin, et pourtant la joie ! Les Italiens de la caserne cessèrent de se disputer pour maintenir l'ordre. La pire rue est devenue soudainement bonne et conviviale. Un an ou deux après, le père John Tabb, prêtre et poète, écrivait, en lisant ma déclaration, que j'avais vu une brassée de pâquerettes maintenir la paix d'un pâté de maisons mieux que le gourdin du policier :

Vous, artisans de paix, les marguerites, du sol
  Inspirant des messages d'amour muets,
Apaisant le labeur des frères nés sur terre Et élevant même les plus humbles au-dessus.

Oui, ils l'ont fait. Le poète le savait ; les enfants le savaient ; le bidonville le savait. Il a perdu son emprise là où les fleurs allaient avec leur message. Je l'ai vu.

Je vis aussi que j'avais mis la main à une tâche qui était trop grande pour moi, mais à laquelle je ne pourrais pas abandonner une fois que je l'aurais entrepris. Chaque jour, le bidonville me le montrait plus clairement. La soif de beau qui lui rongeait le cœur était une révélation constante. Ces petits à la maison étaient plus sages que moi. J'avais tout au plus aperçu son ventre. C'était comme couper des fenêtres pour des âmes qui étaient rétrécies et éclipsées dans leur environnement mesquin. Faites-les taire une fois que le soleil est entré – jamais ! Je ne pouvais donc que continuer jusqu'à ce qu'une voie s'ouvre. Quelque part au delà, cela se produirait sûrement.

Et c'est ce qui s'est produit. Parmi les cartons provenant de quelque part à Jersey, il y en avait un avec les lettres IHN. Je n'y prêtai alors que peu d'attention, mais quand d'autres lettres arrivèrent si marquées, je remarquai qu'elles ne venaient pas toutes du même endroit et je me renseignai sur la signification de ces lettres. J'ai donc été conduit au quartier général des King's Daughters, où j'ai appris qu'elles signifiaient « En son nom ». J'ai aimé le sentiment; Je m'y suis mis tout de suite. Et j'ai aimé la croix d'argent sur laquelle c'était inscrit. J'aurais parfois aimé vivre, non ! Non. C'est rêver. J'ai vécu le meilleur de tous les temps, où il n'est pas nécessaire de rêver de belles choses, mais où l'on peut contribuer à les réaliser. Néanmoins, lorsque je revêts la vieille croix de croisé que le roi Christian m'a envoyée du Danemark il y a un an, et que je pense aux vaillants chevaliers qui la portaient, je me sens heureux et fier de pouvoir monter à leur suite, même si je suis loin derrière. .

[Illustration]

J'ai donc mis la croix d'argent et, dans le Broadway Tabernacle, j'ai parlé aux membres de l'ordre, leur demandant de s'approprier cette œuvre. Ils l'ont fait immédiatement. Un comité fut formé et, à l'été 1890, il ouvrit un bureau dans le sous-sol du Temple des Mariners, dans le Quatrième Quartier. Les médecins d'été du ministère de la Santé furent recrutés et le travail prit dès le début une tournure pratique. Il y avait cinquante médecins chargés de parcourir les trente mille immeubles pendant la saison chaude et de prescrire aux pauvres malades. Ils avaient deux mois pour le faire et, avec le plus grand effort, s'ils voulaient couvrir leur terrain, ils ne pouvaient se rendre qu'une fois dans chaque famille. Dans de nombreux cas, cela ne valait rien. Ils auraient tout aussi bien pu rester à l'écart, car ce qu'il fallait, c'était des conseils, des instructions, une aide amicale pour sortir d'une ornière désespérée, plus que des médicaments. Nous avons embauché une infirmière et elle est allée là où ils l'ont indiqué, suivant leur trace et apportant les choses que le médecin ne pouvait pas donner. Cela a bien fonctionné. A la fin de l'année, alors que nous aurions fermé boutique, nous nous trouvâmes avec trois cents familles sur les bras, à quitter, qui eût été une pure trahison. Nous avons donc pris quelques chambres dans un immeuble et avons tenu bon. Et à partir de ce petit début s'est développée la colonie des King's Daughters, qui occupe aujourd'hui deux maisons aux 48 et 50 Henry Street, faisant exactement le même genre de travail qu'au début dans le pâté de maisons suivant. Les fleurs étaient et sont le sésame ouvert à chaque foyer. Certains se sont moqués d' eux au début ; mais c'était parce qu'ils ne le savaient pas. Ils ne sont plus nécessaires aujourd'hui pour ouvrir les portes ; la petite croix est connue pour être une amie partout où elle va.

On entend parfois dire, et c'est vrai, que les pauvres sont plus charitables entre eux que le monde extérieur ne l'est envers eux. C'est parce qu'ils connaissent le besoin ; et cela ne fait que prouver que la nature humaine est fondamentalement bonne et non mauvaise. Dans les situations réelles, c'est lui qui s'en sort le plus fort. Donc, si vous pouvez seulement faire voir les autres, le feront-ils. Le problème, c'est qu'ils ne le savent pas, et certains d'entre nous semblent avoir du coton dans les oreilles : nous sommes un peu malentendants. Pourtant, chaque fois que nous l'avons mis à l'épreuve, le centre-ville sonnait vrai. Je me souviens de la veuve avec trois ou quatre petits qu'il fallait déplacer sur roues pour pouvoir se déplacer, comme le médecin l'exigeait. Il n'y avait aucune garderie à portée de main. Et je me souviens du cortège de landaus qui répondaient à notre appel. Il s'étendait de l'autre côté de la rue jusqu'à Chatham Square. Tout ce dont nous avions besoin, nous l'avons obtenu. Nous avons vu le grand cœur de notre ville et c'était agréable à voir.

Personnellement, je n'y suis pour rien, sauf à faire le lien avec la fin officielle, les médecins d'été, etc., et à créer des ennuis de temps en temps. Comme, par exemple, lorsque j'ai subrepticement approvisionné en tabac à mâcher un vieux couple dont nous avions la charge. Les dames le prenaient mal, mais elles n'avaient jamais fumé. J'en avais, et je sais ce que c'est que de se passer de tabac, car le médecin m'a coupé l'approvisionnement depuis longtemps. Ces deux-là étaient vieux, très vieux, et ils voulaient leur pipe, et ils l'ont eu. Je suppose que c'était irrégulier, mais autant le dire ici que je referais la même chose, sans aucun doute. Je le sens dans mes os. J'en ai si peu profité. Mais bonne terre ! une pipe n'est pas un péché mortel. Pour le reste, j'étais vraiment content de voir les choses gérées avec le système. C'était une nouvelle expérience pour moi. A la *Tribune* , j'avais une sorte de permis de faire appel de temps à autre en faveur d'une famille pauvre que j'avais rencontrée, et parfois beaucoup d'argent rentrait. C'était odieux de constater que cela ne faisait pas toujours le bien qu'il devrait. Je me souviens du vieux comptable et de sa femme que j'ai trouvés dans un grenier de Greene Street dans un état de misère horrible. Il avait connu des jours bien meilleurs, et c'était dans l'ensemble un cas bien pitoyable. Mon appel a rapporté plus de 300 $ que, à ma grande joie, je lui ai apporté en bloc. Le lendemain matin, en rentrant chez moi à trois heures, qui devrais-je voir dans un ignoble bar de Chatham Street, glorieusement ivre et dans les griffes d'une bande de coupe-gorge du Sixth Ward, mais mon protégé, le comptable, dilapidant l'argent correctement et gauche. Je l'ai aperçu par la porte ouverte et, très indigné, je suis entré et je l'ai tiré dehors, lui donnant une bonne conversation. La bande a suivi et a immédiatement commencé les hostilités. Sans l'arrivée providentielle de deux policiers, nous aurions probablement été tous deux malades. J'ai fait enfermer le vieil homme au commissariat d'Oak Street. Étonnamment, il possédait encore la majeure partie de l'argent, et par la suite je l'ai dépensé pour lui.

À une autre occasion, nous avons été délibérément victimes – les journalistes de Mulberry Street, je veux dire – par un homme avec une histoire pitoyable de difficultés, que nous avons considérée comme véridique et imprimée. En m'y rendant le lendemain matin pour m'en rendre compte, j'ai découvert que des vauriens du quartier avaient installé un péage dans la ruelle, faisant payer un quart aux visiteurs compatissants qui arrivaient en groupe pour avoir accès au spectacle dans le grenier. Cet homme était un fraudeur. C'était juste au coin d'un endroit où, des années auparavant, je laissais tomber, nuit après nuit, une pièce de cinq cents dans la main d'une mendiante en passant, parce qu'elle avait un bébé bercé sur son petit orgue sifflant, jusqu'à ce qu'une nuit le bébé a roulé dans le caniveau, et j'ai vu que c'était un bébé en chiffon et que la femme était ivre. C'est sur de telles preuves, à la fois pour eux et pour moi-même, que j'ai très tôt placé ma foi dans la charité organisée comme une simple charité ordonnée, et j'ai trouvé depuis de bonnes raisons pour me confirmer dans ce choix. Si un doute avait persisté dans mon esprit, mon expérience en aidant à distribuer le fonds de secours aux victimes de la tornade à Woodhaven il y a une douzaine d'années l'aurait dissipé. Il semble que la chance d'obtenir quelque chose pour rien soit, dans l'ensemble, la plus grande tentation que l'on puisse offrir à la frêle nature humaine, que ce soit dans les bidonvilles, à Wall Street ou là où poussent les pâquerettes.

Tout prend de l'argent. Notre travail demande beaucoup de temps. Il est arrivé plus d'une fois, lorsque les factures arrivaient, qu'il n'y ait rien pour les payer. C'était maintenant le moment de mettre ma foi à l'épreuve, comme indiqué ci-dessus. Mes associés au Conseil me confirmeront que c'était justifié. Il est vrai que la tension a été forte une ou deux fois. Je me souviens d'un après-midi, comme eux, où nous étions assis avec des factures s'élevant à 150 $ devant nous et pas un centime en banque, comme l'a rapporté le trésorier. Au même moment, le facteur apportait deux lettres, toutes deux provenant de la même ville, en l'occurrence : Morristown, New Jersey. Chacune d'elles contenait un chèque de 75 $, l'une d'une mère heureuse « en signe de gratitude et de joie », l'autre de "une personne frappée par un grand chagrin" qui avait assombri sa vie. Ensemble, ils ont réuni la somme nécessaire. Nous nous sommes assis et nous nous sommes regardés bêtement. Pour moi, cela n'était pas étrange : c'était la foi de ma mère. Mais je ne pense pas que nous, ni aucun d'entre nous, ayons doublé après cela ; et nous avions ce dont nous avions besoin, comme nous en avions besoin.

CHAPITRE XII

JE DEVIENS AUTEUR ET REPRENDS MA CARRIÈRE INTERROMPUE DE CONFÉRENCIER

Depuis plus d'un an, j'avais frappé aux portes des différents rédacteurs de magazines avec mes photos, leur proposant de leur raconter comment vivait l'autre moitié, mais personne ne voulait savoir. L'un des Harper a effectivement accepté l'idée, mais l'éditeur chez qui il m'a envoyé m'a traité avec beaucoup de cavalerie. Apprenant que j'avais pris les photos moi-même, il m'a proposé de les acheter au tarif habituel des photographes et de « trouver un homme capable d'écrire » pour raconter l'histoire. Nous ne nous sommes pas séparés avec des expressions mutuelles d'estime. J'ai alors renoncé à écrire pendant un certain temps et j'ai essayé les portes de l'église. Ce qui était enfermé en moi devenait peut-être un peu trop chaud pour la plume et l'encre. Dans l'Église, on peut en tout cas dire la vérité sans entrave. Donc je pensais; mais il y avait là aussi des âmes prudentes qui tenaient les portes contre Mulberry Street et le journaliste de la police. Il était bien sûr juste qu'ils sachent qui j'étais, mais j'ai pensé que le fait que j'étais diacre dans ma propre église à Long Island était une introduction suffisante. Ce n'était pas le cas, semble-t-il. Ma réserve de patience, jamais très grande, montrait des signes de faiblesse, et je rétorquai avec véhémence qu'alors, s'ils voulaient le savoir, j'étais journaliste, et peut-être que Mulberry Street avait autant de caractère sacré qu'une église qui ne voulait pas le savoir. écoutez ses torts. Ils ont seulement fermé les portes un peu plus fort. Cela n'a pas arrangé les choses qu'à cette époque, j'ai essayé de dire un peu la vérité dans mon propre groupe et j'ai échoué. Il ne s'est pas avéré plus populaire à Long Island qu'à New York. J'ai démissionné du diaconat et je pensais louer une salle - un théâtre pourrait être installé le dimanche - pour prêcher mon sermon laïc, lorsque je suis tombé sur le Dr Schauffler, le directeur de la City Mission Society, et le Dr Josiah Strong, le directeur de la City Mission Society. auteur de « Notre pays ». Ils se trouvaient ensemble et virent aussitôt la portée de mes tableaux. En me souvenant de mes premières expériences avec la lanterne magique, j'avais fait réaliser des diapositives à partir de mes négatifs et, le 28 février 1888, j'ai raconté leur histoire au Broadway Tabernacle. Par la suite, les choses se sont quelque peu améliorées. L'église de Plymouth et le Dr Parkhurst m'ont ouvert leurs portes et les autres se sont lentement alignés.

J'ai eu mon mot à dire et je me suis senti mieux. L'autre jour, j'ai trouvé dans mes papiers une note du Dr Schauffler, rédigée le lendemain de ce premier discours. Il en était content ainsi que de la collecte de 143,50 $ pour la cause missionnaire. Je me souviens que cela m'a fait sourire un peu sombrement. Les cinquante cents auraient été utiles pour le déjeuner ce jour-là. Il se trouve que je n'en avais pas. Cela arrivait assez souvent. J'ai toujours été, comme je l'ai dit, un mauvais manager. J'en parle ici à cause de deux lettres qui me sont parvenues pendant que j'écrivais ceci, et auxquelles autant répondre maintenant. On me demande de lever l'hypothèque de la maison de l'écrivain. J'en reçois un bon nombre de ce genre. Les scénaristes semblent penser que j'ai beaucoup d'argent et que je voudrais peut-être les aider. Je n'aimerais rien de mieux. Faire le tour, si l'on était riche, et rembourser les hypothèques sur les petites maisons, de sorte que les propriétaires, après avoir réuni les intérêts en les pinçant et en les grattant, trouvent tout parti et payé sans savoir comment, me semble-t-il, doit être la meilleure chose à faire. le meilleur plaisir du monde. Mais je n'y parviendrai jamais, car je n'ai pas d'autre argent que ce que je gagne avec ma plume et en enseignant, et je n'en ai jamais eu. Ainsi, leurs appels ne font que m'appauvrir d'un timbre de deux cents pour une réponse qui leur dit cela, et ne les rendent pas plus riches. L'autre lettre demande pourquoi moi et d'autres jeunes gens qui avons dû lutter contre le monde ne sommes pas allés chercher de l'aide à la Young Men's Christian Association ou aux missionnaires. Je ne sais pas pour les autres, mais je ne voulais pas qu'on m'aide. Il y en avait beaucoup qui étaient dans une situation pire et qui avaient davantage besoin d'aide. La seule fois où j'ai essayé, c'est lorsque Pater Breton, le bon prêtre français de Buffalo, a essayé de me faire passer en France pour combattre pour son pays, et n'a heureusement pas réussi. Quant à lutter contre le monde, c'est bien pour un jeune homme, bien mieux que de s'accrocher à quelqu'un pour le soutenir. Un peu de famine de temps en temps n'est même pas exclu. De toute façon, nous mangeons trop, et quand vous avez réussi à vous frayer un chemin dans un endroit étroit, vous vous en portez mieux. Je crains que ce ne soit pas toujours le cas lorsque vous avez été bousculé.

Et là encore, comme je viens de le dire, lorsque je suis allé voir les ministres avec une proposition équitable, ils n'ont pas vraiment sauté dessus. Non, c'était mieux comme ça.

La chose que j'avais si longtemps cherchée en vain est finalement arrivée par un autre chemin que celui que j'avais prévu. L'un des rédacteurs du *Scribner's Magazine* a vu mes photos et entendu leur histoire dans son église, et est venu discuter de la question avec moi. À la suite de ce discours, j'ai écrit un article paru dans le Christmas *Scribner's* de 1889, sous le titre "Comment vit l'autre moitié", et j'ai fait une impression instantanée. C'était le début de jours meilleurs.

Avant de laisser partir le vieux, je dois raconter un incident de l'expérience de mon journaliste qui me fait rire de bon cœur, même si ce n'est pas le bidonville qui m'a envoyé à l'église de la Sainte Communion sur la Sixième Avenue. Et même si la porte m'a été fermée au nez, ce n'était pas par le recteur, ni par méchanceté. Une dépêche du commissariat de Tenderloin apprend que l'épouse du Révérend Dr Henry Mottet y était enfermée, folle. Nous n'avions aucun moyen de savoir que le docteur Mottet était alors un célibataire confirmé. Alors je suis allé lui présenter mes condoléances et, accessoirement, lui demander quel était le problème avec sa femme, de toute façon . Le domestique qui vint à la porte ne savait pas si le médecin était là ; elle irait voir. Mais alors même qu'elle disait cela, le vent fit fermer la porte derrière elle. Il y avait un système de verrouillage.

"Oh!" elle a dit : "Je suis exclue. Si le médecin n'est pas dans la maison, je ne peux pas entrer."

Nous avons sonné, mais personne n'est venu. Il n'y avait qu'un seul moyen : essayer les fenêtres. La pauvre fille ne pouvait pas rester dans la rue. Nous avons donc fait le tour du presbytère et en avons trouvé un déverrouillé. Elle m'a donné un coup de pouce, j'ai soulevé la ceinture et j'ai rampé dedans.

A mi-chemin dans la pièce, avec une jambe par-dessus le rebord, j'ai vaguement pris conscience de la présence d'une forme. Grand et impatient, il se tenait entre les rideaux de la porte.

"Eh bien, monsieur ! et qui êtes-vous ?" il parlait sévèrement.

J'ai escaladé le rebord et posé moi-même la question : « Et qui êtes-vous, monsieur ?

"Je suis le docteur Mottet et j'habite cette maison." Après tout, il était entré et était descendu pour entendre la raison de la sonnerie. "Et maintenant, puis-je demander, monsieur...?"

"Bien sûr, vous le pouvez. Je suis un journaliste du quartier général de la police, je viens vous dire que votre femme est enfermée au commissariat de la 30ème rue."

Le médecin m'a regardé fixement pendant une minute entière. Puis il étendit lentement sa grande silhouette dans un fauteuil et se laissa tomber, une expression de désespoir comique s'installant sur son visage.

"Ô Seigneur!" il soupira lourdement. "Un homme étrange grimpe par la fenêtre de mon salon pour me dire, célibataire, que ma femme est enfermée au commissariat. Que va-t-il se passer ensuite ?"

Et puis nous avons ri ensemble et nous nous sommes fait des amis. Cette femme n'était qu'une folle ordinaire.

Je rentrais tard du bureau un soir de la semaine où mon article de Noël était imprimé. Ma femme m'attendait à la porte, regardant dans la rue. J'ai vu qu'elle avait quelque chose en tête, mais les enfants allaient bien, dit-elle ; rien n'allait pas. Le dîner terminé, elle approcha une chaise du feu et en sortit une lettre.

"Je l'ai lu," acquiesça-t-elle. C'était notre façon de faire. La lettre commerciale la plus courante est pour moi un document humain lorsqu'elle l'a lu. En plus, elle en sait bien plus que moi. Son cœur peut trouver un moyen de me faire cogner aveuglément la tête contre les murs de pierre.

La lettre provenait de Jeanette Gilder, du *Critic* , qui me demandait si j'avais pensé à faire de mon article un livre. Si c'est le cas, elle connaissait un éditeur. Ma chance était venue. Je devais enfin avoir mon mot à dire.

J'aurais dû penser que j'aurais crié et continué. Je ne l'ai pas fait. Nous étions assis ensemble à regarder le feu, elle et moi. Aucun de nous n'a parlé. Ensuite nous sommes allés vers les enfants. Ils dormaient doucement dans leurs berceaux. J'ai vu une larme dans ses yeux alors qu'elle se penchait sur le berceau du bébé et l'attrapait près de moi, l'interrogeant.

"Allons-nous te perdre maintenant ?" murmura-t-elle en cachant sa tête sur mon épaule. Je ne sais quelle pensée jalouse des auteurs attachés à leur œuvre lui était venue à l'esprit ; ou plutôt, je le fais. Je l'ai senti, et dans mon cœur, tandis que je la serrais contre moi, j'ai enregistré un vœu que j'ai tenu. Ce fut la dernière larme qu'elle versa pour moi. Notre fille fait la moue à son père de temps en temps ; dit que je suis "féroce". Mais elle vient avec sa couture s'asseoir là où j'écris, et quand elle vient, le soleil brille.

Forcément, pendant un moment, mon nouveau travail m'a tenu très proche. "Comment vit l'autre moitié" a été écrit la nuit pendant que la maison dormait, car j'avais mon travail de bureau à faire pendant la journée. J'avais alors l'habitude d'allumer les lampes de toutes les pièces de l'étage inférieur et de les parcourir avec ma pipe, car j'écris la plupart du temps avec mes pieds. J'ai commencé le livre avec la nouvelle année. En novembre, il a été publié et le jour de sa sortie, j'ai rejoint l'équipe de l' Evening *Sun.* J'ai simplement monté un escalier. Mulberry Street n'en avait pas encore fini avec moi, ni moi non plus.

Je m'étais brouillé avec le directeur de l'Associated Press Bureau (le *Tribune* s'était retiré de la co-association quelques années auparavant) et, pendant un bref été, j'ai dirigé mon propre magasin d'opposition. J'ai vendu des informations policières à tous les journaux, et ils se sont retirés du Bureau avec une telle unanimité que le directeur est venu et m'a proposé de me sous-traiter entièrement le département si j'unissais mes forces. Mais l'indépendance m'a toujours été douce et, dans ce cas-ci, elle s'est même avérée profitable. J'ai gagné au moins trois fois plus d'argent qu'avant, mais je l'ai fait au prix d'un tel coût d'énergie et d'efforts que j'ai vite compris que cela ne pouvait pas durer, même avec la séquence de chance phénoménale que j'avais eue. C'était comme si je n'avais qu'à tendre la main pour avoir des nouvelles. J'entends des gens dire de temps en temps que la chance n'existe pas. Ils ont tort. Il y a; Je sais cela. Cela se produit par traînées, comme les accidents et les incendies. Le problème est de se mettre en travers de son chemin et de rester là jusqu'à ce qu'il arrive, puis de s'accrocher et c'est parti. C'est la vieille histoire du lève-tôt. Je me levais à cinq heures, trois heures avant chacun de mes concurrents, et parfois ils descendaient au bureau pour trouver mes nouvelles colportées dans la rue dans les figurants de leurs propres journaux.

D'une manière ou d'une autre, un combat était toujours à portée de main. Cela semblait prédéterminé. Si ce n'était pas « l'opposition », c'était la police. Lorsque Mulberry Street se reposait, le « lecteur » de l'éditeur commençait, ainsi que le correcteur d'épreuves. Ce dernier est de toute façon un ennemi de l'humanité. Non seulement il vous fait dire des choses dont vous n'avez jamais rêvé, mais le fait qu'il soit si sûr de lui qu'il sait mieux à chaque fois est un défi direct au combat. Le « lecteur » est goudronné avec le même bâton. C'est lui qui transmet le manuscrit, et il a une haine incarnée de l'opinion. Si un homme a cela, il est son ennemi avant même de le voir. Il a transmis mon manuscrit avec un crayon bleu qui a gaspillé des pages entières, une fois un chapitre entier, d'un seul trait. C'était comme saccager une ville conquise. Mais il n'est pas mort dans ses péchés. J'ai rejoint le combat à la première vue de ce crayon bleu. Les éditeurs disaient que leur lecteur était un homme très compétent. Il l'était donc, et en plus c'était un brave garçon ; il avait oublié bien plus que je n'en avais jamais su, sauf l'autre moitié, dont il ne savait rien. J'ai suggéré à l'entreprise que s'ils ne le pensaient pas, ils feraient mieux de le laisser écrire un livre à sa mesure, ou bien d'imprimer le mien tel que je l'écrivais. C'était juste et ils ont adopté mon point de vue. Lui aussi. Le crayon bleu est tombé en panne.

À quel point j'étais mortellement fatigué à cette époque, je ne pense pas que je le savais moi-même jusqu'à ce que je me rende à Boston un soir pour participer à une discussion sur la transpiration à l'Institut de technologie. J'avais une heure à perdre et je suis allé dans Beacon Street pour rendre visite à un ami. Je montai machinalement le perron et sonnai. Mon ami n'était pas là, dit le domestique qui se présenta à la porte. Qui devrait-elle dire appelé ? Je me levai et la regardai comme un imbécile : j'avais oublié mon nom. Je ne dormais pas ; Je fouillais dans une agonie de terreur et d'excitation dans tous les recoins et crevasses de mon cerveau à la recherche de mon propre nom, mais je ne l'ai pas trouvé. Aussi lentement que possible, pour gagner du temps, j'ai attrapé mon porte-cartes et j'ai cherché une carte, dans l'espoir de m'en souvenir. Mais aucun rayon n'est venu. Jusqu'à ce que je lise mon nom sur ma carte, il avait complètement disparu comme si je ne l'avais jamais entendu. Si les habitants de Boston ont retenu quelque chose de mon discours ce jour-là, ils ont fait mieux que moi. Tout le temps que je parlais, quelque chose me répétait : « Vous êtes un gars sympa pour faire un discours à l'Institut de technologie ; vous ne le faites pas. Je ne connais même pas ton propre nom.

Après cela, j'ai été hanté par le sentiment que j'allais me perdre complètement et j'ai pris l'habitude de laisser des instructions privées dans le bureau où je me trouverais probablement en cas de question. Cela est finalement survenu dans une église de Brooklyn où je faisais un discours avec mes images de lanterne magique. Pendant que je parlais, le sentiment grandissait en moi que je devrais être parmi le public en train de regarder les images. Tout cela me semblait loin et n'avait aucun rapport avec moi. Avant que je m'en rende compte, ou que quiconque ait eu le temps de le remarquer, j'étais descendu et pris place à l'avant. Je suis resté assis là pendant peut-être cinq minutes, pendant que l'homme à la lanterne s'agitait et que le public se demandait, je suppose, ce qui allait suivre. Ensuite, ce sont les images qui ne changeaient pas qui m'inquiétaient ; Avec un frisson, j'ai su que j'étais perdu et je suis revenu et j'ai terminé mon discours. Apparemment, personne n'en savait rien. Mais j'étais heureux quand, la semaine suivante, j'ai écrit la dernière page de mon livre. Cette nuit-là, insiste ma femme, j'ai délibérément fait un saut périlleux sur le tapis du salon pendant que les grands enfants applaudissaient et que le bébé regardait, les yeux écarquillés, depuis sa chaise haute.

Je conserve parmi mes trésors les plus précieux deux lettres de cette période écrites par James Russell Lowell. Dans l'un d'eux, il m'autorise à utiliser les vers avec lesquels j'ai préfacé le livre. C'était le texte à partir duquel j'ai prêché mon sermon. Il écrit qu'il est "heureux qu'il leur reste autant de vie après quarante ans". Mais ces vers ne mourront jamais. Ils racontent en quelques lignes tout ce que j'ai essayé de raconter sur trois cents pages. L'autre lettre a été écrite alors qu'il avait lu le livre. Je le reproduis ici.

[Illustration : Lettre de M. Lowell.]

Pour ma part, je n'ai jamais été en mesure d'expliquer de manière satisfaisante le superbe parcours de "Comment vit l'autre moitié". C'est un livre curieusement populaire, même aujourd'hui. Peut-être était-ce parce que je l'avais en moi depuis si longtemps qu'il a fini par éclater avec un élan qui a fait son chemin. Le titre y était pour beaucoup. M. Howells m'a demandé un jour où je l'avais obtenu. Je n'ai pas compris. C'est venu tout seul. Comme Topsy, il a grandi . Cela me trottait dans la tête depuis que je pensais aux choses que j'essayais de décrire. Ensuite, il y a eu une véritable chance que "In Darkest England" de Booth ait été publié juste à ce moment-là. Les gens ont naturellement demandé : « Et New York ? Cet hiver-là, Ward McAllister écrivit son livre sur la société telle qu'il l'avait trouvée, et le circuit était fait. Les ministres prêchaient sur le contraste. « Comment vit l'autre moitié » s'est déroulé d'une édition à l'autre. Il y a eu rapidement une demande pour davantage de « copies », et j'ai écrit « Les Enfants des Pauvres », en suivant le même thème. Les critiques ont dit qu'il contenait plus d'« os », mais il n'a jamais été aussi populaire que « l'autre moitié ».

Par « os », je suppose qu'ils entendaient des faits auxquels se rattacher. Ils étaient assez rares à ce stade de l'enquête. J'ai dans mon bureau un tableau indiquant les âges auxquels les enfants font leurs dents qui en témoigne. J'avais été aux prises avec le problème du travail des enfants dans certaines usines de l'East Side et je n'avançais pas. Les enfants avaient tous des certificats les déclarant avoir « quatorze ans » et donc aptes à être employés. Il était évident qu'ils n'étaient pas dix dans des dizaines de cas, mais l'employeur haussa les épaules et montra le certificat. Le père, habituellement tailleur, n'écoutait pas du tout et se contentait de repasser. Il n'existait pas de registre des naissances sur lequel s'appuyer ; cette fin a été négligée. Il ne semblait y avoir aucun moyen de prouver le fait, et pourtant le fait était là et devait être prouvé. Mes propres enfants faisaient leurs dents à ce moment-là, et cela m'a donné une idée. J'ai demandé au Dr Tracy de rédiger pour moi ce tableau indiquant à quel âge les dents de chien doivent apparaître, à quel moment les molaires, etc. Armé de cela, je suis allé dans les usines et j'ai ouvert la bouche des petits ouvriers. Les filles objectèrent : leurs dents étaient en général mauvaises ; mais j'en ai vu assez pour me permettre de parler positivement. Même en tenant compte du retard du bidonville, il était clair qu'un enfant qui n'avait pas encore poussé ses dents de chien n'avait pas « quatorze ans », car elles auraient dû être coupées à douze ans au plus tard. Trois ans plus tard, le comité Reinhardt rapportait au Parlement que le résultat net de la loi sur les usines était une masse de parjures et de travail des enfants, et que le jour commençait à poindre pour les plus petits aussi.

Des voies difficiles et un travail difficile ? Oui, mais vous devez utiliser les outils qui sont à votre disposition et vous en réjouir si vous voulez faire avancer les choses. Les matraques étaient alors nécessaires et, après tout, on peut s'amuser beaucoup avec celles-ci quand on en a besoin. Je sais que je l'ai fait. À ce moment-là, toute la bataille contre le bidonville était née de l'effort de nettoyer une porcherie et , quant à ma propre part, de me contenter d'un chien mort. Elle faisait rage tout au long de la ligne avec des revendications en faveur d'une réforme des immeubles d'habitation et de la destruction des vieilles colonies ; des parcs pour les gens parqués dans les bidonvilles ; pour des terrains de jeux pour leurs enfants ; pour un enseignement décent et des écoles décentes. Il y avait trop de points noirs à New York où nous n'avions ni l'un ni l'autre. L'ignorance des pouvoirs en place était si grande quant aux besoins et à l'état réel des écoles publiques, dont, les jours de défilés, ils parlaient sentencieusement comme la « pierre angulaire de nos libertés », tandis que le peuple applaudissait le sentiment qu'il On racontait comment un maire de Tammany avait nommé au poste de commissaire d'école dans le troisième arrondissement un homme qui était mort depuis un an entier, et comment, quand le monde s'étonnait , on s'en moquait à l'hôtel de ville en disant que ce est-ce important : il n'y avait pas d'école dans le quartier ; c'était le quartier des épiceries de gros. Je ne sais pas à quel point c'était vrai, mais il n'y avait aucune raison pour que ce ne soit pas le cas. C'était exactement à égalité avec le reste. Je ne veux pas dire qu'il n'y avait pas de bonnes écoles à New York. Il y en avait aussi bons que n'importe où ; car il y avait des professeurs de grande âme qui ont racheté même le bourbier dans lequel nous nous trouvions du désespoir total. Mais ils étaient là malgré tout et ils étaient loin d'être la règle. Espérons le jour où cela aura été renversé et considéré comme un constat de fait. Personne ne l'accueillera plus volontiers que moi. Il existe un moyen simple de le mettre à l'épreuve ; nous l'avons fait une fois auparavant. Abordez une mesure de réforme scolaire et voyez quelle est la question qui sera posée par les enseignants. Si tel est le cas, « Comment cela va-t-il bénéficier aux enfants ? » hisser le drapeau ; le jour de la délivrance est proche. Dans la bataille à laquelle je fais référence, cette question n'a pas été posée une seule fois. Les enseignants se sont tenus côte à côte pour défendre *leurs* droits, laissant les enfants se débrouiller comme ils le pouvaient.

Cependant, c'est un vieux grief. Nous en avons discuté une fois, et je n'ai aucune intention de le déchirer à nouveau, à moins que cela ne soit nécessaire. Mon propre père était enseignant ; c'est peut-être une des raisons pour lesquelles je vénère cette vocation, afin de garder ses contours à l'écart de la politique à tout prix. Une autre raison est que je souscris de tout cœur à l'affirmation selon laquelle l'école publique est la pierre angulaire de nos libertés, et au sentiment qui voudrait que le drapeau flotte toujours dessus. Seulement je veux autant de respect pour le drapeau : une école propre sous un drapeau intact ! Nous allons donc nous en sortir ; pas autrement. La chose ne nécessite aucune discussion.

[Illustration : Le « terrain de jeu » des garçons dans une ancienne école.]

Mes propres efforts dans cette lutte visaient principalement à obtenir des écoles décentes, des terrains de jeux et une école scolaire scolaire pour empêcher les garçons d'aller en prison. Si je n'étais pas compétent pour discuter du programme avec un professeur de pédagogie, je pourrais au moins savoir si une salle de classe était tellement bondée que pour me laisser passer dans la salle voisine, les enfants assis à l'avant devaient se lever et se lever ; ou s'il y avait suffisamment de lumière pour qu'ils puissent voir leurs ardoises ou le tableau noir. Il n'était pas non plus nécessaire d'avoir la sagesse d'un Salomon pour décider qu'un sous-sol sombre, de trente pieds sur cinquante pieds, rempli de rats, n'était pas un endroit approprié pour qu'un millier d'enfants appellent leur seul « terrain de jeu ». Le jeu, dans le cadre du programme de maternelle, est « l'occupation normale de l'enfant à travers laquelle il commence à percevoir les relations morales ». Une belle morale s'y enfouissait pour lui ! Il n'y avait, dans tout Manhattan, qu'un seul terrain de jeu extérieur rattaché à une école publique, et c'était un ancien cimetière de First Street qui avait été arraché aux morts au prix d'un immense labeur. Après avoir nourri ma rancune pour ces choses, je pouvais encore aller là où venaient les enfants des écoles publiques et apprendre, par un peu de pompage judicieux, comment mon ami le professeur avait stocké leur esprit. Autrement dit, s'ils ne venaient pas me voir. Plusieurs centaines d'entre eux l'ont fait, lorsque sous Roosevelt nous avions besoin de deux mille nouveaux policiers, et c'est de certains d'entre eux que nous avons appris que parmi les treize États qui formaient l'Union se trouvaient « l'Angleterre, l'Irlande, le Pays de Galles, Belfast et Cork » ; qu'Abraham Lincoln a été « assassiné par Ballington Booth » et que les pompiers étaient en charge du gouvernement de la ville lorsque le maire était absent. N'aurais-je pas souhaité que ce soit le cas et qu'ils ouvrent le tuyau un moment ! Que d'ennuis cela nous éviterait en novembre !

Quant à l'école scolaire scolaire, l'absence d'une école était le pire des outrages, car elle obligeait à envoyer des garçons, qui n'avaient rien fait de pire que de jouer à l'école buissonnière par une journée ensoleillée de printemps, dans une prison avec des barreaux de fer aux fenêtres. . Pour le garçon qui a fait cette mauvaise chose, permettez-moi d'être clair à ce sujet et de dire que s'il ne l'avait pas fait ; s'il avait patiemment préféré certaines écoles que je connais à une journée de liberté au soleil, je l'aurais pris pour un misérable petit idiot au-delà de tout espoir ! Quant à ceux qui l'ont enfermé, presque rien de ce que je peux imaginer ne serait assez grave pour eux. Tous les efforts de la société devraient être, et seront de plus en plus, grâce à Dieu et au bon sens, à garder le garçon hors de prison. Courir vers lui avec lui au moment où la sève commence à bouillir en lui et qu'il fait l'une des mille choses que nous avons tous faites ou voulions faire si nous l'osions, eh bien, c'est une folie coupable. Je ne dis pas qu'il n'y a pas de garçons qui devraient être en prison, même si, à mon avis, c'est la pire utilisation que l'on puisse en faire ; mais d'y mettre des absents, d'apprendre tous les tours que la prison a à enseigner, avec eux dans l'état d'esprit dans lequel elle les reçoit, car les garçons ne sont pas des imbéciles, quels que soient ceux qui les surveillent, et ils savent quand ils sont mal utilisés, je ne connais rien d'aussi méchant que de gaspillage. C'était notre façon de faire ; C'est encore le cas, dans une large mesure, bien que le principe ait été désavoué comme étant à la fois immonde et insensé. Mais à cette époque, les défenseurs du système – Dieu merci ! – se battaient encore pour lui, et c'était un jeu d'enfant, chaque jour et toute la journée.

Avant cela, à temps pour exercer une main forte dans tout cela, une nouvelle force était entrée sur le terrain, destinée à donner à la fois énergie et direction à nos efforts dispersés de réforme. Jusqu'alors, nous avions été une bande de guérilleros, l'incitation provenant généralement du Dr Felix Adler, de Mme

Josephine Shaw Lowell ou de quelqu'un de leur trempe ; et le reste d'entre nous s'est joint à nous pour pousser *ce* chariot jusqu'au sommet de la colline, puis a pris le temps de respirer jusqu'à ce qu'un autre arrive et ait besoin d'être soulevé. Les établissements sociaux, qui étaient au départ des corporations de quartier chargées de réaffirmer la fraternité perdue, devinrent presque dès le début le point d'appui, pour ainsi dire, du levier de la réforme, parce que l'idée même de cette réforme était d'améliorer le sort de ceux que le Les quartiers riches prospères étaient vaguement connus sous le nom de « pauvres ». S'il fallait des parcs, si les écoles avaient besoin d'être améliorées, il y avait au College Settlement, à l'University Settlement, au Nurses' Settlement et dans une vingtaine d'autres endroits similaires, de jeunes enthousiastes pour recueillir les faits et les inciter, avec le prestige de leur organisation apolitique pour les soutenir. La Hull House à Chicago a donné le ton, et il a été courageusement maintenu jusqu'à cette extrémité de la ligne. D'une part, je me suis attaché comme une sorte d'"'auxiliaire" bénévole au College Settlement - c'est ainsi que les filles m'appelaient là-bas - et à quiconque voudrait de moi, et ainsi, en quelques années, je me suis glissé facilement dans la journée. lorsque mes méthodes les plus grossières étaient complètement dépassées et prêtes à être mises de côté.

Comment est-il arrivé que, presque avant que je m'en rende compte, ma langue se soit engagée dans le combat ainsi que ma plume, je ne le sais pas moi-même. Ce ne pouvait pas être parce que j'avais une « langue d'argent », car j'ai lu un jour dans le journal local, alors que j'étais en train de donner une conférence dans la partie occidentale de l'État, qu'« un Allemand volubile avec une voix comme une porte de cave grinçante » était en ville. Il semble que j'étais tombé dans une autre querelle dans les journaux, sans me douter de rien, et que j'étais dans le camp des rédacteurs en chef de l'opposition. Mais en vérité, je ne prétends pas à l'éloquence. Cela devait donc être, encore une fois, les faits. Il n'y a rien de comparable. Quoi qu'il en soit, cela me faisait parfois sourire au milieu d'un discours de penser aux prophéties de mon enfance selon lesquelles "ma langue serait ma perte" car ici, elle aidait plutôt à réparer les torts. En fait, c'est ce qu'il avait essayé de faire autrefois, lorsque les enseignants étaient tyranniques. Il est entré sur la liste ici lorsque Will Craig, un employé du ministère de la Santé, avec qui j'avais noué une amitié, m'a aidé à transformer mes photographies en diapositives de lanterne magique en payant les factures, et à partir de là, j'ai grandi, jusqu'à ce que mes hivers soient maintenant dépensés sur la plate-forme de conférence. J'ai toujours aimé le travail. Cela fatigue moins que la routine du bureau et vous ressentez davantage le contact avec vos collègues que lorsque vous êtes assis et écrivez votre message. De plus, si vous souhaitez apprendre une chose, la meilleure façon est toujours d'essayer de l'enseigner à quelqu'un d'autre. Je ne fais jamais de discours sur un sujet qui me est familier mais dont j'en ressort plus informé qu'au début, même si personne d'autre n'a peut-être dit un mot.

Ensuite, il y a le président. Vous ne pouvez jamais savoir quel genre de surprise vous attend. L'hiver dernier, dans une ville du Massachusetts, j'ai été salué sur scène par un membre de sa tribu, un homme décharné et funèbre, qui voulait savoir ce qu'il devait dire de moi.

"Oh," dis-je avec légèreté, "dites tout ce que vous voulez. Dites que je suis le citoyen le plus distingué du pays. C'est généralement le cas."

Sur quoi mon ami funéraire monta sur scène et annonça calmement au public qu'il ne connaissait pas cet homme que Riis, qu'il était chargé de présenter, n'avait jamais entendu parler de lui.

« Il me dit, continua-t-il sans un clin d'œil, qu'il est le citoyen le plus distingué du pays. Vous pourrez juger par vous-mêmes quand vous l'aurez entendu.

Au début, j'ai pensé que c'était une mauvaise blague ; mais non! Ce n'était pas ce genre d'homme. Je ne pense pas qu'il ait souri depuis sa naissance. Peut-être qu'il était croque-mort. Assurément, il devrait l'être. Mais il avait des intestins après tout. Au lieu de quitter la scène et de me laisser bleu de rage, il est resté pour exhorter le public, dans un discours de quinze minutes, à voter correctement, ou quelque chose du genre. La simple remarque, lorsqu'il lui tourna enfin le dos, que c'était un soulagement de le voir « éteint », fit de nous des hommes et des frères, ce public et moi. Je pense à lui avec presque autant de plaisir qu'à ce rédacteur en chef de la ville de l'Illinois qui est venu souffler sur l'estrade à la dernière minute et m'a remis un discours dactylographié en me demandant si cela suffirait. Je l'ai relu. Il a commencé par déclarer que l'impression générale était que tous les journalistes étaient des menteurs, puis a continué par étapes faciles en soulignant qu'il y avait des exceptions, moi par exemple. Le reste n'était que beaucoup d'éloges auxquels je n'avais aucun droit. Je l'ai dit et j'aurais aimé qu'il le laisse de côté.

"Oh, eh bien," dit-il avec un sourire heureux, "tu ne vois pas que ça te donne le signal. Alors tu peux te retourner et dire que de toute façon, je suis un menteur."

Avec la langue ou la plume, l'argument s'est finalement transformé en argument fondamental pour le sauvetage de la maison menacée par le bidonville. Là, tous les chemins se croisaient. Le bon civisme dépend de cette question. Dites ce que vous voulez, un homme ne peut pas vivre comme un cochon et voter comme un homme. Les plus ennuyeux d'entre nous l'ont vu. Cet immeuble avait donné à New York le nom de « la ville des sans-abri ». Mais une fois disparu ce qui valait la peine d'être vécu, que valait la liberté ? Sans maison à chérir, combien de temps avant que l'amour de la patrie ne soit qu'un son vide de sens ? La vie, la liberté, la quête du bonheur ? Vent!

dit le bidonville, et le bidonville a raison si on le laisse faire. Nous ne pouvons pas nous débarrasser des immeubles qui abritent aujourd'hui deux millions d'âmes à New York, mais nous avons entrepris de les rendre au moins aussi aptes que possible à héberger des âmes humaines. Cela prendra encore beaucoup de temps. Mais un début a été fait. Alors que la réforme se profilait dans la foulée des révélations de Lexow, la Gilder Tenement-House Commission fut créée à l'automne 1894.

[Photo d'un immeuble intitulé "Typical East Side Tenement Block" sous-titré "Cinq cents bébés dedans, pas une baignoire"]

Jamais une œuvre plus grande n'a été accomplie pour New York que par ce groupe d'hommes fidèles. La mesure ne réside pas dans ce qui a été effectivement accompli, même si le volume de celui-ci était considérable, mais dans ce qu'il a rendu possible. Sur les fondations qu'ils ont posées, nous pouvons construire pour toujours et en tirer le meilleur. La lumière et l'air ont acquis un droit légal, et là où le soleil brille dans le bidonville, le bidonville est condamné. Les pires immeubles furent détruits ; des parcs ont été ouverts, des écoles construites, des terrains de jeux créés. Les droits des enfants leur ont été reconquis. Le bidonville leur refusait même la chance de vivre, car il a été démontré que les pires quartiers arrière tuaient les bébés au taux d'un sur cinq. La Commission a clairement indiqué que la législation nécessaire était « du genre à éliminer tous les vieux immeubles délabrés et propices aux maladies de la ville ». C'était ainsi qu'il fallait commencer. Quant aux autres, elle a posé des fondations plus profondes encore, car elle nous a fait voir que la vie en eux « conduit à la corruption des jeunes ». Cela disait tout. Cela signifiait qu'on hypothéquait la vie civique du lendemain, ce qui ne devait pas être supporté. Nous étions prévenus.

La corruption des jeunes ! Nous avançons à pas rapides à notre époque. Ce qui était une menace, moquée par beaucoup, est devenu en une demi-douzaine d'années un péril présent et terrible. Nous avons pris un raccourci pour y parvenir lorsque nous avons essayé de vider le bassin de chantage policier dont les révélations de Lexow nous avaient montré les profondeurs hideuses. Nous l'avons vidé dans les immeubles et, pour l'infamie de la police, nous avons eu droit à un chantage immobilier encore pire. Le président du Comité des Quinze nous dit que sur plus d'une centaine d'immeubles peuplés d'enfants en pleine croissance que son comité a examinés, aucun n'a échappé à la contamination qui accumule les profits du propriétaire. Douze dollars pour un appartement honnête, trente pour l'autre type et sans poser de questions ! Je trouve dans mon album cet avertissement que j'ai lancé pendant les vacances de Noël 1893, alors que le pays sonnait du nom du Dr Parkhurst :

"Je ne voudrais pas, quoi qu'il arrive, par un système hâtif ou peu judicieux de raids massifs, enfoncer ces femmes dans les immeubles et les appartements de notre ville. C'est ce qui va sûrement arriver, et c'est ce qui se passe maintenant. C'est un danger infiniment plus grand. que tout ce qui découle de leur présence là où ils sont et tels qu'ils sont. Chaque centre de contagion morale par ce processus de dispersion devient dix ou vingt, plantés là où ils feront le plus de mal possible. Pensez aux enfants amenés en contact quotidien et horaire avec ce vice ! Pensez aux milliers de jeunes femmes qui cherchent en vain du travail pendant cet hiver rigoureux ! Qu'il y ait si peu d'argent pour le travail honnête d'une femme, il y en a toujours assez pour acheter sa vertu. Ayez des maisons d'habitation avec des ressources morales fiables pour la garder . à l'abri de cette tentation ?

"C'est une méchante méchanceté qui ne doit pas être permise, quoi qu'il arrive. Nous entendons parler d'un danger pour 'nos jeunes hommes', à cause des conditions actuelles. Quel genre de jeunes hommes doivent-ils être pour risquer le sacrifice de leurs sœurs les plus pauvres pour leur propre « sécurité » ? Et elle est menacée partout où des maisons de ce genre sont fermées et où les femmes sont envoyées dans les rues, pour y se déplacer par elles-mêmes. La prison ne les garde pas. Les familles chrétiennes ne les recevront pas. Elles ne peuvent pas Aucune porte ne leur est ouverte : pourtant ils doivent aller quelque part. Et ils vont là où ils pensent pouvoir se cacher de la police et continuer à exercer le métier qui leur donne la seule vie que la société veut qu'ils aient, même si elle le dit. n'est pas."

Et ils y sont allés. Le Dr Parkhurst n'était pas à blâmer. Il combattait Tammany qui distribuait les cartes et prenait tous les plis, et pour ce combat, New York lui doit une dette dont elle connaît à peine encore. En outre, même si ces raids ont accéléré le processus, celui-ci était déjà bien engagé. L'extorsion de fonds de la police en aurait mis fin à temps. À la longue, un maître chanteur tue toujours la poule aux œufs d'or. Sa cupidité prend le dessus sur son sens. L'interview que j'ai citée n'était pas un plaidoyer pour légaliser le mal. Cela ne nous mènera pas plus loin. Il s'agissait plutôt d'un appel lancé à notre peuple pour qu'il cesse de se cacher derrière des phrases mensongères et qu'il regarde la situation clairement en face. Avec une loi sur les immeubles d'habitation, adoptée cet hiver, qui envoie la femme en prison et inflige une amende de 1 000 $ au propriétaire et à sa maison, nous serons sur le point d'y parvenir sous peu. Tant que nous ne rendrons pas justice d'abord, je ne vois pas comment nous y parviendrons. Le dos de la pauvreté est suffisamment chargé sans que nous lui imposions les péchés que nous avons peur d'affronter. En attendant, nous trouverons le courage d'en parler ouvertement, ce qui représente la moitié de la bataille. Pensez au choc que cela aurait causé à nos grands-mères d'entendre parler d'une réunion de femmes dans une salle publique « pour protester contre le vice protégé ». Un dimanche aussi. À bien y penser, je ne sais pas, mais ce discours sain et clair sur ce sujet est plus proche de la totalité que de la moitié de la bataille. Je suppose plutôt que oui.

CHAPITRE XIII

ROOSEVELT ARRIVE - L'ÂGE D'OR DE MULBERRY STREET

Voyez maintenant comment les choses se passent. A peine avais-je envoyé à l'imprimeur le chapitre dans lequel j'avais posté des correcteurs comme ennemis de l'humanité, que voici la preuve du précédent avec une note cordiale de remerciement de cet ennemi particulier "pour l'inspiration" qu'il y a trouvé. Alors, je me suis trompé, comme je l'ai souvent fait auparavant, et je lui dois cet aveu. Bonne terre ! que sommes-nous pour penser que nous avons toujours raison, ou, de peur de commettre le mal, rester les bras croisés toute notre vie à attendre la lumière ? La lumière vient à mesure que nous y travaillons. Roosevelt avait raison lorsqu'il disait que seul celui qui ne fait jamais d'erreurs est celui qui ne fait jamais rien. Préservez-nous de lui ; de l'homme qui veut éternellement maintenir la balance à l'équilibre et qui n'a donc jamais fini de peser — ne remet jamais rien sur le comptoir. Emmenez-le et mettez du sang rouge dans ses veines. Et laissons le reste d'entre nous aller de l'avant et commettre nos erreurs — aussi peu que nous le pouvons, autant que nous le devons ; seulement, allons de l'avant.

Tout cela se rapporte à d'autres choses que j'ai en tête, et non au correcteur, contre qui je n'ai aucune rancune aujourd'hui. Quant à lui, peut-être n'est-il qu'un signe que le monde bouge.

C'est ce qu'il a finalement fait au cours de l'année (1894) qui a donné naissance au Comité d'enquête de Lexow, aux Soixante-dix citoyens et à la réforme. Tammany est sorti, accéléré par le Dr Parkhurst, et une administration est arrivée qui s'est engagée à réaliser tout ce pour quoi nous avions tant désiré et travaillé. Pendant trois ans, nous avons eu les mains libres et nous les avons utilisées. L'administration du maire Strong n'était pas le millénaire, mais elle en a rapproché New York beaucoup plus qu'elle ne l'avait jamais été, et elle a établi des normes vers lesquelles nous pouvons continuer à lutter avec profit pour nous-mêmes. Le maire lui-même n'était pas un saint. C'était un honnête homme déterminé à faire le bien et, normalement, d'une sagesse pratique singulière dans le choix des hommes pour l'aider à le faire, mais avec l'illusion intermittente qu'il était un politicien avisé. Quand cela s'est produit, il a conclu des marchés et nommé des hommes qui ont fait de leur mieux pour détruire le bien que les Waring, les Roosevelt et leurs semblables avaient apporté. Dans la lutte qui s'ensuivit, le maire Strong fut toujours du côté de la droite, mais lorsqu'il voulait le plus aider, il ne le pouvait pas. C'est ainsi que va le monde. Néanmoins, comme je l'ai dit, cela a bougé.

Le chemin parcouru est une histoire, claire à lire dans nos rues qui ne seront plus jamais aussi sales qu'elles l'étaient, même si elles ne sont peut-être pas aussi propres que Waring les a laissées ; dans les soixante splendides nouvelles écoles qui se dressent comme des monuments de ces années bien remplies ; dans les endroits ouverts qui laissaient entrer la lumière du soleil dans le bidonville, là où elle était la plus sombre et la plus fétide ; dans le taux de mortalité qui est passé de 26,32 pour mille habitants en 1887 à 19,53 en 1897. C'était la « guerre de dix ans » [Note de bas de page : maintenant, « La bataille contre les bidonvilles ».] J'ai écrit et j'ai ici avant mentionné. Les trois années de l'administration Strong ont été marquées par de grandes batailles au cours desquelles nous avons vaincu le bidonville. Je ne vais pas les répéter, car j'essaie de raconter ma propre histoire, et maintenant j'en ai bientôt fini. Je portais une arme à feu en tant que volontaire dans cette guerre, et c'est tout ; pas même dans les rangs. J'ai toujours été un irrégulier, enclin à tirer avec mon propre crochet. Roosevelt, en effet, voulait que j'aie un siège parmi les conseillers officiels du maire Strong ; mais nous en avons eu des discussions à ce sujet lorsqu'il m'en a parlé, et nous avons conclu un pacte selon lequel il ne me demanderait jamais ce service qu'il a respecté. Il épargna donc au maire bien des embarras ; car, comme je l'ai dit, je ne suis pas bon dans les rangs, et c'est encore plus dommage ; et il m'a gardé pour l'usage que je pouvais en faire, ce qui était bien. Pendant peu de temps, tout s'est concentré sur Mulberry Street, où il se trouvait.

Nous n'étions pas des étrangers. Peu de temps après avoir écrit "Comment vit l'autre moitié", il est venu un jour au bureau *d'Evening Sun* pour me chercher. J'étais dehors et il a laissé sa carte, écrivant simplement au dos qu'il avait lu mon livre et qu'il était « venu m'aider ». C'était tout, et cela raconte toute l'histoire de cet homme. Je l'ai aimé depuis le jour où je l'ai vu pour la première fois ; et jamais au cours de toutes les années qui ont passé, il n'a manqué à la promesse faite alors. Personne n'a jamais aidé comme lui. Pendant deux ans, nous étions frères à Mulberry Street. Quand il est parti, j'avais vu son âge d'or. Je connaissais trop bien le mauvais jour qui allait revenir pour y avoir du cœur après cela.

Non pas que nous ayons été transportés vers le ciel « sur des parterres fleuris de facilité » tant que cela a duré. Il y a très peu de facilité à diriger Théodore Roosevelt, comme nous l'avons tous découvert. Le contrevenant l'a découvert qui avait prédit avec mépris qu'il « se lancerait en politique comme ils l'ont tous fait » et a vécu pour le respecter, bien qu'il l'ait insulté, comme celui de tous qui était plus fort que l'attraction. Le citoyen épris de paix qui se précipitait au quartier général de la police avec des supplications anxieuses pour qu'il « fasse preuve de discrétion » dans l'application de lois impopulaires l'a découvert et est reparti avec une idée nouvelle et haletante surgissant en lui du devoir juré d'un fonctionnaire. C'était ça; c'est ce qui a rendu cet âge d'or, que pour la première fois un objectif moral est apparu dans la rue. À la lumière de cela, tout s'est transformé.

[Illustration : Président Theodore Roosevelt du Conseil de police.]

Pas tout à la fois. Il nous a fallu des mois pour comprendre que les cris sur « l'application de la loi morte sur les accises » étaient une trahison mensongère ou une ignorance totale, l'une aussi mauvaise que l'autre. La loi sur les accises n'était pas morte. Cette règle n'a jamais été aussi vivante que sous Tammany, mais elle n'était appliquée qu'aux propriétaires de salon qui avaient besoin de discipline. C'était un club Tammany, utilisé pour les conduire au camp ; et il a été utilisé avec une telle vigueur que pas moins de huit mille arrestations ont été effectuées dans le cadre de ce système au cours de l'année avant que Roosevelt ne les fasse tous fermer. Cadavre bien vivant, ça ! Mais nous avons enfin compris, la plupart d'entre nous ; J'ai compris que la racine du chantage policier était là et qu'il fallait l'arracher si l'on voulait un jour aller plus loin. Nous avons compris que nous étions victimes de notre propre humiliation et que nous sommes devenus de meilleurs citoyens grâce à cela. La police est devenue une armée de héros, le temps d'une saison. Tout ce qu'il y avait de bon en est ressorti ; et il y en a beaucoup dans les pires moments. Roosevelt possédait la véritable pierre philosophale qui transforme les scories en or, dans sa propre foi solide en son prochain. Les hommes sont devenus bons parce qu'il les pensait ainsi.

Je ne veux pas dire par là qu'il a simplement voté pour eux – la police, par exemple – et qu'il s'est assis en attendant de voir leurs ailes pousser. Non, mais il les a aidés à germer. Il y a bien longtemps que je n'ai pris autant de plaisir à rien que nos patrouilles lors de notre «dernière tournée» entre minuit et le lever du soleil, qui lui ont valu le surnom de Haroun al Roosevelt. J'en avais enfin trouvé un qui acceptait de se lever quand les autres dormaient – y compris, trop souvent, la police – et de voir à quoi ressemblait alors la ville. Il était plus que disposé. J'ai tracé le parcours, traversant dix ou douze postes de patrouille, et nous nous sommes retrouvés à 2 heures du matin sur les marches de l'Union League Club, objets de suspicion de la part de deux ou trois agents et d'un gardien qui nous surveillait la nuit. rôdeurs jusqu'à ce que nous soyons hors de leur bailliage. Je n'oublierai jamais ce premier matin où nous avons voyagé pendant trois heures le long des première, deuxième et troisième avenues, de la quarante-deuxième rue à Bellevue, et avons trouvé sur dix patrouilleurs un seul faisant fidèlement son travail. Deux ou trois discutaient dans les coins des saloon et harcelaient le président du conseil d'administration lorsqu'il leur demandait si c'était pour cela qu'ils étaient là. L'un d'eux dormait sur un beurrier au milieu du trottoir, ronflait de manière à ce qu'on puisse l'entendre de l'autre côté de la rue, et avait tendance à être « impertinent » lorsqu'on l'excitait et qu'on lui demandait de vaquer à ses occupations. M. Roosevelt était un homme de métier des plus énergiques et juste en plus. C'est cette qualité qui lui valut rapidement l'affection de la force. Il a chassé haut et bas avant d'abandonner son homme, lui donnant toutes ses chances. Nous avions parcouru trois fois le quartier d'un homme, en fouillant chaque recoin et recoin, et avons été contraints d'admettre à contrecœur qu'il n'était pas là, lorsque le « patron » d'un restaurant ouvert toute la nuit sur la Troisième Avenue est sorti avec un club comme nous sommes passés devant et avons donné le signal réglementaire en frappant sur le trottoir. Il y a eu des ennuis chez lui. Il répéta trois fois le signal appelant le patrouilleur sur le terrain avant de se tourner vers Roosevelt, qui se tenait là, avec l'exclamation de colère :

"Où diable dort ce cuivre ? Il m'a ordonné de me tuer quand il a abandonné le salon de coiffure, pour qu'un type puisse le retrouver."

[Illustration : « L'un d'eux dormait sur un beurrier. »]

Nous ne l'avons pas retrouvé à ce moment-là, mais il a retrouvé plus tard le président du Conseil, convoqué à la préfecture de police pour expliquer pourquoi il avait changé de dortoir. Toute la force s'est réveillée à la suite du travail de cette nuit, et elle est restée éveillée pendant deux années, car, comme elle l'a appris par expérience, les lunettes de M. Roosevelt pouvaient briller au coin de la rue à toute heure. Il n'était pas parti depuis un an lorsque le chef jugea nécessaire de transférer la moitié des forces dans un quartier du centre-ville pour les maintenir éveillées. Les pompiers se sont plaints du fait que les incendies nocturnes gagnaient trop d'ampleur pendant que la police dormait. Il n'y avait pas de Roosevelt pour les réveiller.

S'occuper de ses patrouilleurs n'était pas la seule tâche qui l'emmenait à l'étranger la nuit. En tant que président de la police, M. Roosevelt était membre du conseil de santé, et parfois c'était les immeubles que nous allions inspecter pendant que les locataires dormaient. Il recherchait des faits et apprit rapidement à les obtenir du mieux qu'il pouvait. Quand, en tant que gouverneur, il a voulu savoir comment était appliquée la loi sur les usines, il est venu d'Albany et a passé une journée entière avec moi à enquêter personnellement sur les immeubles dans lesquels on suait. Je n'avais pas encore trouvé de gouverneur, ni de président de police non plus, qui le ferait ; mais ainsi il apprit exactement ce qu'il voulait savoir et ce qu'il devait faire, et il le fit.

Je n'ai jamais vu Théodore Roosevelt sous un meilleur jour que lorsqu'il affrontait les ouvriers à leur lieu de réunion, Clarendon Hall. La police avait tout le temps des ennuis avec les grévistes et leurs « piquets ». Roosevelt a compris que c'était parce qu'aucune des parties ne comprenait pleinement la position de l'autre et, avec sa franchise habituelle, il a fait savoir aux organisations syndicales qu'il souhaitait en discuter avec elles. À sa demande, je l'ai accompagné à la réunion. Il s'est avéré presque immédiatement que les ouvriers avaient pris une mauvaise mesure de l'homme. Ils l'ont rencontré comme un homme politique jouant pour les points et ont laissé entendre que des problèmes seraient possibles si leurs demandes n'étaient pas satisfaites. M. Roosevelt les a interrompus net :

"Messieurs!" " J'ai demandé à vous rencontrer, dit-il avec ce claquement de mâchoire qui faisait toujours écouter les gens. " J'ai demandé à vous rencontrer, dans l'espoir que nous puissions nous comprendre. Rappelez-vous, s'il vous plaît, avant d'aller plus loin, que la pire blessure que chacun d'entre vous puisse subir. faire à la cause du travail, c'est conseiller la violence. Ce sera aussi pire pour lui-même. Comprenez clairement que l'ordre sera maintenu. La police le maintiendra. Maintenant, nous pouvons continuer.

Je n'ai jamais été aussi fier et heureux que lorsqu'ils l'applaudissaient à l'écho. Il rougit de plaisir, car il vit que le meilleur d'eux s'était imposé, comme il s'y attendait.

C'est à propos de cet incident que les ennemis de M. Roosevelt, à l'intérieur et à l'extérieur de la Commission de police (et il en avait beaucoup), ont pour la première fois évoqué l'idée de l'attaquer. Il se trouvait qu'il y avait dans le bâtiment un music-hall dans lequel les ouvriers se réunissaient. Les journaux jaunes ont fait circuler le mensonge selon lequel il s'était rendu là-bas exprès pour voir le spectacle, et cette histoire ridicule a été répétée jusqu'à ce que les menteurs se persuadent presque qu'il en était ainsi. Ils n'auraient pas pu comprendre à quel genre d'homme ils avaient affaire s'ils avaient essayé. En conséquence, ils tombèrent dans leur propre piège. C'est une tradition de Mulberry Street que le fameux dîner-raid de Seeley ait été planifié par ses ennemis dans le département dont il était le chef, dans l'espoir qu'ils y attraperaient M. Roosevelt. Les convives étaient censés être son « décor ».

Quelque temps après, j'étais dans son bureau un jour lorsqu'un officier de police de rang supérieur est entré et a demandé une audience privée avec lui. Ils se sont écartés et le policier a parlé à voix basse, insistant fortement sur quelque chose. M. Roosevelt a écouté. Soudain, je le vis se redresser comme un homme reculant devant quelque chose d'impur et renvoyer l'autre d'un coup sec : « Non, monsieur ! Je ne me bats pas de cette façon. Le policier est sorti découragé. Roosevelt fit deux ou trois tours sur la piste, luttant visiblement avec un fort dégoût. Il m'a dit par la suite que l'homme était venu le voir avec ce qu'il disait être sûr que son ennemi pourrait se trouver cette nuit-là dans une maison mal connue du centre-ville, qu'il avait prétendument l'habitude de visiter. Sa proposition était alors de l'attaquer et ainsi de « se mettre au carré ». Pour le policier, cela devait paraître comme gâcher une bonne occasion. Mais ce n'était pas la manière de Roosevelt ; il ne frappa aucun coup au-dessous de la ceinture. Ensuite, dans le fauteuil du gouverneur, il a imposé les mêmes conditions aux hommes politiques qu'il combattait et qui le combattaient. Ils faisaient de leur mieux pour le contrarier, car ils n'avaient rien à attendre de lui. Mais ils savaient et reconnaissaient qu'il se battait loyalement. Leurs dos étaient sécurisés. Il ne les a jamais trompés pour obtenir un avantage. Une promesse qu'il faisait était toujours tenue à la lettre.

Ne pas réussir à le piéger n'a fait qu'ajouter à la méchanceté de ses ennemis. Roosevelt fut prévenu qu'il était « suivi » nuit et jour, mais il se moqua de leurs intrigues et les méprisa. C'est pour lui un article de foi selon lequel un honnête homme n'a rien à craindre des conspirateurs, et il a marché indemne parmi leurs pièges. Le pays tout entier se souvient de la lutte qui a duré un an au sein de la Commission de police et de la vaine tentative du maire Strong de destituer l'obstruction qui, grâce à une loi mal conçue, a réussi à bloquer le projet de réforme. La plupart du temps, j'étais obligé de rester les bras croisés, incapable d'aider. Une fois, j'ai apaisé mes sentiments en disant au commissaire Parker, dans son propre bureau, ce que je pensais de lui. Je suis entré et j'ai fermé la porte, puis je lui ai tout raconté. Je n'ai pas non plus mâché les choses ; Je n'aurai peut-être plus une aussi bonne chance. M. Parker restait assis, immobile, attisant le feu. Quand j'eus enfin fini, en colère et exaspéré, il leva les yeux et dit calmement :

"Eh bien, M. Riis, ce que vous me dites a au moins le mérite de la franchise."

Vous voyez comment c'était. Je n'aurais jamais dû être en mesure d'aider au sein du Conseil. En dehors de cela, ma chance s'est enfin présentée lorsqu'il a été jugé nécessaire de donner à l'adversaire « un caractère ». M. Roosevelt avait parlé aux ministres méthodistes et, comme d'habitude, avait tout porté devant lui. La communauté s'énervait, ce qui allait bientôt mettre fin à l'impasse au sein de la Commission de police et relancer les rouages de la réforme. Puis un jour, nous avons appris que le commissaire Parker avait été invité par les Christian Endeavourers d'une église du centre-ville pour s'adresser à eux sur la « citoyenneté chrétienne ». Cela ne relevait pas du bon sens. Je suis allé à la convention des Endeavourers la semaine suivante et je le leur ai dit. Je leur ai demandé d'envoyer sur-le-champ une dépêche au gouverneur Black approuvant Roosevelt et le maire Strong, et l'exhortant à mettre fin à l'impasse qui a fait scandale public en destituant le commissaire Parker ; et ils l'ont fait. J'ai le regret de dire que je me suis senti obligé de suivre une voie semblable avec les ministres méthodistes, car j'ai ainsi affligé un gentleman très bon enfant, le colonel Grant, qui était l'allié de M. Parker au sein du Conseil. Grant était ce qui était décrit comme « un grand méthodiste ». Mais je suis sûr que frère Simmons m'aurait approuvé. Je suivais le cap qu'il m'avait tracé. Le seul ami fidèle que M. Roosevelt avait au sein du Conseil était Avery D. Andrews, un jeune homme fort, sensé et propre, qui resta aux côtés de son chef jusqu'au bout et lui laissa une bonne marque dans la force.

Les journaux jaunes fomentèrent le plus activement les troubles au Conseil, ne manquant jamais de prendre le mauvais côté d'une question. L'un d'entre eux s'est mis à distribuer de la soupe gratuite cet hiver-là, alors que le travail était faible, afin, bien sûr, de faire la publicité de sa propre « charité ». De toutes les formes d'aumônes aveugles, celle-là est la plus offensante et la plus sans valeur, et ils le savaient, sinon ils ne m'auraient pas envoyé une invitation cajoleuse pour venir inspecter leur « travail de secours », me proposant de me faire transporter en voiture. J'ai répondu que je devrais certainement examiner la soupe, mais que je devrais y aller à pied. Roosevelt et moi avons fait l'inspection ensemble. Nous avons interrogé les vagabonds en file et avons appris de leur propre bouche qu'ils étaient venus de l'extérieur de la ville pour se détendre dans une ville où un homme n'avait pas besoin de travailler pour vivre. Nous suivions les seaux que les enfants emportaient hors de la "station de secours", leur contenu figurait parfois ensuite comme "déjeuner gratuit" dans le salon où ils avaient été échangés contre de la bière ; et, connaissant les faits, nous avons dénoncé la chose comme une nuisance. Le journal publiait les témoignages des commissaires Parker et Grant, qui certifiaient depuis Mulberry Street, qu'ils n'avaient pas quittée, que la soupe était une noble charité chrétienne et pensaient donc que cela égalisait les choses, je suppose. J'ai cependant remarqué que la soupe était épuisée peu de temps après, et j'espère que nous en avons fini avec. Nous pouvons nous permettre de laisser cela à Philadelphie, où le bon sens semble être noyé là-dedans.

J'en ai enfin fini avec eux tous ensemble. Quand je l'aurai raconté, que toute cette misérable chose s'en aille et disparaisse pour de bon. C'était après le départ de Roosevelt. Qu'il ne l'était pas, rien n'empêchait les attaques presque quotidiennes contre lui, dont je m'irritais lorsque j'étais assis aux réunions en tant que journaliste. Je savais bien qu'ils étaient destinés à me provoquer à une explosion qui aurait pu donner lieu à m'ennuyer, et je gardai mon sang-froid jusqu'au jour où, au sujet des plongées étant évoqué, le commissaire Parker dit d'une voix traînante, avec le journaliste de la soupe. journal lui murmurant à l'oreille :—

"N'était-ce pas... euh-r... l'endroit où... euh... r... M. Roosevelt est allé voir un spectacle avec son ami ?"

Il a pris soin de ne pas regarder dans ma direction, mais le journaliste l'a fait et j'ai sauté sur le défi. J'ai attendu que le Conseil ait officiellement ajourné, puis je l'ai arrêté alors que M. Parker tentait de s'échapper. Je ne me souviens plus de ce que j'ai dit. Cela ne ferait pas une lecture calme, je suppose. De toute façon, c'était la vérité, et c'était presque toute la vérité. M. Parker s'est enfui, passant la tête par la porte à moitié fermée pour expliquer qu'il « ne savait que ce que ce journaliste lui avait dit ». Cependant, dans la sécurité de sa chambre, il dut penser qu'il avait une autre corde à son arc ; car lors de la session suivante, le commissaire Grant a proposé mon expulsion parce que j'avais « dérangé la réunion du conseil d'administration ». Mais le président Moss lui a rappelé sèchement que je n'avais rien fait de tel, et cela a mis fin à l'affaire.

L'un des premiers résultats sensationnels de la réforme de Mulberry Street fut le départ à la retraite du surintendant Byrnes. Il n'y avait pas un de nous tous qui le connaissions depuis longtemps qui ne le regrettât, même si, pour ma part, je devais en reconnaître la nécessité ; car Byrnes représentait les mauvais jours du passé. Mais, enchaîné comme il l'était dans la mesquinerie et la petitesse de tout cela, il était pourtant moulé dans un moule différent . Comparé à son successeur, il était un géant à tous points de vue. Byrnes était un « grand policier ». Nous n'en aurons pas bientôt un autre comme lui, et cela peut être à la fois bon et mauvais. Il était sans scrupules, il était pour Byrnes, c'était un policier, en un mot, avec tous les défauts du métier. Mais il a rendu le service de détective formidable. Il a pourchassé les voleurs en Europe ou leur a donné le permis de vivre à New York à condition qu'ils n'y volent pas. C'était un tsar, doté de tous les pouvoirs irresponsables d'un autocrate, et il les exerçait comme bon lui semblait. S'ils n'étaient pas les siens, il les prenait quand même ; le service de police se penche d'abord sur les résultats. Il y avait quelque chose chez Byrnes qui m'a poussé à le défendre malgré tout. À deux reprises, j'ai retenu le Dr Parkhurst par la gorge, mais j'ai finalement dû admettre que le Docteur avait raison. Je croyais que, sans entraves , Byrnes aurait pu être un puissant moteur du bien, et c'est avec tristesse que je l'ai vu partir. Il n'a laissé personne derrière lui apte à porter ses chaussures.

[Illustration : le chef de la police Thomas Byrnes]

Byrnes était un policier né. Ceux qui le détestaient disaient qu'il était aussi un tyran né. Il montait à cheval quand il était en crise et il pensait que cela servait son objectif. Nous sommes donc entrés en collision au début, alors qu'il était capitaine à Mercer Street. Ils avaient là-bas un prisonnier avec une histoire que j'avais lieu de croire que mes rivaux avaient eu connaissance. Je suis allé à Byrnes et j'ai été expulsé du commissariat. Là, il était le patron et ça lui convenait de me le laisser voir. Nous ne nous étions jamais rencontrés auparavant. Mais nous nous sommes revus ce soir-là. Je me rendis chez le commissaire de police, qui était républicain, et, appliquant toute la pression de la *tribune* que je servais, j'obtins de lui l'ordre du capitaine Byrnes de me laisser interroger son prisonnier. Le vieux M. Walling s'est arraché les cheveux ; a dit que cela n'avait jamais été fait auparavant, et que ce n'était pas le cas. Mais j'ai reçu l'ordre et j'ai obtenu l'entretien, même si Byrnes, noir de rage, a ordonné à un policier de se tenir de chaque côté du prisonnier pendant que je lui parlais. Lui-même restait là, me regardant fixement. Ce n'était pas un bon moyen d'obtenir un entretien et, en fait, l'homme n'avait rien à dire.

Mais j'ai réussi et j'en ai profité au maximum. Après cela, le capitaine Byrnes et moi nous sommes bien entendus. Nous devons beaucoup penser l'un à l'autre après un moment.

Peut-être était-il un tyran parce qu'il était attaché aux escrocs, et les escrocs sont des lâches en présence de l'autorité. Son fameux « troisième degré » était surtout ce qu'il considérait sans doute comme une petite « cognement » salutaire. Il battait un voleur pour qu'il lui dise ce qu'il voulait savoir. Les voleurs n'ont aucun droit qu'un policier se croit tenu de respecter. Mais lorsqu'il avait affaire à des hommes intelligents, il disposait d'autres ressources. Il a torturé son prisonnier pour qu'il avoue dans l'affaire du meurtre d'Unger en l'enfermant hors de portée d'une voix humaine ou de la vue d'un visage humain, dans le sous-sol du quartier général de la police, et en l'y gardant quatre jours, nourri par des mains invisibles. Le cinquième, il l'a fait élever selon un chemin tortueux, où les outils qu'il avait utilisés pour assassiner son partenaire étaient exposés sur les murs comme par hasard. Conduit en présence de l'inspecteur par le geôlier, il a été obligé de se lever pendant que Byrnes terminait une lettre. Puis il tourna vers lui son regard perçant en lui faisant signe de s'asseoir. L'assassin se laissa tomber en tremblant sur un salon, le seul meuble de la pièce, et se releva l'instant d'après en poussant un cri : c'était celui sur lequel il avait égorgé son ami, tout éclaboussé de sang comme alors. Il s'est étalé sur le sol, un misérable baragouin et frappé d'horreur, et a avoué son péché.

Comme dans ce cas, ainsi que dans l'affaire du meurtre de McGloin, la certitude morale de la culpabilité était absolue, mais les preuves juridiques faisaient défaut. McGloin était un jeune voyou qui avait assassiné un tenancier de saloon lors d'une descente chez lui à minuit. C'est lui qui, la veille de sa pendaison, avait invité le chef des détectives à « venir à la veillée ; ils passeraient un sacré moment ». Pendant six mois, Byrnes avait tout essayé pour lui faire comprendre le crime, mais en vain. Finalement, il envoya faire arrêter McGloin et ses deux « copains », mais de manière à ce qu'aucun d'eux ne connaisse le sort des autres. McGloin fut emmené à Mulberry Street, et l'ordre fut donné d'amener les autres à une certaine heure, à quinze ou vingt minutes d'intervalle. Byrnes a placé McGloin à la fenêtre de son bureau pendant qu'il l'interrogeait. On ne pouvait rien en tirer. Alors qu'il était assis là, une porte a été claquée en dessous. En regardant dehors, il a vu un de ses amis conduit à travers la cour en charge des policiers. Byrnes, qui l'observait attentivement, vit sa joue pâlir ; mais son sang-froid tenait toujours. Quinze minutes passèrent ; une autre porte claqua. Le meurtrier, regardant dehors, vit son autre copain emmené prisonnier. Il regarda Byrnes. Le chef hocha la tête :

« J'ai crié, tous les deux.

C'était un mensonge, et cela a coûté la vie à l'homme. "Alors la gigue est levée", dit-il, et il raconta l'histoire qui l'a conduit à la potence.

Je ne pouvais pas laisser Byrnes partir sans un mot, car il occupait une grande place dans ma vie. C'est le journaliste, je suppose, qui reste là. Les garçons le traitaient de grand imposteur, mais ils n'étaient pas justes pour lui en cela. Je devrais plutôt le qualifier de grand acteur, et sans cela, aucun homme ne peut être un grand détective. Il a rendu pittoresque la vie dans une rue méchante pendant qu'il y était, et c'est pour cela que quelque chose lui est dû. Il était tout le contraire de Roosevelt – sans aucun objectif moral ni compréhension de celui-ci, mais avec en lui une touche de gentillesse qui faisait parfois honte à la prédication. Mulberry Street ne jure aujourd'hui que par lui, tout comme elle le fait, à voix basse, par Roosevelt. Décidez vous-même si sa présence là-bas était pour le meilleur ou pour le pire.

En écrivant "Comment vit l'autre moitié", je me suis efforcé de ne pas exagérer mon cas. Je savais qu'il serait remis en question et je tenais à ce qu'aucun défaut n'y soit relevé, car s'il y en avait, il pourrait facilement en résulter du mal au lieu du bien. Je voyais maintenant que j'avais été sage en cela. La Commission Gilder Tenement-House a plus que confirmé tout ce que j'avais dit sur les immeubles et les écoles. La commission Reinhardt s'est montrée encore plus catégorique sur le thème du travail des enfants. On m'a demandé de faire partie du sous-comité des soixante-dix sur les petits parcs. Au printemps 1896, le Conseil des Clubs Confédérés de Bon Gouvernement me nomma son agent général et j'occupai ce poste pendant un an, consacrant tout mon temps libre à la planification et à l'exécution des travaux qu'il me semblait devoir réaliser. un record pour une administration réformatrice. Nous voulions que ça dure. Ce fut une excellente année. Ils voulaient un programme positif , et mes idées sur un bon gouvernement n'étaient que positives. Ils commençaient et se terminaient par la vie des gens. Nous avons démoli des logements insalubres, forcé l'ouverture de parcs et de terrains de jeux, la création d'une école scolaire et la rénovation de tout le système scolaire, la démolition des vieux tombeaux surpeuplés et la construction sur leur site d'une nouvelle prison décente. Nous avons remanié les tribunaux civils et les avons intégrés à la charte du Grand New York. Nous avons éclairé des salles sombres ; fermé les boulangeries "cruller" dans les caves des immeubles qui avaient causé la perte d'un nombre incalculable de vies, car les crullers étaient bouillis dans la graisse tôt le matin pendant que les locataires dormaient, et lorsque la graisse était renversée dans le feu, ils couraient un grand danger. était horrible. Nous avons combattu les gestionnaires du téléphérique chez nous et les opposants à une école d'école scolaire à Albany. Nous avons soutenu Roosevelt dans son combat au sein de la Commission de Police et... eh bien, je n'aurai jamais le temps de tout raconter. Mais ce fut une excellente année. Le fait que cela n'ait pas permis de maintenir en vie les clubs de bon gouvernement n'était pas la faute de mon programme . C'était le mien, je suppose. Je n'ai pas réussi à leur inspirer la foi qui était en moi. J'étais seul depuis si longtemps que je ne savais pas comment utiliser le nouvel outil qui m'était venu à portée de main. Rien ne vaut une organisation si l'on sait s'en servir. Je n'ai pas. Peut-être aussi que la politique y était pour quelque chose. Ils étaient prêts à jouer le jeu. Je ne l'ai jamais compris.

Mais si je n'en ai pas profité au maximum, j'ai passé un bon moment cette année-là. Il y eut d'abord les deux petits parcs qui devaient être aménagés dans l'East Side, où la Commission Gilder avait souligné la foule étouffante. Je me suis fait moi-même faire membre du comité de citoyens chargé de les localiser. Cela ne nous a pas pris neuf, six ou trois ans. Nous avons fait l'affaire en trois semaines, et après avoir choisi les bons endroits, nous sommes allés au Parlement avec un projet de loi autorisant la ville à saisir immédiatement la propriété, avant condamnation, et il a été adopté. Nous avions peur que Tammany revienne, et l'événement a prouvé que nous étions sages. Vous initiez lentement les gens à un programme de réforme , surtout quand cela coûte de l'argent. Ils paieront la corruption par un grognement, mais semblent penser que la vertu devrait toujours être obtenue pour rien. Cela facilite le jeu des politiciens. Ils volent l'argent destiné aux améliorations et prédisent que la réforme augmentera le taux d'imposition. Lorsque la prophétie se réalise, ils ramènent les gens dans leur étreinte protectrice avec un « Je vous l'avais bien dit ! et le peuple se blottit là, repentant. Il y eut une conférence sur le logement au cours de laquelle cette partie du travail fut répartie : la construction d'immeubles modèles pour les capitalistes qui formaient la City and Suburban Homes Company ; la construction de maisons d'hébergement modèles pour DO Mills, le banquier philanthrope, qui tenait à aider de cette façon. J'ai choisi pour les clubs de Bon Gouvernement la démolition des anciens immeubles. C'était ma chance. Je les détestais. Une loi avait été adoptée l'année précédente autorisant le Conseil de la santé à saisir et à détruire les immeubles d'habitation qui constituaient une menace pour la santé de la ville, mais elle était restée lettre morte. Les autorités hésitaient à s'attaquer aux droits de propriété, aux droits acquis. Charles G. Wilson, le président du conseil d'administration, était un excellent cadre, mais il était un vestige nommé par Tammany et avait besoin de soutien.

Maintenant que Theodore Roosevelt siégeait au Conseil de la Santé, fraîchement sorti de sa guerre contre les logements de la police dont j'ai parlé, ils n'hésitèrent plus. J'ai présenté au Conseil une liste des seize pires immeubles à l'arrière de la ville, à l'extérieur du Bend, et tandis que les propriétaires retenaient leur souffle d'étonnement, ils ont été saisis, condamnés et leurs locataires chassés. La caserne de Mott Street en faisait partie. En 1888, le taux de mortalité infantile parmi les 350 Italiens qu'ils hébergeaient était de 325 pour mille, c'est-à-dire qu'un tiers de tous les bébés moururent cette année-là. C'était le genre de preuves sur la base desquelles ces arrière-immeubles ont été traduits en justice. Quatre-vingt-quatorze d'entre eux, au total, furent saisis cette année-là, et il y eut eu en quatre ans 956 décès, soit un taux de 62,9 alors que le taux de mortalité général de la ville était de 24,63. Je devrai encore une fois et pour la dernière fois me référer à « Une guerre de dix ans » pour le récit complet de cette campagne. Comme je l'ai dit, c'était génial.

[Illustration : La caserne de Mott Street]

Imaginez, si vous le pouvez, l'état d'esprit d'un homme pour qui un immeuble sombre et surpeuplé avait toujours été un affront personnel, se retrouvant soudain chargé de lettres de marque et de représailles, pour ainsi dire, de saisir et de détruire l'ennemi. partout où on les trouve, non pas un à la fois, mais par blocs et bataillons dans l'aménagement des parcs. J'ai nourri mon ancienne rancune et j'ai développé suffisamment de bonne humeur pour durer une douzaine d'années au cours de ces deux-là. C'est dans ces années-là que, malgré un travail acharné, j'ai commencé à grossir, et honnêtement, je pense que c'est à cause de la destruction des immeubles que j'y suis parvenu. Directement ou indirectement, j'ai contribué à en détruire sept blocs entiers au fur et à mesure que je les comptais. J'aurais aimé qu'il fasse soixante-dix ans.

Les propriétaires ont intenté une action en justice, mais les tribunaux se sont rangés du côté du Conseil de la Santé. Quand enfin nous nous sommes arrêtés pour reprendre notre souffle, nous avions pratiquement brisé les reins du bidonville et créé notre propre précédent qui durerait un certain temps. M. Roosevelt a été personnellement poursuivi deux fois, je pense, mais c'est tout le bien que cela leur a fait. Nous faisions nos manches à ce moment-là et il y avait beaucoup d'arriérés à recouvrer. La ville a bien sûr payé pour les biens qui ont été pris, et plus qu'elle n'aurait dû payer, à mon avis. La loi donnait au propriétaire d'un immeuble totalement inutilisable la juste valeur des briques et du bois qui s'y trouvaient. C'était suffisant, car « inapte » signifiait meurtrier, et pourquoi un homme aurait-il plus de droit de tuer son voisin avec une maison qu'avec une hache dans la rue ? Mais les avocats qui ont conseillé le compromis ont acheté Gotham Court, l'un des bidonvilles les plus désespérés du quatrième quartier, pour près de 20 000 dollars. Cela ne valait pas autant de centimes. Les casernes, avec leur taux de mortalité infantile effroyable, se sont révélées hypothéquées par une société de cimetière. Le Conseil de santé leur a donné le prix de l'ouverture d'une tombe pour leur part et a démoli les immeubles arrière. Un an ou deux plus tard, j'ai voyagé en Europe sur un bateau à vapeur avec le trésorier de cette entreprise de cimetière. Nous avons mis dix jours en route, et je crains qu'il n'ait pas passé un bon moment. Le fantôme de la caserne ne cessait de surgir des profondeurs devant nous, assis là dans nos transats, d'où que soufflât le vent. Je suppose qu'il a pris cela comme une victoire lorsque la Cour d'appel a décidé sur un point technique que les casernes n'auraient pas dû être détruites ; mais moi aussi, car ils étaient déjà en panne à ce moment-là. La ville pouvait se permettre de payer. Nous payions notre propre négligence et ce fut une bonne leçon.

J'ai dit plus d'une fois dans ces pages que je ne suis pas doué pour figurer, et je ne le suis pas ; un enfant pourrait faire mieux. C'est précisément pour cette raison que je vais réclamer tout le crédit pour chaque fois que je fais une somme correctement. Cela ne se reproduira peut-être plus. Curieusement, à deux reprises au cours de cette période, je me suis carrément distingué dans cette ligne. Je ne pourrai jamais vous dire comment ; Je sais seulement que je l'ai fait. Une fois, je me suis présenté devant le Conseil des estimations et des répartitions pour m'opposer à une augmentation des crédits pour les tombes demandée par le commissaire à la correction. Son argument était qu'il y avait eu une forte augmentation du recensement de la prison, et il a présenté une colonne de chiffres pour le prouver. À la stupéfaction du Conseil et, à vrai dire, de moi-même, j'ai démontré clairement, à partir de ses propres chiffres, que non seulement il n'y avait pas eu d'augmentation, mais qu'il ne pouvait y en avoir sans surpeupler criminellement la misérable vieille prison, en dont chaque cellule comptait déjà deux détenus, et environ trois. L'exposition était si frappante que le commissaire et son comptable se retirèrent confus. Encore une fois, c'était juste le pouvoir des faits. Je voulais faire démolir cet horrible vieux tas et j'avais passé des nuits blanches à me familiariser avec tout ce qui s'y rapportait. Maintenant, il n'est plus là, et bon débarras.

[Illustration : Cour de Gotham.]

L'autre calcul était beaucoup plus complexe. Il s'agissait des écoles, dont personne ne savait rien de sûr. Les rapports annuels du ministère de l'Éducation étaient des modèles sur la façon de dire une chose afin que personne, par hasard, ne puisse comprendre de quoi il s'agissait. Il était possible de prouver par eux que, même s'il y avait notoirement un manque de locaux scolaires, tandis que les enfants frappaient en vain pour être admis et que le surintendant réclamait à grands cris plus d'écoles, il restait dix ou vingt mille places disponibles. Mais il n'a pas été possible de leur donner la moindre idée de ce qu'était réellement le besoin. J'ai essayé pendant plusieurs mois, puis j'ai commencé à découvrir par moi-même combien d'enfants qui devraient aller à l'école erraient dans les rues. Les agents de l'école buissonnière, professionnellement discrets, pensaient à 800. Le surintendant des écoles estimait à 8 000. Les agents de l'Association pour l'amélioration de la condition des pauvres, ayant un oeil sur les immeubles, en faisaient 150 000. J'ai parcouru quelques quartiers à partir des rapports des agents de l'école buissonnière, et le Dr Tracy a comparé ces résultats avec les statistiques de population. D'après le résultat, j'ai déduit qu'il devait y en avoir environ 50 000. Ils m'ont méprisé à la mairie pour cela. Ce n'étaient que des suppositions, disaient-ils, et c'était bien le cas. Il nous fallait d'abord faire un recensement scolaire, et nous l'avons fait, pour savoir où nous en sommes. Mais lorsque nous avons eu sous les yeux le résultat de ce premier recensement, voici ! il a montré que sur 339.756 enfants d'âge scolaire que compte la ville, 251.235 étaient inscrits sur les listes des écoles publiques ou privées, 28.452 étaient employés et 50.069 dans la rue ou à la maison. Ainsi, si je ne suis pas doué pour deviner, je peux raisonnablement prétendre être un bon devineur.

La démonstration que le manque d'écoles, qui jetait une armée d'enfants dans la rue, allait de pair avec des prisons surpeuplées, nous a poussé à nous lever et à exiger que quelque chose soit fait. La direction de l'école a suggéré, impuissante, que la situation pourrait être réparée en augmentant le nombre de classes dans les quartiers où il n'y avait pas assez d'écoles, de soixante à soixante-quinze. Quarante ou quarante-cinq élèves sont considérés comme la limite de sécurité partout. Mais le temps de tels bricolages était révolu. New York s'est ressaisie et a dépensé des millions pour construire de nouvelles écoles pendant que « le système » était remanié ; nous avons entraîné l'école buissonnière en menaçant les autorités municipales du pouvoir de l'État à moins qu'elles ne cessent d'envoyer les élèves absents dans des institutions qui accueillaient des enfants criminels. Mais un homme convaincu contre son gré est toujours du même avis ; il faudra tout recommencer la prochaine fois. Mon projet favori était d'avoir des oculistes formés attachés aux écoles publiques, en partie pour vaincre la stupidité - la moitié de ce qui passe pour cela chez les enfants est en réalité le fait de l'enseignant ; les petits sont myopes ; ils ne peuvent pas voir le tableau noir – en partie aussi pour avoir un œil sur les bâtiments scolaires et nous aider à nous débarrasser de certains endroits où ils ont dû brûler du gaz toute la journée. Les médecins s'en sont inquiétés, car ils craignaient que "la pratique privée ne soit perturbée". Nous n'étions pas encore tout à fait arrivés au millénaire. Il en a été ainsi de notre projet de loi visant à créer une ferme-école pour reconquérir les jeunes vagabonds à une vie utile. Il a été tué à Albany avec le défi que nous « en avions assez des réformes à New York ». Et c'est ce que nous avons fait, comme les événements l'ont montré. Tammany est revenu.

Mais pas pour rester. Nous avions obtenu une emprise pendant ces trois années dont je pense qu'ils ne savent pas grand-chose. Ils parlent au Wigwam du « vote scolaire » et désignent les hommes, amis et parents des enseignants, sur lesquels la machine a une emprise, ou pense l'avoir ; mais il y a un autre vote scolaire qui n'a pas encore été entendu, lorsque la génération qui a retrouvé le droit de jouer se présentera aux urnes. C'était le grand gain de cette époque. C'était la chose que j'avais en tête après et au-delà de tout le reste. J'étais obligé de tuer le Bend, parce que c'était mauvais. Je voulais que la lumière du soleil soit là-dedans, mais pour qu'elle puisse briller sur les enfants qui jouent. C'est un droit de l'enfant et il ne faut pas en être trompé. Et lorsqu'elle en est trompée, ce n'est pas l'enfant mais la communauté qui se voit privée de ce auprès duquel toute sa richesse n'est que clinquant et détritus. Car ce sont les hommes, et non l'argent, qui font la grandeur d'un pays, et les enfants sans joie ne font pas de bons hommes.

[Illustration : Puit d'aération d'un immeuble d'habitation]

Ainsi, lorsque le Parlement, pressé par la Tenement House Commission, a légiféré selon lequel plus aucune école publique ne devrait plus jamais être construite à New York sans aire de jeux extérieure, il a touché le vif. Dès lors, il fut facile de sauver les petits parcs des mains du paysagiste en les soumettant à la même règle. C'est bien que nous l'ayons fait aussi, car c'est un client dangereux, difficile à contourner. À deux reprises, il a tenté de voler aux enfants l'un des petits parcs que nous avons aménagés, celui qui s'appelle Seward Park, et il "montre avec fierté" presque le terrain de jeu de l'autre, qu'il a si mal aménagé qu'il fut un échec dès le départ. Cependant, nous le convertirons encore ; tout en sa saison.

Le Conseil de l'Éducation a été perplexe quant à sa fin pendant un moment. La loi ne précisait pas la taille du terrain de jeu et il n'existait aucun précédent. Non, il n'y en avait pas. J'ai trouvé la clé de cette énigme, au moins une qui convenait, lorsque j'étais secrétaire du Comité des petits parcs. Ce fut mon dernier acte en tant qu'agent des clubs de bon gouvernement que de persuader le major Strong de nommer ce comité. Il n'a fait qu'une bouchée de sa tâche. Nous avons envoyé chercher la police pour nous dire où ils avaient eu des problèmes avec les garçons et pourquoi. C'était toujours la même histoire : ils n'avaient pas d'autre endroit pour jouer que la rue, et là ils ont cassé des vitres. Ainsi commencèrent les ennuis. Cela s'est terminé au commissariat et à la prison. La ville construisait de nouvelles écoles par dizaines. Nous avons obtenu une liste des sites et, comme nous nous y attendions, c'est là que les problèmes étaient les plus graves. Naturellement ; c'était là que se trouvaient les enfants. Voilà donc notre terrain en tant que comité de terrain de jeu. Pourquoi ne pas faire d'une pierre deux coups et économiser de l'argent en n'en faisant qu'un ? En associant l'école et les jeux des garçons, nous devrions rapidement nous débarrasser de l'école buissonnière. Il était juste là pour protester contre l'école sans jeu.

Nous avons demandé au Conseil scolaire de faire des terrains de jeux de leurs écoles les centres de loisirs du quartier . Ainsi, ils n'auraient pas à se soucier de leur taille, mais simplement à les rendre aussi grands que possible, que ce soit sur le toit ou au sol. Ils ont écouté, mais ont trouvé des difficultés dans « la propriété » Bizarre, n'est-ce pas, cette disposition du monde à toujours faire des moyens la fin, à glorifier l'establishment ! C'était la même histoire lorsque je leur ai demandé d'ouvrir les écoles la nuit et de laisser entrer les garçons pour y tenir leurs clubs. Le saloon faisait une offre élevée pour eux, mais la commission scolaire a hésité parce qu'une fenêtre pourrait être cassée ou qu'un concierge voulait payer un supplément pour le nettoyage. Avant qu'un consentement réticent ne soit donné, j'ai dû faire une sorte de promesse que je ne comparaîtrais plus devant le Conseil pour plaider en faveur d'un élargissement encore des portes. Mais cela ne m'empêchera pas de donner le meilleur de moi-même, dans la campagne à venir, pour remettre les écoles aux mains du peuple, et en faire le centre du quartier pour tout ce qui fait le bien . y compris les réunions syndicales et les discussions politiques. C'est seulement ainsi que nous pourrons faire de nos écoles de véritables pierres angulaires de nos libertés. Ainsi, également, grâce à la fierté du quartier, nous restaurerons une partie du sentiment de quartier, le sentiment d' *être chez soi* qui fait aujourd'hui défaut dans nos villes, à notre grande perte. La moitié de la population des immeubles d'habitation est toujours en mouvement et, pour les enfants, le mot « foyer » n'a aucun sens. Tout ce qui contribuera à changer cela sera un grand gain. Et de toute façon, ce vieux conseil d'administration a disparu depuis longtemps.

Le club a finalement pris le dessus. Au moins une école l'a laissé entrer, et bien que les garçons aient cassé une vitre cet hiver-là avec un ballon, ils l'ont payé comme des hommes, et ce fantôme a été déposé. La cour de récréation de l'école se tient encore à l'écart du voisinage, sauf pendant les longues vacances. Mais ce dernier est quelque chose, et le reste arrive. Il ne pourrait pas y avoir de meilleure voie que celle des écoles de vacances, qui ouvrent partout la voie au bon sens. "Tout prend dix ans." a déclaré Abram S. Hewitt lorsqu'il a pris son siège à titre de président du comité des petits parcs. Dix ans auparavant, alors qu'il était maire, il avait fait adopter la loi en vertu de laquelle le Mulberry Bend avait enfin été anéanti. Nous avons tenu nos réunions à l'Hôtel de Ville, où j'avais si souvent été éconduit. Toutes choses arrivent à ceux qui attendent et se battent pour elles. Oui, bats-toi ! Je le dis à bon escient. Je suis arrivé à une époque de la vie où un homme ne s'allonge pas avec un gourdin à moins qu'il n'y soit obligé. Mais… la vigilance éternelle est le prix de la liberté ! Être vigilant, c'est s'asseoir avec un club. Nous, en tant que peuple, avons fourni à la république un moyen de lutter pour nos droits et de les obtenir, et c'est notre devoir de le faire. Nous ne les obtiendrons jamais autrement. Le colonel Waring était à la fois un homme sage et un grand homme. Sa déclaration selon laquelle il a nettoyé les rues de New York, malgré toutes les prophéties contraires, en « mettant un homme au lieu d'un électeur derrière chaque balai », mérite d'être inscrite sur le monument que nous construirons bientôt à cet homme courageux, car c'est tout l'évangile de la justice municipale en un mot. Mais il n'a jamais rien dit de mieux que lorsqu'il a conseillé à ses concitoyens de se battre, et non de plaider, pour leurs droits. Nous développons donc le type de citoyenneté qui fait avancer le monde, ou en tout cas notre époque. Nous saluerons tous le jour où nous pourrons déposer le club. Mais en attendant, je ne pense pas que nous ayons d'autre choix que de garder le contrôle sur cette question.

CHAPITRE XIV

J'ESSAYE D'ALLER À LA GUERRE POUR LA TROISIÈME ET DERNIÈRE FOIS

Ce que j'ai décrit comme « s'asseoir avec un club » dans une ville comme New York est voué à gagner votre combat si vous restez assis assez longtemps, car il ne faut pas oublier que les politiciens qui s'opposent à un bon gouvernement ne se soucient pas principalement de vous privant de vos droits. Ils veulent les choses qui les avantagent ; d'abord les bureaux grâce auxquels ils peuvent maintenir leur emprise. Après cela, ils vous concéderont autant de choses que vous voudrez qu'ils le doivent, et si vous n'êtes pas vous-même en quête des bureaux, plus qu'autrement, mais jamais plus que ce que vous leur arrachez. Ils ne se soucient vraiment pas de savoir si vous avez des rues propres, de bonnes écoles, des parcs, des terrains de jeux et tout ce qui fait un bon civisme, car ils donnent une chance au meilleur de l'homme, même s'ils leur en veulent comme un triste gaspillage d'argent. cela pourrait être utilisé pour « renforcer l'organisation », qui est la somme de toutes leurs recherches égoïstes, étant leur moyen d'obtenir toujours plus. C'est pourquoi une poignée d'hommes et de femmes, qui n'avaient que rarement ou jamais d'autre autorité que leur propre dessein désintéressé, ont pu, à tout moment, même dans les pires, imprimer leur empreinte sur la communauté pour le bien. Je pense aux Felix Adler, aux Dr Rainsford , aux Josephine Shaw Lowell , aux Robert Ross McBurney , aux R. Fulton Cuttings, aux Father Doyle, aux Jacob H. Schiff , aux Robert W. de Forests, aux Arthur von Briesen . , les F. Norton Goddards , les Richard Watson Gilders et leurs semblables ; et penser à eux me rappelle une occasion que j'ai eue il y a un an ou deux de dire à un club d'ouvriers ce que je pensais d'eux. C'était au Chicago Commons. J'avais vu un dimanche soir un groupe d'hommes engagés dans ce qui me semblait une discussion singulièrement inutile sur les motivations humaines. Ils étaient de l'école qui prétend croire que tout procède de l'amour de soi, et ils parlaient doctement de l'ego et de tout ça ; mais à mesure que j'écoutais, la conviction grandissait, avec le sentiment d'exaspération que ce genre d'absurdités suscite toujours en moi, qu'ils ne faisaient que s'évanouir, et je le leur disais. Je leur ai montré ces hommes et ces femmes dont j'ai parlé, certains d'entre eux très riches, ce contre quoi ils semblaient avoir une rancune particulière, et je leur ai raconté comment ils avaient donné leur vie et leurs moyens pour la cause de l'humanité sans rien demander. autre récompense que celle de voir le monde devenir meilleur, et le dur sort de certains de leurs semblables allégé ; ils avaient réussi parce qu'ils pensaient moins à eux-mêmes qu'à leurs voisins, et qu'ils étaient de toute façon sur le terrain pour être aussi utiles qu'ils le pouvaient. Je leur ai dit à quel point j'étais affligé de savoir que, de leur propre aveu, ils auraient dû s'engager dans cette discussion pendant quatre ans sans aller plus loin, et j'ai terminé avec un sentiment de remords d'avoir dit plus que ce que j'avais prévu et peut-être de les avoir fait se sentir mal. Mais pas eux. Ils m'ont écouté avec une sérénité imperturbable. Lorsque j'eus terminé, le président me dit courtoisement qu'ils me devaient beaucoup pour ma franche opinion. Chaque homme avait droit au sien. Et il pourrait tout à fait sympathiser avec moi quant à mon incapacité à comprendre leur point de vue.

"Parce qu'ici", a-t-il ajouté, "je lis depuis dix ans ou plus les choses que M. Riis écrit dans son journal et dans les magazines, et avec lesquelles il gagne sa vie, et de toute ma vie, je n'ai jamais pu pour comprendre comment quelqu'un pourrait être trouvé pour payer pour de telles choses. »

Voilà donc ma mesure de réformateur. L'assemblée acquiesça gravement. Apparemment, j'étais le seul à prendre cela comme une blague.

J'ai parlé de la part des femmes dans les progrès que nous avons réalisés. C'était un bon gros coup. Nous aurions dû patauger dans la boue éducative dans laquelle nous nous trouvions, sans les femmes de New York qui se sont rendues à Albany et ont littéralement bloqué l'Assemblée législative, la forçant à adopter notre projet de loi de réforme. Et pas une mais une douzaine de fois, sous l'administration du maire Strong, alors qu'ils s'étaient lassés de moi à l'hôtel de ville (je n'y étais pas toujours *persona grata* auprès de l'administration réformatrice), ai-je trouvé qu'il était plus sage d'envoyer des comités de femmes à la place. pour plaider auprès du maire autour de son thé de cinq heures. Ils auraient pu lui arracher une aire de jeux ou un petit parc alors que j'aurais dû rencontrer un refus catégorique et une invitation virtuelle à partir. Dans son marasme politique, le maire n'avait pas un œil bienveillant envers les réformateurs ; mais il ne parvenait pas toujours à les distinguer en jupons.

[Illustration : L'École du Nouveau Jour.]

Les femmes ont prévalu à Albany par le pouvoir des faits. Ils le savaient, mais pas les législateurs. Ils les reçurent là-haut avec un sourire indulgent, mais il devint vite évident qu'ils étaient arrivés pleins d'informations sur les écoles, ce à quoi le vieux Tammany, vide de sens, se vantait que New York "avait les meilleures écoles du monde" n'était pas une réponse efficace. En fait, ils se rapprochent du pire. J'ai moi-même vécu une expérience de ce genre lorsque j'ai souligné dans un article qu'une école de l'East Side était tellement envahie par les rats qu'il était difficile de s'entendre penser à leurs cris dans la « cour de récréation » sombre, alors que les enfants étaient à l'étage dans leurs cours. Le Conseil d'estimation et de répartition, qui comprend les fonctionnaires importants du gouvernement de la ville, présidé par le maire, a pris ombrage de cette déclaration et a déclaré en termes clairs que j'avais menti et qu'il n'y avait pas de rats. C'était le fruit d'une ignorance irréfléchie, car une vieille école sans rats serait une chose rare nulle part ; mais c'était aussi une impertinence, comme j'en avais tant de la part de la mairie, que je décidai que le moment était venu de manifester. Je me suis procuré un piège à rats et je me suis préparé à en attraper un et à le faire envoyer au Conseil, dûment authentifié par affidavit comme provenant d'Allen Street ; mais avant que je puisse réaliser mon objectif, le fond est tombé de la conspiration Tammany d'ignorance et de fraude et nous a laissé la voie libre pendant trois ans. J'ai donc sauvé mon rat pour une autre fois.

Ce "fait", qui était naturellement ma propre arme, l'apport que j'ai pu apporter de ma propre profession et de ma formation, était en réalité un club extrêmement efficace devant lequel rien ne pouvait ou ne pouvait tenir à long terme. Si je peux laisser cette conviction en héritage à mes confrères reporters, j'aurai le sentiment d'avoir réellement rendu service. Je crois qu'ils ne le comprennent pas à moitié, sinon ils ne gaspilleraient pas l'encre d'un imprimeur sans rien faire. La guerre scolaire en a été une illustration tout au long. J'étais au quartier général de la police, où j'ai vu l'East Side, qui était ordonné, devenu voleur et immoral. En allant dans les écoles, je les ai trouvées surpeuplées, mal aérées, sombres, sans terrains de jeux, répulsives. Poursuivre les garçons qui s'enfuyaient avec dégoût, si du moins ils n'étaient pas exclus ; la rue grouillait d'enfants pour lesquels il n'y avait pas de place : je les voyais entassés dans la prison où étaient envoyés les étudiants protestants, avec des cambrioleurs, des vagabonds, des voleurs et des « mauvais garçons » de toutes sortes. Ils les classaient selon leur taille : quatre pieds, quatre pieds sept et plus de quatre pieds sept ! Aucune autre méthode n'a été tentée. Dans la prison catholique, ils ne faisaient même pas cela. Ils les maintenaient sur un « pied d'égalité sociale » en les mélangeant tous ; et quand, avec étonnement, j'ai demandé si c'était bien de la part de l'absentéiste dont on pouvait raisonnablement supposer qu'il courait un danger particulier à cause d'un tel contact, la réponse que j'ai reçue a été "serait-il juste envers le cambrioleur de le mettre à part avec le cachet sur lui". ?" Je suis retourné au bureau et j'ai pris à la Rogues' Gallery une poignée de photographies de jeunes voleurs et meurtriers et je les ai imprimées dans le *Century Magazine* avec un exposé des faits, sous le titre "La création des voleurs à New York". Je cite la phrase finale de cet article parce qu'il me semblait alors, et il me semble maintenant, qu'il était impossible d'échapper à cette terrible mise en accusation :

"Alors que nous nous demandons à ce bout du fil s'il serait tout à fait juste pour le cambrioleur de l'empêcher de tout contact social avec ses supérieurs, la maison de correction d'État, où se rassemble le produit final de nos écoles de crime, fournit la réponse. année après année, sans qu'on y prête attention. Parmi les milliers qui débarquent là, à peine un pour cent a gardé une bonne compagnie avant de venir. Tous les autres ont été victimes d'associations

maléfiques, d'un environnement corrompu. Ils n'étaient pas des voleurs par
hérédité, ils ont été créés. Et les la fabrication se poursuit tous les jours. La
rue et la prison sont les usines.

Dans l'esprit profane, l'argument s'est imposé ; celui de l'éducateur officiel
lui résista obstinément pendant une saison. Deux ans plus tard, quand l'un
des commissaires scolaires parla avec indulgence des cambrioleurs et des
voleurs de grands chemins dans les deux prisons comme étant probablement
coupables simplement du « vol d'une toupie, ou d'une bille, ou peut-être
d'une banane », pour atténuer la politique continue de son département en y
envoyant des absents au mépris catégorique de la loi de l'État qui interdisait
le mélange des voleurs et des absents, le bureau de police dut une fois de plus
être invoqué avec son témoignage. J'avais tenu des registres des crimes contre
les enfants survenus au cours de mon travail cette année-là. Ils ont commencé
avant l'âge de la maternelle avec des cambriolages et des écoutes de caisse.
"Highwaymen" à six ans semble plutôt formidable, mais il n'y avait pas
d'autre nom pour cela. Deux gamins de cet âge en avaient braqué un troisième
et l'avaient volé dans la rue ; à sept et huit heures, il y avait sept cambrioleurs
et deux vulgaires voleurs ; à dix ans, j'avais un cambrioleur, un garçon et
quatre filles, deux accusés de voies de fait et une de faux ; à onze heures,
quatre cambrioleurs, deux voleurs avec casier judiciaire, deux accusés de
voies de fait, un voleur de grands chemins, un menteur habituel et un suicide
; à midi, cinq cambrioleurs, trois voleurs, deux « ivrognes », trois incendiaires,
trois arrêtés pour voies de fait et deux suicides ; à treize ans, cinq
cambrioleurs, un casier judiciaire, cinq voleurs, cinq accusés de voies de fait,
un « ivre », un faussaire ; à quatorze ans, quatre cambrioleurs, sept voleurs,
un assez ivre pour combattre un policier, six voleurs de grand chemin et dix
accusés de voies de fait. Et ainsi de suite. La rue avait fait sa récolte parfaite,
et ils étaient tous derrière les barreaux, enfermés avec les garçons qui
n'avaient rien fait de pire que de jouer à l'école buissonnière.

Ce fut un coup de grâce. Le classement par mesure avait cessé dès la première
bordée ; ce dernier nous a donné l'école buissonnière que la loi exigeait. Pour
en tirer le meilleur parti, il faudra apparemment une nouvelle donne. J'ai
essayé de persuader la Société d'aide à l'enfance de consacrer ses anciennes
machines à ce nouveau travail. Peut-être que la George Junior Republic ferait
encore mieux. Lorsqu'il y aura de la place pour chaque garçon sur le banc de
l'école, et de la place pour lancer une balle lorsqu'il n'y est pas, il ne restera
plus grand-chose de ce problème avec lequel lutter ; mais peu ou beaucoup,
le péril de la prison est trop grand pour être supporté un instant.

C'est probablement à cette époque que j'ai reçu une lettre d'un vieil ami qui
était très heureux d'une déclaration dans un magazine selon laquelle j'avais
développé une « théorie scientifique » expliquant pourquoi les garçons vont
mal dans les villes. Il était évident qu'il était autant surpris que content, et moi

aussi lorsque j'appris de quoi il s'agissait. Ce qu'ils avaient qualifié de science et de théorie n'était que le récit le plus brutal des faits vus de Mulberry Street. Au-delà de mettre deux et deux ensemble, il y avait très peu de raisonnements à ce sujet. Que les conditions qui nous prévalaient aient pour résultat de rendre les garçons « durs » n'était pas étrange. Au contraire, il aurait été étrange qu'il en soit résulté autre chose. Avec la maison corrompue par l'immeuble ; les portes des écoles se fermaient contre eux là où les essaims étaient les plus denses, et les enfants jetés à la rue, là pour tenter leur chance ; le jeu honnête étant interdit, tous les droits naturels de l'enfant se transformèrent en moyen d'oppression, le jeu de balle devint un crime pour lequel les enfants étaient jetés en prison, voire abattus comme de dangereux criminels lorsqu'ils fuyaient le policier qui les poursuivait ; [Note de bas de page : un tel cas s'est produit le jour de Thanksgiving, 1897. Une grande clameur publique s'est élevée et le policier a été envoyé à Sing Sing.] avec des lois lettre morte de toutes parts engendrant le chantage et discréditant la police et l'autorité ; avec l'anarchie de la rue ajoutée à l'absence de règles dans la maison, où le père immigrant regardait impuissant, lui-même dépendant dans cet environnement étrange du garçon et non plus de son maître - il semblait que nous avions délibérément décidé de créer des ennuis. sous lequel nous avons gémi. Et nous n'étions pas seuls dans cette situation. La chaussure s'adapte plus ou moins parfaitement à toutes les grandes villes. Je le sais, car j'ai eu beaucoup à faire avec son installation au cours des deux ou trois dernières années ; et souvent, lorsque je regarde mon auditoire pendant mes conférences sur Tony et ses difficultés, je pense à Mulberry Street et au bon vieux temps où les problèmes, civiques ou autres, étaient les plus éloignés de mon esprit lorsque j'exhumais les faits qui étaient à la portée de la main de le journaliste de la police.

[Illustration : La manière de présenter la fabrication des « durs »]

En tant que journaliste, il n'y a peut-être aucune vertu particulière ; mais il y a cela dans son travail, dans sa précipitation et sa franchise, qui l'oblige à toujours prendre le raccourci et à le tenir à l'écart de toutes sortes de grincheux. Les « ismes » n'ont pas leur place dans les bureaux d'un journal, et encore moins dans Mulberry Street. J'avoue que j'en étais plutôt content. Je n'avais pas envie de discuter abstraitement des maux sociaux ; Je voulais redresser ceux d'entre eux que je pouvais atteindre. Je voulais démolir le Mulberry Bend et laisser entrer la lumière afin que nous puissions les distinguer plus facilement ; les autres pourraient alors faire le reste. Je disais cela à un excentrique très destructeur qui ne voulait de toute façon rien de moins que le pain entier. Mes « remèdes » lui étaient une abomination. Les propriétaires fonciers devraient être bouillis dans l'huile pour un homme ; la pendaison était trop belle pour eux. Il occupe désormais une fonction à Tammany dans une position où soutenir la cupidité des propriétaires est sa pratique quotidienne et son privilège, et il en profite. Mais je ne dois pas lui en vouloir. C'est précisément à cause de son espèce que Tammany est sans défense contre une véritable réforme. Il ne pourra jamais s'en sortir. Que chaque homme a son prix, c'est le langage de la Quatorzième Rue. Ils n'y ont pas de dictionnaire pour en comprendre un autre ; et comme raccourci, ils nient qu'il en existe un autre.

Cela m'a beaucoup aidé que mes relations au bureau soient des plus agréables. Je n'ai pas souvent été d'accord avec la page éditoriale de mon propre journal, le *Sun*. Il semblait impossible à quiconque d'avoir des points de vue plus éloignés sur la plupart des choses sur terre et ailleurs que mon journal et moi. Il détestait et persécutait Beecher et Cleveland ; c'étaient mes héros. Il m'a converti à Grant par son opposition à lui. Le panneau « Ne touchez pas à l'herbe ! » ne suscite dans son sein éditorial aucune envie d'enfermer l'homme qui l'a planté ; c'est le cas dans le mien. Dix ans et plus, j'ai lutté dans ses colonnes pour faire de cet immeuble une des principales inventions du diable, et il faut bien que j'en ai amené quelques-uns à ma croyance ; mais je n'ai pas converti le *Soleil*. De sorte que, selon le principe que j'ai posé auparavant, selon lequel je dois toujours me battre avec mes amis, j'aurais dû y passer un très bon moment. Et c'est ce que j'ai fait. Ils m'ont laissé faire presque tout à ma manière, même si cela nous éloignait tellement. Au fur et à mesure que le temps passait et que les tâches qui me revenaient prenaient de plus en plus de temps sur mon travail de bureau, j'ai trouvé cette fin insensiblement allégée pour me permettre de poursuivre les choses en lesquelles je croyais, même si ce n'était pas le cas. Il ne fait aucun doute que la vieille amitié qui existait entre mon chef immédiat de l' *Evening Sun* , William McCloy, et moi-même, y a joué un rôle. Pourtant, cela n'aurait pas pu se poursuivre sans l'assentiment et la sympathie virtuelle des Danas, père et fils ; car nous sommes arrivés de temps en temps à un point où des points de vue opposés s'affrontaient et se révélaient inconciliables. J'ai alors trouvé ces hommes, que certains jugeaient cyniques, très disposés à voir les faits tels qu'ils étaient et à ce que justice soit rendue.

J'aime penser à ma dernière rencontre avec Charles A. Dana, le « vieux chef », comme on l'appelait toujours au bureau. Au cours de toutes les années où j'ai passé sur le *Soleil* , je ne pense pas lui avoir parlé une demi-douzaine de fois. Lorsqu'il voulait quelque chose de moi personnellement, ses ordres étaient très brefs et précis. C'était généralement quelque chose – un rapport à digérer ou le récit de quelque expérience sociale – qui me montrait qu'au fond il était fidèle à son premier amour ; il avait été dans sa jeunesse, comme tout le monde le sait, un réformateur enthousiaste, membre de la Brook Farm Community. Mais s'il croyait que je voyais, il ne laissait aucun signe lui échapper. Il détestait les impostures ; peut-être étais-je tout le temps en procès. Si c'est le cas, je crois qu'il voulait me dire lors de cette dernière poignée de main qu'il ne m'avait pas trouvé en manque. C'est dans les escaliers du bureau *de Sun* que nous nous sommes rencontrés. Je montais; il descendait, rentrait chez lui pour mourir. Il le savait. En moi, il n'y avait aucun soupçon de vérité lorsque je le rencontrai au détour des escaliers, trébuchant d'une manière très différente du pas élastique habituel du vieux chef. Je le connaissais à peine quand il est décédé, mais alors qu'il se retournait et me tendait la main, j'ai vu que c'était M. Dana, qui avait l'air plus âgé que je ne l'avais jamais vu, et qui avait changé. J'ai enlevé mon chapeau et nous nous sommes serrés la main.

"Eh bien," dit-il, "avez-vous tout réformé à votre convenance, réglé tous les problèmes de la ville ?"

"Presque", dis-je, tombant dans son ton de plaisanterie; "Tout sauf le bureau *de Sun*. Cela n'a pas encore été fait, et c'est toujours aussi mauvais."

"Ha!" il a ri, "allez ! Nous sommes prêts pour vous. Venez tout de suite !" Et avec une autre chaleureuse poignée de main, il disparut. Il n'a jamais revu le bureau *du Sun*.

C'était la seule fois où il m'avait tendu la main, après notre première rencontre où j'étais un garçon solitaire, près de trente ans auparavant. Cette fois-là, il y avait un dollar dedans et je l'ai rejeté. Cette fois, j'aime croire que son cœur y était. Et je l'ai pris avec plaisir et gratitude.

La police a aidé, parfois. Le plus souvent, nous étions en désaccord, et assez peu de gens de la base comprenaient que je me battais pour eux dans la lutte contre le département. Un jour, un ami est entré en riant dans mon bureau et m'a raconté qu'il venait d'entendre le portier de la préfecture de police dire en me voyant passer : —

" Pouah ! l'hypocrite ! Voyez-le ôter son chapeau et puis nous étendre froidement dans son journal quand il en aura l'occasion. "

Il faisait référence à mon ancienne habitude campagnarde de lever le chapeau en guise de salutation au lieu de simplement hocher la tête ou toucher le bord. Sans doute exprime-t-il un sentiment assez général à l'époque. Mais après que Mulberry Street eut remarqué l'amitié de Roosevelt pour moi, il y eut un changement, et puis il passa à l'autre extrême. Il n'a jamais vraiment surmonté le fait qu'il ne m'a pas « contacté » au sujet du président McKinley et du gouvernement, ou du moins qu'il n'a pas fait de moi son secrétaire particulier et patron adjoint de l'Empire State lorsqu'il était gouverneur. L'idée d'amitié de Mulberry Street inclut les pains et les poissons en premier et en dernier, et « tirer » est le Joss qu'il vénère. En fait, j'ai dû expliquer à plusieurs reprises que M. Roosevelt ne s'était pas « retourné contre moi » pour sauver sa réputation politique. Lors d'une réunion publique, il parla un jour de moi comme de son ami, une douzaine de policiers m'apportèrent des copies du papier contenant « l'avis », avec le souhait franchement exprimé qu'on se souvienne de moi lorsque je rentrerais chez moi. Dans le quartier, je me suis égaré un jour dans le Bend pour profiter du soleil et des enfants qui y faisaient du sport. Sur le trottoir se tenait un gros policier qui épluchait tranquillement une orange qu'il s'était servie dans la charrette d'un Italien rampant. Je lui ai demandé comment ça se passait dans le Bend depuis l'ouverture du parc. Il m'a regardé très froidement et a dit : « Mauvais, très mauvais. » J'ai alors exprimé mon étonnement en disant que j'étais journaliste à la préfecture de police et que j'avais compris différemment.

"Quel papier ?" grogna-t-il insolemment. Je lui ai dit. Il me lança un regard mêlé de pitié et de mépris.

"Nix! Mon ami", dit-il en écartant davantage les pieds et en jetant la pelure à l'Italien, qui souriait de plaisir devant une telle condescendance. Je l'ai regardé avec attente. C'était un type très agaçant.

"Avez-vous dit que vous étiez au quartier général de la police... pour le Sun ?" observa-t-il longuement.

"Oui!" Il secoua la tête.

"Nixie ! Non coupable !" dit-il d'un ton moqueur.

"Pourquoi, qu'est-ce que tu veux dire ?"

"N'avez-vous pas entendu parler de M. Riis, Jacob Riis ?"

J'ai dit que oui.

« L'ami du gouverneur ?

"Oui, qu'en est-il ?"

"Eh bien, il n'est pas au quartier général du *Sun* ?"

J'ai dit que c'était le cas.

"Bien?"

J'ai sorti ma carte et je la lui ai tendue. "Je suis cet homme", dis-je.

Pendant une fraction de seconde, le policier resta bouche bée ; mais c'était un pur-sang. Ses talons se rejoignirent avant, semblait-il, de pouvoir lire mon nom ; il se redressa. L'orange à moitié pelée tomba de sa main et roula dans le caniveau, furtivement accélérée par un petit coup de pied adroit . Le malheureux Italien, croyant à un accident, s'empressa de choisir sur son stand le fruit le plus gros et le plus juteux, et le lui tendit avec un arc propitiatoire, mais il le repoussa avec hauteur.

"Ces dagoes", dit-il en plaçant minutieusement ma carte dans le bandeau de son chapeau, " n'ont pas de bonnes manières. C'est un endroit difficile pour un homme bon ici. Il est temps que je sois un rondier. Vous pouvez le faire. ". Vous avez le pouvoir d'attraction. "

Lorsque Roosevelt était allé à Washington pour aider à équiper la marine pour la guerre contre l'Espagne, j'y ai passé une partie de l'hiver avec lui, et Mulberry Street tenait pour acquis que j'avais enfin été « placé » comme j'aurais dû l'être. bien avant. Ce fut un grand étonnement lorsque je revins reprendre mon ancienne place. La vérité était que j'étais parti en partie pour observer ce qui se passait dans la capitale pour mon journal, et en partie pour approfondir la guerre, à laquelle j'étais un fervent partisan depuis le début. C'était pour moi un premier et un dernier moyen de mettre fin aux meurtres à Cuba. L'une des toutes premières choses auxquelles j'ai eu affaire en tant que journaliste a été le massacre *de Virginius*, et depuis lors, le sang a été versé dès le début. Il était temps d'y mettre un terme, et le seul moyen semblait être d'arracher l'emprise de l'Espagne de la gorge de l'île. Je pense que je n'ai jamais vraiment surmonté le mépris que je concevais pour l'Espagne et les mœurs espagnoles lorsque j'ai lu, enfant, dans le récit de Hans Christian Andersen sur ses voyages dans le pays du Don, que les bergers apportaient du beurre des montagnes dans des intestins de mouton et ils les mesuraient selon les longueurs demandées par les clients en leur faisant des nœuds. Que pouvait-on attendre d'un pays qui vendait du beurre au mètre ? Comme l'événement l'a montré, elle a dirigé ses marines de la même manière et a été justement punie. Cet hiver-là, je me suis lié d'amitié avec le Dr Leonard Wood, que nous avons tous connu et admiré par la suite en tant que général et gouverneur Wood ; et c'était un brave garçon. Il était l'ami et le médecin de Roosevelt, et nous avons passé de nombreuses heures intenses ensemble, dans cet état d'esprit.

Pour la troisième fois de ma vie, et la dernière, j'ai eu envie d'aller à la guerre, quand ils y sont allés, et oh ! tellement mal. Non pas pour me battre – j'en avais eu tout ce qu'il fallait chez moi – mais pour dire la vérité sur ce qui se passait à Cuba. The *Outlook* m'a proposé ce poste, et le *Sun* a chaleureusement accepté ; mais une fois de plus la porte me fut fermée. Deux de mes enfants souffraient de la scarlatine, mon fils aîné était parti à Washington pour tenter de s'enrôler dans les Rough Riders, et le suivant était en train de se lancer dans la marine par ses propres moyens. Ma femme ne fit aucune objection à mon départ, si c'était un devoir ; mais ses larmes coulaient silencieusement – et je restais. C'était "trois fois et dehors". Je n'irai jamais à la guerre maintenant, sauf pour défendre ma propre maison, ce que Dieu nous préserve. Au bout d'un an, j'ai su que si j'étais parti à ce moment-là, je ne serais probablement pas revenu. J'avais reçu un avis indiquant que mes rêves de faire campagne de cette manière prenaient fin. Reconnaissant d'avoir été épargné, je leur pris pourtant congé avec un soupir ; c'est tout à fait illogique, car je déteste le spectacle de la souffrance humaine et des passions brutales suscitées. Mais au fond de mon cœur, il y a l'horreur de mes ancêtres vikings qui mouraient au lit, incapables de riposter, pour ainsi dire. Je sais que c'est méchant et insensé, mais toute ma vie, j'ai tellement souhaité monter à cheval avec une épée et frapper une seule fois, comme un autre Sheridan. Moi qui ne peux pas m'asseoir sur un cheval ! Même celui que Roosevelt m'a offert à Montauk et qui avait la garantie de « ne pas mordre ni gratter » s'est enfui avec moi. C'est donc une folie, cela se voit. Pourtant, j'aurais peut-être découvert dans quelle direction j'aurais réellement couru lorsque l'appel est arrivé. J'espère dans le bon sens, mais je ne me suis jamais senti vraiment sûr.

Les victimes de la guerre ne sont pas toutes sur le champ de bataille. La campagne cubaine a détruit une carrière prometteuse de correspondant à l'étranger que j'avais bâtie au prix de dix ou quinze ans d'efforts. C'était pour un journal danois que j'écrivais avec beaucoup d'approbation, mais quand la guerre éclata, ils n'avaient pas la même vision des choses que moi et se mirent à supprimer ou à mutiler mes lettres, après quoi notre relation cessa brusquement. Mes lettres étaient, m'expliqua le rédacteur en chef un an ou deux plus tard, lorsque je le vis à Copenhague, tellement… euh… ultra-patriotiques, tellement… euh-r… jeunes dans leur enthousiasme, que… hein ! Je l'ai interrompu en lui disant que j'étais heureux que nous soyons encore assez jeunes dans mon pays pour nous lever et crier pour le drapeau dans un combat, et je l'ai laissé réfléchir. Ils ont dû vieillir d'un coup là-bas, car ils n'étaient pas ainsi quand j'étais petit. La réalité était que, d'une manière ou d'une autre, ils ne parvenaient pas à se mettre en tête qu'un tyran européen pouvait être fouetté d'un seul coup par « les États ». Ils insistèrent pour imprimer des dépêches ridicules sur les victoires espagnoles. Je pense qu'il y avait aussi quelque chose dans la morue, quelque chose de commercial dans les bouchons et la morue - l'Islande obligeait l'Espagne au régime de poisson pendant le carême, en échange de quoi elle bouchait la bière danoise - j'ai oublié les détails. Le fait le plus fondamental était une méfiance à l'égard des États-Unis, fondée sur une ignorance curieusement obstinée, totalement inexcusable chez un peuple aussi intelligent que les Danois. En tant que correspondant, j'ai essayé de dresser un tableau raisonnable et humain des affaires américaines, mais cela ne semblait faire aucune impression. Ils se jetteraient sur les histoires de Munchausen qui circulent toujours, comme si l'Amérique était une sorte de ménagerie et non un pays chrétien. Je pense que rien ne m'a jamais agacé comme l'a été un cas de ce genre l'année où Ben Butler s'est présenté à la présidence. J'avais essayé dans mes lettres de présenter équitablement la situation et les problèmes politiques, et je commençais à sentir qu'ils *devaient* comprendre, lorsque j'ai reçu un exemplaire de mon journal de Copenhague et que j'y ai lu une "vie" du général Butler, qui condensait : a couru quelque chose comme ceci :—

"M. Butler était un jeune avocat ambitieux, astucieux et plein de projets audacieux pour s'enrichir. Lorsque la guerre avec le Sud éclata, il rassembla tout l'argent qu'il put et équipa une flotte de corsaires. Avec cela, il s'embarqua pour New York. Orléans, s'empara de la ville et, rassemblant toutes les cuillères d'argent qu'elle contenait, chargea ses navires avec elles et retourna vers le Nord. Il posa ainsi les bases de sa grande fortune, mais acquit une impopularité durable dans le Sud, ce qui empêchera son élection à la présidence. »

Je ne rigole pas. C'est ainsi que se présentait l'histoire des cuillères en argent en danois un quart de siècle après la guerre. Vraiment, qu'est-ce que tu aurais fait ? J'ai ri et... eh bien ! il faisait des remarques tour à tour, et concluait finalement qu'il n'y avait rien d'autre à faire que de s'attacher et de réessayer ; ce que j'ai fait.

Si je ne pouvais pas aller à la guerre, je pourrais au moins faire de la campagne électorale avec Roosevelt à son retour et essayer de l'aider du mieux que je pouvais dans les questions qui touchaient les pauvres et leur vie, une fois qu'il était assis dans le fauteuil de Cleveland à Albany. . Je ne pense pas qu'il ait ressenti cela comme une dignité supplémentaire, mais je l'ai ressenti et je le lui ai dit, ce qui lui a fait rire un peu. Mais il n'y avait pas de quoi rire. Ce sont des hommes de la même trempe, pas plus des saints que nous tous, mais des hommes dotés d'un esprit et d'une volonté honnête, s'ils ont des manières différentes de faire les choses. J'aimerais qu'un certain Cleveland revienne bientôt et me donne une autre chance de voter pour le ticket que Tammany fait obstacle avec sa prétention impudente selon laquelle il s'agit du parti démocrate. Quant à Roosevelt, peu étaient, je crois, plus proches de lui que moi, même à Albany. Il ne fait aucun doute qu'il a commis ses erreurs comme nous tous, et lorsqu'il l'a fait, les critiques n'ont pas voulu en tirer le meilleur parti. J'aurais aimé qu'ils soient à moitié aussi prêts à lui donner un coup de main. Nous aurions alors pu être plus loin sur la route. J'ai vu avec quelle fidélité il travaillait. J'étais son arbitre avec les tailleurs, avec les vendeurs de drogue, dans l'application de la loi sur les usines contre les pull-overs, et je sais que tôt et tard, il n'avait d'autre pensée que de savoir comment servir au mieux les gens qui lui faisaient confiance. Je ne veux pas de meilleur gouverneur que celui-là, et je suppose que nous en aurons besoin longtemps avant d'en avoir un aussi bon.

J'ai découvert lors de nos tournées électorales que je n'étais pas un bon orateur, surtout dans l'aile avec les arrêts de train de cinq minutes. J'avais l'habitude de me retirer avec une rage intérieure, toutes les bonnes choses que je voulais dire non dites. Les politiques connaissaient mieux cette astuce, et je leur ai vite laissé le champ libre. Par la suite, je suis parti juste pour avoir de la compagnie. Seulement deux ou trois fois je me suis montré à la hauteur. Une fois, lorsque j'ai parlé sur la place de Jamestown, dans l'État de New

York, où j'avais travaillé quand j'étais jeune et piégé des rats musqués dans la rivière pour gagner ma vie. Le bon vieux temps me revint en contemplant cette foule nombreuse, et les acclamations qui en émergèrent me dirent que j'avais « compris ». Je me demandais si, par hasard, le vieux capitaine de navire qui m'a achevé comme conférencier y était, mais ce n'était pas le cas ; il était mort. Une autre fois, c'était à Flushing, Long Island. Il n'y avait pas de place dans le hall et ils m'ont envoyé parler à la foule dans la rue. Sa vue, avec la lumière vacillante des torches sur la mer de visages tournés vers le haut, m'a en quelque sorte captivé comme rien ne l'avait jamais fait, et le discours que j'ai prononcé depuis les marches, soutenu par deux policiers, a également captivé la foule ; il a applaudi de telle sorte que Roosevelt s'est arrêté à l'intérieur et a pensé qu'un ennemi avait capturé la réunion. Quand il fut parti, avec l'esprit toujours sur moi, j'ai parlé à l'assemblée dans la salle jusqu'à ce qu'elle se lève et crie. Mon ennemi politique de Richmond Hill était sur la tribune et est venu m'embrasser. Nous sommes amis depuis. Le souvenir de cette soirée persiste encore à Flushing, me dit-on.

Une photo de cette journée de voyage à Long Island restera gravée dans mon esprit. Le train était sur le point de quitter la gare de Greenport, lorsque les enfants des écoles publiques se sont précipités pour voir « Teddy ». Il se pencha sur la plate-forme arrière, saisissant autant de petites mains que possible, tandis que les ouvriers du train faisaient de leur mieux pour garder la voie dégagée. Tout en arrière, parmi la foule qui se bousculait et applaudissait, j'ai distingué la silhouette élancée d'une petite fille pâle, couverte de taches de rousseur, vêtue d'un vêtement usé, luttant avec avidité mais désespérément pour s'approcher de lui. Les enfants les plus forts la repoussèrent encore plus loin, et son visage triste était presque le dernier de tous quand Roosevelt la vit. Descendant les marches alors même que le train démarrait, il se précipita rapidement, se frayant un chemin à travers la marée montante jusqu'à la petite fille, et lui prenant la main, la serra la plus chaleureusement de toutes, puis sprinta vers la voiture qui partait et l'attrapa. . La dernière fois que j'ai vu Greenport, c'était la pauvre petite fille qui tenait fermement la main que son héros avait serrée, le visage tout rayonnant de joie.

Je sais exactement ce qu'elle a ressenti, car j'ai vécu la même expérience. Une des choses dont je me souviens avec plaisir que les années ne peuvent pas atténuer est ma rencontre avec le cardinal Gibbons il y a quelques années. Ils m'avaient demandé de venir à Baltimore pour parler au nom du Fresh Air Fund, et à ma grande joie, j'ai appris que le Cardinal devait présider. Je l'avais toujours admiré à distance, mais au cours des quinze minutes d'entretien que nous avons eues avant la conférence, il a entièrement conquis mon cœur. Il m'a demandé de lui pardonner s'il devait partir avant que j'aie fini mon discours, car il avait eu un service très épuisant la veille , "et je suis un vieil homme, du bon côté de la soixantaine", a-t-il ajouté comme si en excuses.

"Du côté louche, vous voulez dire", a amendé l'ecclésiastique presbytérien qui faisait partie du comité. Le Cardinal secoua la tête en souriant.

"Non, docteur ! Le côté ensoleillé, plus proche du paradis."

La réunion était de nature à inspirer même l'orateur le plus ennuyeux. Quand j'ai fini de plaider pour les enfants et que je me suis retourné, le cardinal était assis derrière moi, même s'il était déjà une heure après l'heure de se coucher. Il s'est avancé et m'a donné sa bénédiction sur-le-champ. Je n'ai jamais été autant touché et ému. Même ma mère, en vieille luthérienne qu'elle est, était satisfaite quand je lui en parlais, même si, dans la nature des choses, l'idée de son fils fréquentant ainsi les principautés et les puissances du camp ennemi a dû être un choc. à elle.

En parlant de cela, cela me rappelle le bref aperçu des mystères de l'univers que j'ai eu à Galesburg, dans l'Illinois, la même année. J'avais enseigné au Knox College, dont mon ami John Finley était le président. Il a plu avant la réunion, mais lorsque nous sommes sortis, les étoiles brillaient de mille feux et j'ai ressenti une soudaine envie de les voir à travers le télescope de l'observatoire. Le professeur d'astronomie m'a emmené dans le dôme sombre et a pointé le verre vers Saturne, que je connaissais comme un point de lumière scintillant, que l'on disait être une grosse boule ronde comme notre Terre, et que j'avais naturellement confiance. Mais le voir là, blanc et gros comme une pomme, suspendu dans son anneau large et brillant, était une révélation devant laquelle je restais stupéfait et muet. J'ai regardé et regardé; entre l'étoile et son anneau, j'ai saisi la profondeur infinie de l'espace noir au-delà ; Il me semblait voir presque le tourbillon, le mouvement ; entendre les étoiles du matin chanter ensemble – et puis comme un éclair, tout a disparu. Tendez mon cou sur mon échelle comme je le pouvais, je ne pouvais pas l'apercevoir.

"Mais où est-elle allée ?" Dis-je à moitié pour moi-même. Au loin, dans l'obscurité, retentit la voix grave du vieux professeur :

"Cette fois-là, tu as vu la terre bouger."

Et c'est ce que j'ai fait. Le mécanisme d'horlogerie qui permettait au dôme de suivre le mouvement des étoiles – de notre monde plutôt – était en panne, et lorsque Saturne a disparu de ma vue, comme je le pensais, c'est plutôt la terre que j'ai littéralement vue bouger.

Et maintenant que je suis en voyage, permettez-moi de traverser l'océan assez longtemps pour dire que mes fouilles dans les bidonvilles de Londres un été n'ont servi qu'à me convaincre que leur problème est le même que le nôtre et doit être résolu dans le même sens. Ils ont leurs manières de faire, nous avons les nôtres, et chacun a quelque chose à apprendre de l'autre. Nous avons copié notre loi qui nous permettait de démolir les bidonvilles de la loi anglaise en vertu de laquelle ils ont défriché de vastes zones là-bas bien avant que nous nous mettions au travail. Et pourtant, dans leurs rues pauvres – dans la « rue chrétienne » entre autres – j'ai trouvé des familles vivant dans des appartements entièrement en dessous du niveau du trottoir. J'ai trouvé des enfants empoisonnés par les fumées d'usine dans une association caritative et des gens entassés dans des chambres à coucher comme je n'en avais jamais vu à New York. Et quand je leur ai demandé pourquoi la police n'était pas intervenue, ils m'ont regardé sans comprendre et m'ont rétorqué qu'ils étaient dans leurs propres locaux – l'usine aussi – et où la police est-elle entrée ? Je leur ai dit qu'à New York, ils venaient quand et où bon leur semblait, et systématiquement au milieu de la nuit, pour connaître les faits exacts. Quant à nos troglodytes, nous nous en étions débarrassés depuis longtemps, simplement en arrachant ceux qui ne voulaient pas y aller et en leur fermant les portes des caves. Il fallait le faire et cela a été fait, et cela a réglé la question.

"Je pensais que votre pays était libre", dit mon policier.

« C'est ainsi, lui dis-je, sauf la liberté de vous empoisonner vous-même et votre prochain. Il secoua la tête et nous continuâmes.

Mais il ne s'agissait là que de divergences de pratique. Le principe n'est pas affecté. Il était évident qu'à Londres, comme à New York, il s'agissait moins de transformer la nature humaine chez le locataire que de la réformer chez le propriétaire ; A Saint-Gilles, j'ai trouvé à côté de l'atelier une église, un grand bain et lavoir, et une école. C'était la même chose à Seven Dials. À chaque étape, il rappelait les Cinq Points. Chez l'un comme chez l'autre, plongés dans la pauvreté et le crime, étaient venus le constructeur de routes, le missionnaire, l'instituteur, et avaient fait entrer ensemble la lumière. Et là-bas, un peu plus vite qu'ici, le réformateur du logement avec son plan expiatoire de philanthropie et de cinq pour cent suivait leur trace. C'est là la clé. En dernière analyse, il s'agit de savoir comment nous évaluerons la fraternité, quel pourcentage nous prendrons. Mon voisin de table dans ma pension de Londres pensait cela, même s'il l'exprimait d'une manière qui lui était propre. C'était un excentrique assez bienveillant, mais pas un ami de la prédication. Étant un excentrique, il a condamné les prédicateurs d'un seul coup :

"Les pasteurs !" il a dit; " Mes soirées , qu'est-ce qu'ils ont fait ? Dans ma vie, il n'en a connu que deux qui étaient aptes à être en chaire. "

De retour dans mon propre pays, j'ai constaté que, partout où les bidonvilles s'étaient installés, la conviction s'est renforcée : c'était un problème non seulement de gouvernement mais aussi d'humanité. À Chicago, ils y fixent des limites avec des parcs et des terrains de jeux et la maison est restaurée. A

Cincinnati, à Cleveland, à Boston, ils s'agitent. En fait, à Boston, ils ont démoli davantage d'immeubles insalubres que nous dans la métropole, et avec moins de cédés aux propriétaires des bidonvilles. A New York, un mouvement citoyen a ouvert la voie à la dernière Tenement-House Commission, qui vient de terminer son grand travail, et le mouvement est assuré que les fruits de ce travail ne seront pas perdus. Écoutez la mise en accusation de l'immeuble par cette commission, nommée par l'État : —

"Toutes les conditions qui entourent l'enfance, la jeunesse et la féminité dans les quartiers surpeuplés de New York créent l'injustice. Elles conduisent également à la maladie. ... Des immeubles, un flot de personnes malades et sans défense arrive vers nos hôpitaux et nos dispensaires... d'eux aussi. vient une foule de pauvres et de chercheurs de charité. Le plus terrible de tous... le fait que, mêlé aux ivrognes, aux dissolus, aux imprévoyants, aux malades, habite la grande masse des ouvriers respectables de la ville avec leurs familles.

Ceci après tout le travail de vingt ans ! Pourtant, le travail n'a pas été vain, car nous voyons enfin la vérité. En effet, il est impossible que ce tort monstrueux ne soit pas réparé et que le gouvernement du peuple perdure, comme il le fera, je le sais. Nous commençons seulement à découvrir ce qu'elle peut faire pour l'humanité au jour où nous penserons tous suffisamment au bien commun, à la *res publica* , pour nous oublier nous-mêmes.

Ce jour-là aussi, le patron aura cessé de déranger. Aussi grossier qu'il paraisse à nos yeux, il n'a aucune substance réelle. Il n'est qu'un vilain rêve de désordre politique. Parfois, quand j'entends parler de lui en retenant mon souffle, je pense au camionneur irlandais qui, effrayé, s'est rendu chez le prêtre ; il avait vu un fantôme sur le mur de l'église alors qu'il passait devant elle dans la nuit.

"Et comment c'était ?" demanda le curé.

"C'était comme un gros cul", a déclaré Patrick, les yeux écarquillés.

"Rentre chez toi, Pat ! et sois tranquille. Tu as vu ta propre ombre."

Mais je suis fatigué maintenant et je veux rentrer chez ma mère et me reposer un moment.

CHAPITRE XV

QUAND JE SUIS RENTRÉ CHEZ MÈRE

Il y eut un pas lourd dans l'escalier, un coup qui ressemblait à celui d'un éléphant qui aurait heurté le montant en passant, et là, dans la porte, se tenait un géant de six pieds, qui m'observait calmement, comme si j'étais un spécimen d'insecte coincé. sur une épingle pour inspection, au lieu d'un homme ordinaire avec pas plus de deux jambes.

"Bien?" Dis-je, tâtonnant impuissant parmi les souvenirs du passé à la recherche d'un indice de l'apparition. Quelque part et à un moment donné, je l'avais déjà vu ; c'est tout ce que je savais et pas plus.

La forme fit un pas dans la pièce. "Je m'appelle Jess", disait-il simplement, "Jess Jepsen de Lustrup".

« Lustrup ! » J'ai repoussé les papiers et le stylo et me suis dirigé vers le géant pour le tirer vers la lumière. Lustre ! Tu parles de bottes de sept lieues ! ma foulée faisait quatre mille milles de long, si c'était un pied. Il traversait l'Atlantique tumultueux et la froide mer du Nord et me plaçait en vue du petit village de fermes au toit de chaume où je jouais autrefois, juste à côté du barrage dans le ruisseau paresseux où renoncules et myosotis- les nots hochaient toujours la tête au-dessus de la piscine, et le pewit construisait son nid au printemps. Juste au-delà, le ruisseau sortait des prairies pour contourner les murs engloutis du vieux manoir et se perdre dans la lande qui s'étendait vers les collines de l'ouest. Lustre ! Oh oui! J'ai poussé mon géant sur une chaise pour pouvoir le regarder.

[Illustration : Ribe, dans mon enfance. Vu du jardin d'Elisabeth]

Il était à l'image du paysage de sa plaine natale ; grand, calme et honnête. Il n'y a rien à cacher ; je ne pourrais pas s'il essayait. Et, comme son village, il sentait la cour de la grange. Il était chauffeur, m'a-t-il dit, et il gagnait un salaire. Mais il avait ses soirées pour lui ; et c'est ainsi qu'il était venu chercher, grâce à moi, une école où il pourrait aller apprendre l'anglais. Juste comme ça ! C'était Lustrup partout. Je me suis rappelé comme si c'était hier la fois où je suis allé voir le barrage que je n'avais pas vu depuis trente ans, et le poisson-lune et le pewit si anxieux pour ses petits, et j'ai trouvé le ruisseau détourné et le mur de terre ouest du manoir, qu'il contournait, a disparu ; et l'histoire que le grand fermier, le père de Jess Jepsen, m'a racontée avec une telle fierté tranquille, debout là, sur la façon dont, à cause des problèmes causés par les Allemands sur la « ligne » à un kilomètre de là, le commerce du bétail s'était effondré jusqu'à ce que la ferme s'effondre. je ne paie pas; comment lui et « le garçon » sans aide, travaillant patiemment année après année avec une bêche et une pelle, avaient creusé les neuf acres de hautes terres sèches, déplacé le mur jusqu'au fond et détourné le ruisseau, créant une prairie verte à partir de sable aride et sauvant la ferme. Le labeur de vingt ans avait brisé le corps du vieil homme, mais son esprit était plus intrépide que jamais. Il y avait une lueur de triomphe dans ses yeux alors qu'il brandissait le poing en direction du poteau de « ligne » sur la chaussée. « Nous les avons battus », dit-il ; "Nous faisions."

Ils l'ont fait. J'avais entendu raconter à maintes reprises comment ce brave petit peuple, chassé du marché allemand, avait conquis les Anglais et les avait tenus contre le monde, trois fois au cours de la vie d'un seul homme, ouvrant un nouveau front face à des conditions industrielles modifiées ; passant de l'élevage de céréales au bétail sur pied, de nouveau à la viande abattue, et encore une fois à l'élevage laitier, et tenant toujours le sien. Comment, dépouillés d'un tiers de leur pays par un ennemi infidèle, ils s'étaient mis en route avec une énergie indomptable pour reconquérir la lande aride et, en une génération, ils avaient mis sous la charrue ou planté des forêts une superficie aussi grande que celle qui avait été volée. d'eux. Oui, c'était un disque courageux, une histoire qui rendait fier d'appartenir à un tel peuple. Moi aussi, j'ai entendu les plaintes des pewits dans mon enfance et j'ai attrapé le poisson-lune dans le ruisseau. J'étais un enfant lorsqu'ils ont planté le poteau noir sur la ligne et l'ont arrosé du sang de mes compatriotes. Aux cheveux gris et avec des racines d'antan dans un sol étranger, je rêve encore avec eux du jour où il sera arraché et jeté sur le fleuve où mes pères ont repoussé mille ans la marée du sud .

Jesse ? Il est reparti satisfait. Il sera là, en cas de besoin. Ses yeux calmes le justifiaient. Et je–je suis retourné à mon ancienne maison, au Danemark et chez ma mère ; parce que je ne pouvais plus rester à l'écart.

Nous avions erré à travers la Hollande, comptant les moulins à vent, étudiant les "explications" énoncées dans un anglais péniblement élaboré sur les murs de ses vieilles églises, avec l'information destinée aux voyageurs qu'il fallait obtenir de plus amples renseignements sur le sacristain, qui pourrait être trouvé avec la clé " dans le quartier n°5." Nous avions discuté avec le gardien du Prinzenhof à Delft que Guillaume le Silencieux n'avait pas pu être assassiné comme il le prétendait – qu'il avait dû descendre les escaliers et non traverser le couloir lorsque l'assassin lui avait tiré dessus, comme tout nouveau Le journaliste de la police de York pouvait le voir grâce au trou de balle qui se trouve encore dans le mur – et blessant ainsi sa fierté patriotique si profondément qu'il a fallu payer un supplément pour l'apaiser. Je l'ai surpris en train de nous surveiller pendant que nous descendions la rue et de secouer la tête en direction de ces « Américains sauvages » qui n'avaient rien de sacré, pas même le registre officiel des meurtres commis alors que leurs ancêtres étaient encore des sauvages errant dans les plaines. Nous nous étions moqués des charbonniers de la frontière qui transportaient le charbon dans des paniers sur une échelle jusqu'à la machine en attente et le vidaient dans l'aile. Et maintenant, après m'être séparé de mon compagnon de voyage à Hambourg, j'approchais du pays où je devrais revoir le vieux Dannebrog, le drapeau tombé du ciel avec la victoire sur les Danois aux abois. Littéralement tombé du ciel, il leur tomba sous les yeux, le fait historique étant apparemment que les évêques chrétiens avaient collaboré avec le pape pour détourner les Danois nouvellement convertis de leur drapeau de pirate païen et qu'ils trouvèrent leur opportunité dans l'une des croisades les Les Danois se sont lancés de leur propre chef dans ce qui est aujourd'hui la Prusse. Le pape avait envoyé une bannière de soie avec l'emblème d'une croix blanche en rouge, et au moment opportun, lorsque l'autre était prise, le prêtre la jeta du haut d'une falaise au milieu de la bataille et renversa le cours de la bataille. Depuis toujours, c'est le drapeau des Danois et leurs ennemis allemands ont des raisons de le détester. Ici, à Slesvig, où je voyageais, l'exposer était un motif valable de bannissement. Mais là-bas, derrière le poteau noir, il attendait, et mon cœur bondit à sa rencontre. N'ai-je pas ressenti le frisson, lors d'un voyage à l'étranger, à la vue des étoiles et des rayures qui se déploient soudainement, le drapeau de ma maison, de mes années d'homme et de ma fierté ? Heureux celui qui a un drapeau à aimer. Béni deux fois celui qui en a deux, et ces deux-là.

Nous sommes encore à un kilomètre de la frontière et, avec le panorama des prairies verdoyantes, des rivières calmes et des cigognes aux longues pattes patrouillant gravement dans les marais à la recherche de grenouilles et de lézards, passant devant la fenêtre de notre voiture, je peux m'arrêter pour dire vous comment cet orgueil filial du drapeau de mes pères m'a livré autrefois entre les mains des Philistins. C'était à Londres, lors du mariage du duc d'York. Le roi et la reine du Danemark étaient en ville et partout où l'on allait, le drapeau danois était hissé en leur honneur. Passant sous l'un d'entre eux au sommet d'un bus Holborn, j'ai demandé à un cockney assis à côté du mien de quel drapeau il s'agissait. Je voulais l'entendre en faire l'éloge, c'est pourquoi j'ai fait semblant de ne pas savoir. Il l'examina avec la calme assurance de son espèce et répondit :

"Ça, ah, oui ! C'est le signe du corps des ambulanciers de Saint-Jean , le drapeau de l'accident , vous ne savez pas", et il a montré un ambulancier qui venait de passer avec la croix sur le bras. Le Dannebrog le " drapeau accident " ! Qu'est-ce que j'ai fait? Qu'aurais-tu fait? J'ai juste fulminé et réprimé du mieux que je pouvais mon désir de lancer ce cockney dans la foule en bas, avec sa pipe et sa misérable ignorance. Mais j'ai dû descendre pour le faire.

Mais il y a la tour blanche du vieux Domkirke dans lequel j'ai été baptisé, confirmé et marié, qui s'élève au milieu des vastes champs, et tous les monuments familiers défilent en toute hâte, et maintenant le train ralentit en direction de la gare, et un chœur de des voix crient le nom du vagabond. Il y a une mère dans la foule avec des larmes de joie coulant sur son cher vieux visage, et la moitié de la ville sort pour la voir ramener à la maison son garçon, chacun partageant sa joie, au facteur même qui lui a apporté ses lettres. ces nombreuses années et a grandi équitablement pour devenir un membre de la famille. L'attente est enfin terminée et sa foi justifiée. Chère vieille maman ! Aux cheveux gris, je reviens, tristement écorché dans de nombreux conflits avec le monde, mais toujours ton garçon, ta maison mienne. Ah moi ! Le ciel est plus proche de nous que nous ne le rêvons souvent sur terre.

[Illustration : Chez nous dans la vieille ville La dernière fois que nous étions tous ensemble]

Comment vous parler de la vieille ville au bord de la mer du Nord qui était la demeure des rois danois à l'époque où les rois menaient leurs armées au loin et tenaient leurs couronnes par la force de leur emprise ? Dois-je vous peindre les rues étranges et tortueuses avec leurs trottoirs pavés et leurs maisons aux toits de tuiles où l'hirondelle construit dans le hall et la cigogne sur le faîtage, témoins toutes deux que la paix habite à l'intérieur ? Car il est bien connu que la cigogne ne tolère pas une maison divisée ; et quant à l'hirondelle, une plaie de furoncles attend la main sans grâce qui dérange son nid. Lorsque le Sauveur était accroché à la croix, ne s'est-il pas perché sur la poutre et n'a-t-il pas répandu son chant d'amour et de pitié à son oreille mourante : « Apaisez-le ! apaisez-le » ? La cigogne du pré a crié : « Fortifiez-le ! Fortifiez-le ! mais le méchant, voyant les soldats avec leurs lances, s'écria : « Percez-le ! percez-le ! C'est pourquoi la cigogne et l'hirondelle sont les amies de l'homme, tandis que le fou demeure en exil, fuyant toujours sa présence avec son cri solitaire.

Veux-tu errer avec moi à travers les champs où la gentiane à franges bleues fleurit avec la bruyère rose et où la torche nuptiale hoche la tête du bord du ruisseau, penchant sa tête majestueuse vers le vent d'ouest qui souffle toujours de la mer avec le toucher. aussi doux que la main d'une femme ? Plat et sans intérêt ? Oui, si vous le voulez. Si l'on ne voit que les champs. Mes enfants les ont vus et ont eu envie de retourner dans les collines de Long Island ; et dans leurs regards froids je sentais tirer la chaîne qu'il devait porter toute sa vie, lui qui s'était exilé de sa terre natale, si proche de son cœur celui de son choix et de son adoption. J'ai joué dans ces domaines quand j'étais petit. Je pêchais dans ces ruisseaux et j'allumais au printemps des feux sur leurs rives pour y faire rôtir des pommes de terre dont je n'ai jamais goûté de pareil depuis. Ici, je rêvais du grand et beau monde extérieur, regardant l'alouette s'élever toujours plus haut avec son chant de triomphe et de joie, et ici j'ai appris la douce leçon d'amour qui a fait écho à sa note jubilatoire à travers toutes les années, et qui le sera jusqu'à ce que nous atteindre la porte d'or, elle et moi, dont l'amour détient la clé.

Inintéressant! Le dis-tu ? Mais restez ici avec moi, à chercher du brochet parmi les nénuphars jusqu'à ce que le soleil se couche, rouge et grand, sur la mer là-bas, et vous verrez une lumière sur ces prairies où l'herbe est comme de la soie fine, c'est presque comme si elle était pas de terre. Et alors que nous rentrons chez nous à travers le long crépuscule du Nord, écoutant l'appel lointain du courlis ; avec les moutons en train de brouter qui se profilent à l'horizon sur la colline verte où se dressait l'ancien château des rois, et le Dom gris dressant sa tête haute au-dessus de leurs tombes, regorgeant de souvenirs des siècles passés et passés, vous apprendrez à connaître la poésie de cet été danois qui tient le cœur de ses enfants avec de tels cerceaux d'acier.

A la porte sud, les « bancs de potins » sont remplis. Les vieillards fument leur pipe et ôtent leur casquette à "l'Américain" avec l'accueil joyeux d'amis qui le connaissaient et le fessaient avec bonne volonté quand, "enfant", il s'enfuyait avec leurs bateaux pour une expédition clandestine jusqu'au lac . Ces bateaux ! lourds, à fond plat, propulsés avec une perche qui s'enfonçait dans la boue et les tirait la moitié du temps plus loin qu'ils n'étaient allés. Mais quel plaisir c'était ! Au fil des années, un sifflet de vapeur réveilla les échos de ces eaux calmes. C'était le premier et le dernier. Le chemin de fer, en effet, est arrivé en ville longtemps après que je sois devenu un homme, et une filature de coton a mêlé son agitation au bourdonnement somnolent des roues hydrauliques qui avaient auparavant monopolisé l'industrie de la ville, perturbant son harmonie pendant une saison . . Mais le bateau à vapeur n'a pas eu de successeurs.

[Illustration : Les bancs des potins sont remplis]

Le fleuve qui transportait autrefois de grands navires s'est peu à peu ensablé à son embouchure, et rien de plus lourd qu'un allège à un mât n'a remonté, dans la mémoire de l'homme, jusqu'au quai où l'herbe pousse haut parmi les pavés et où le fonctionnaire des douanes solitaire fume. sa pipe toute la journée dans une paix ininterrompue. Le paquebot était une vedette des plus petites. Il avait traversé le pays sur un chariot. Quelqu'un l'avait acheté aux enchères pour une plaisanterie ; et une énorme alouette vivait son année sur les eaux de la rivière Nibs. La ville entière y prenait tour à tour une voile, toujours avec à l'arrière quelqu'un dont la tâche était de démêler le gouvernail de la masse d'algues qui, à de brefs intervalles, suspendait la progression, et toutes les mains étaient prêtes à sortir et à soulever le paquebot lorsqu'il courait. sur une banque.

Il arriva un jour où l'on entreprit une excursion plus ambitieuse que d'habitude, même vers les îles de la mer, à six ou sept milles de la ville. Le conseil municipal se mit en route, avec le recteur de l'École latine et le bourgmestre, négociant le dîner de leur retour au crépuscule. Mais il était prévu que ces îles ne soient pas découvertes par la vapeur et que le dîner ne soit pas consommé. A peine dehors, la marée la laissa haute et sèche sur le sable. C'est à ce moment-là que les Danois ont montré ce qu'ils contenaient. L'eau ne reviendrait pas les soulever avant six heures et plus. Ils ne se livrèrent à aucune lamentation, mais produisirent vigoureusement les schnaps et les sandwichs sans lesquels aucun Danois ne se laisserait facilement tenter hors de la vue de sa maison : le recteur sortit un jeu de cartes du fond de la poche de son manteau, et sur le banc de sable, la fête campèrent, jouant une joyeuse partie de whist jusqu'à ce que la marée revienne et les ramène à la maison.

La nuit arrive. Les gens reviennent de leur soirée constitutionnelle, marchant au milieu de la rue et ôtant leur chapeau aux voisins au passage. C'est leur coutume, et l'habitude américaine de saluer ses amis est considérée comme une preuve de manières rustiques qui ne sont excusables que chez un peuple si nouveau. Dans les profondeurs de Domkirke , des ombres sombres se rassemblent. L'horloge de la tour sonne. Au dernier coup, le veilleur élève son chant d'une voix chevrotante des âges passés :

[Illustration : Musique]

> Ho, gardien ! avez-vous entendu l'horloge sonner dix heures ? Cette heure vaut la peine d'être connue, vous , les ménages, haut et bas, Le temps est ici et s'en va Quand vous devriez aller vous coucher ; Demandez à Dieu de vous garder et dites A—hommes ! Soyez rapide et brillant, surveillez le feu et la lumière, notre horloge vient de sonner dix heures.

Je vais suivre son conseil. Mais je dois d'abord aller chez le magasin de chaussures chercher une boîte de cirage pour mes chaussures rousses. De façon inattendue, je l'ai trouvé en vente là-bas. Je frappe le commerçant de mauvaise humeur. Il s'oppose à ce qu'on s'occupe des affaires au moment même où il ferme boutique.

"Voilà", dit-il en me tendant la boîte désirée. " Il n'en reste plus qu'un ; je vais bientôt devoir en envoyer d'autres. Deux fois déjà j'ai été mis dans cette situation. Je ne sais pas ce qui s'est passé dans la ville. " Et il claque le volet d'un coup sec et agité. Je rentre chez moi à tâtons dans l'obscurité égyptienne, remerciant dans mon cœur le conseil municipal pour sa prévoyance en peignant les lampadaires en blanc. C'est à ce moment-là qu'un différend a éclaté à propos du prix de l'essence, ou quelque chose du genre. Les disputes danoises sont comme la loi du monde entier, lentes ; et ce n'est pas dans un esprit de moquerie qu'une résolution fut prise pour peindre les lampadaires en blanc, en attendant la controverse, afin que les bonnes gens de la ville puissent éviter de se précipiter contre eux dans l'obscurité et de se blesser, si par hasard ils les rencontraient. s'est égaré du milieu de la route.

[Illustration : Le ramoneur disparu]

Le lendemain matin, de bonne heure, j'ai trouvé des femmes au travail, saupoudrant du sable blanc dans la rue devant ma porte et le jonchant de verdure d'hiver et de brindilles de pruche. Quelqu'un était mort et les funérailles devaient avoir lieu par là. En effet, ils l'ont tous fait. Le cimetière était à l'autre bout de la rue. C'était l'une des incitations proposées à ma mère, lorsqu'elle m'a conseillé, à la mort de mon père, de quitter l'ancienne maison pour aller dans cette rue. Maintenant qu'elle était toute seule, c'était si « agréable et animé ; tous les enterrements passaient ». Celle enterrée ce jour-là, je l'avais connue, ou elle m'avait connu dans mon enfance, et on s'attendait à ce que j'y vienne. Ma mère a envoyé la couronne qui lui revient. Il y a à la fois du sens et du sentiment dans les fleurs lors d'un enterrement lorsqu'elles sont tressées par les mains de ceux qui ont aimé les morts, comme c'est encore la coutume ici ; nulle part où ils sont achetés chez un fleuriste et payés avec un grognement, - et nous nous sommes tenus autour du cercueil et avons chanté les vieux hymnes, puis nous avons marché derrière lui, deux par deux, hommes et femmes, jusqu'à la tombe, en chantant en passant. la porte.

"Terre à terre, cendres en cendres, poussière en poussière." Les mottes de terre résonnaient sur le cercueil avec un bruit presque joyeux, car celle dont le corps mortel gisait à l'intérieur était pleine d'années et très fatiguée. Le ministre fit une pause. Parmi les personnes en deuil sortit le parent le plus proche et se tint près de la tombe, son chapeau à la main. Les nôtres étaient tous éteints. "De tout mon cœur, je vous remercie, chers voisins", a-t-il dit, et ce fut fini. Nous attendions pour nous serrer la main, pour spéculer sur la météo, sujet sûr même lors des funérailles ; puis chacun partit chez lui.

Je suis descendu par l'allée du cloître, je me suis assis sur un banc et j'ai pensé à tout. La cigogne y avait construit son nid sur une souche d'arbre cassé et faisait éclore ses petits. Le grand oiseau se tenait sur une patte et me regardait de son œil grave et fixe, comme il le faisait il y a quarante ans lorsque nous, les enfants, lui chantions dans la rue la chanson sur les pyramides et la terre du Pharaon. La ville dormait sous le soleil et les anciens en fleurs. Le tintement lointain d'une cloche parvenait endormi par-dessus les haies. Autrefois, il appelait les moines à la prière. Cendres aux cendres! Ils sont partis et enterrés avec un passé mort. Aujourd'hui, il convoque les écoliers latins à des récitations. J'ai frémi à cette pensée. Ils avaient à l'école, lorsque la cloche m'a appelé avec les autres, une misérable tradition selon laquelle un roi avait un jour exprimé son admiration devant les nombreux savants qui venaient de l'école latine. Et le recteur lui a expliqué pourquoi.

[Illustration : L'ancienne Bellwoman .]

« Nous avons près d'ici, dit-il, une petite forêt de bouleaux. Cela aide, Votre Majesté, cela aide. Il a fidèlement joué son rôle dans ma journée, même si je ne peux pas témoigner qu'il m'a aidé. Mais son jour est passé aussi et est révolu. Le monde bouge et toujours en avant. Pas toujours à la vitesse du vent ; mais ça bouge. Le facteur, en tournée de collecte avec sa charrette, s'est arrêté dans la cour de blanchiment où sa femme et son petit garçon étendent le linge. Il allume sa pipe et, après un bref repos pour reprendre haleine, se met à aider son mari à accrocher les objets sur le fil. Puis il emballe les vêtements secs dans son chariot, y installe le garçon et, tirant tranquillement sur sa pipe, se prélasse sobrement vers la maison. Rien ne presse avec le courrier.

Il n'y a pas. Ce n'est qu'hier qu'en traversant les prés à bord d'un « local », j'ai trouvé le train s'arrêtant à quelque distance du village pour laisser rattraper une vieille femme, venant d'une ferme en soufflant et en soufflant, un panier au bras. .

"Eh bien, maman, peut-elle se dépêcher un peu ?" » dit le conducteur lorsqu'elle arriva à portée de voix. Ils s'adressent à la troisième personne dans une sorte de respect de bon voisinage, semble-t-il.

"Maintenant, fiston," répondit la vieille femme, alors qu'elle montait à bord, "est-ce que je ne cours pas aussi vite que je peux ?"

"Et a-t-elle eu son billet, maintenant ?" demanda le conducteur.

"Pourquoi, non, fiston ; comment pourrais-je avoir cela avant d'être allé vendre mes œufs ?" et elle leva le panier en signe de bonne foi.

— Eh bien, grogna l'autre, veillez à ce qu'elle n'oublie pas de payer à son retour. Et le train repartit.

Il est temps d'attendre ! Le matelot du ferry lève son chapeau et vous dit de passer à toute vitesse. Le train attend que le conducteur entende le récit du chef de gare sur ce dernier bébé et son assurance que la mère va bien. L'ouvrier se met en grève lorsque son droit d'arrêter le travail pour prendre son verre de bière entre les repas est remis en question ; le messager télégraphique, rencontrant l'homme pour lequel il a un message, rentre chez lui avec lui « pour avoir des nouvelles ». Il ne serait pas convenable de le casser dans la rue. Je me souviens d'avoir descendu une fois la chaîne de lacs de la péninsule du Jutland sur un bateau à vapeur qui s'est arrêté à un débarcadère à l'écart où aucun passager n'attendait. On en aperçut cependant une, une femme, qui se précipitait sur un chemin qui se perdait au loin dans les bois. Le capitaine attendit. Alors qu'elle montait à bord, une autre femme apparut dans la pénombre, courant elle aussi. Il a sifflé pour lui dire qu'il attendait, mais n'a rien dit. Lorsqu'elle fut tout près du paquebot, une troisième femme s'engagea dans le sentier, se dirigeant également vers le débarcadère. Je regardais avec une certaine crainte que le marinier à vapeur ne se fâche enfin. Mais pas lui. Ce n'est que lorsqu'une quatrième et dernière femme apparut comme un point tourbillonnant au loin, tandis que les trois à bord lui faisaient des signes frénétiques de se dépêcher, qu'il montra des signes d'impatience. « Ne pourrait-elle pas, » dit-il avec une certaine aspérité, alors qu'elle sautait à bord, « ne pourrait-elle pas arriver ici plus tôt ?

[Illustration : Le Village Express.]

"Non," dit-elle, "je ne pouvais pas. Ne m'as-tu pas vu courir ?" Et il a sonné pour faire démarrer le bateau.

Il est temps d'attendre ! A New York, j'ai vu des hommes, avant que les portes de fer ne soient installées sur les ferry-boats, sauter alors que le bateau n'était qu'à un mètre du débarcadère et courir comme si leur vie en dépendait ; puis, rencontrant une connaissance dans la rue, arrêtez-vous et discutez dix minutes avec lui de rien. Jusqu'où sont-ils allés plus loin que ceux-là ? Lorsque tout le Danemark a été déchiré l'été dernier par une grève qui a impliqué les trois quarts de la population active et qui s'est prolongée pendant plusieurs mois, jusqu'au blocage complet de toutes les industries, aucun coup n'a été porté ni aucun mauvais mot prononcé pendant tout ce temps, a déterminé comme l'étaient les deux côtés. Aucune troupe ni police supplémentaire n'était nécessaire. Les grévistes ont profité de leur temps pour assister à des cours d'extension à l'université, visiter des musées et apprendre quelque chose d'utile. La population, y compris de nombreux employeurs, a généreusement contribué à les empêcher de mourir de faim. C'était une guerre de principes, et elle s'est déroulée sur cette ligne, même si à la fin chacun a cédé à quelque chose. Oui, il est bon, parfois, de prendre le temps de réfléchir, même si l'on ne peut pas attendre que la marée nous emporte sur un banc de sable. Mais qu'est-ce qu'ils auraient pu faire d'autre, je ne peux pas l'imaginer.

Ce soir-là, il y avait une grande activité dans la vieille ville. La société cible avait son tournage annuel et la société cible comprenait tous les citoyens solides de la ville. Le «roi», qui avait fait le meilleur score, fut escorté avec une fanfare jusqu'à l'hôtel situé sur la place en face du Dom, et prononça un discours depuis une fenêtre ornée de la ceinture verte de son bureau et flanquée de dix trempettes de suif . en guise d'éclairage. Et les gens ont applaudi. Oui! c'était mesquin et provincial et tout ça. Mais c'était agréable et convivial, et oh ! comme c'est bon pour un homme fatigué.

Quand j'étais reposé, je voyageais à travers les îles pour retrouver de vieux amis et je les retrouvais. La cordialité de l'accueil qui m'a été réservé partout ! Inutile qu'ils me disent qu'ils étaient contents de me voir. Cela brillait sur leurs visages et partout sur eux. Je me souviendrai toujours de ce voyage : des gens dans les voitures qui déjeunaient sans cesse et me poussaient à y participer, même si nous ne nous étions jamais rencontrés auparavant. N'étions-nous pas des compagnons de voyage ? Comment, alors, pourrions-nous être des étrangers ? Et quand ils ont appris que j'étais de New York, ils ont enquêté sur Hans ou Fritz, quelque part dans le Nebraska ou le Dakota. Les avais-je déjà rencontrés ? et, si je le faisais, leur dirais-je que j'ai vu mon père, ma mère ou mon frère et qu'ils allaient bien ? Et est-ce que je viendrais rester avec eux un jour ou deux ? C'est avec un regret très sincère que j'ai dû pour la plupart refuser. Mes vacances ne pouvaient pas durer éternellement. Dans l'état actuel des choses, je l'ai emballé suffisamment pour durer plusieurs étés. De toutes sortes de choses aussi. Oublierai-je un jour cette promenade sur la route côtière depuis Elseneur, que j'ai faite dehors avec le chauffeur, un fermier lent qui avait des scrupules consciencieux, semble-t-il, à ne pas dépasser un véhicule sur la route et préférait prendre la poussière de tous, jusqu'à ce que nous ressemblions à deux meuniers poussiéreux là-haut sur la boîte. À mes protestations, il tendit une oreille incrédule, remarquant seulement qu'il y avait toujours quelqu'un devant, ce qui était un fait. Quand enfin nous approchâmes de notre destination, il se retrouva à court de passagers. Après quelques recherches perplexes sur les autres, il revint et, montant à côté de moi, dit doucement : « L'un d'eux est tombé sur la tête, dit-on, sur la route. Je l'avais à livrer à l'auberge, mais il On ne peut pas m'en vouloir, n'est-ce pas ? »

Il n'était pas le seul philosophe de cette entreprise. À l'intérieur se trouvaient deux passagers, l'un apparemment un fonctionnaire, un shérif ou quelque chose du genre, l'autre un médecin, qui débattirent tout au long du trajet de l'opportunité d' uniformiser le médecin assistant aux exécutions. Le shérif considérait évidemment une telle mesure comme une atteinte à son privilège officiel. "Eh bien, s'écria le médecin, il est presque impossible maintenant de faire la différence entre le médecin et le délinquant." "Ah, eh bien," soupira l'autre en s'installant placidement sur son siège. "Laissez-les prendre le mauvais homme une fois, et nous verrons."

À travers forêts et champs, par-dessus collines et vallées, près des eaux calmes où les îles lointaines s'étendaient scintillant sur la mer d'été comme des terres de fées flottantes, je me suis dirigé vers la lande profonde et sombre. La lande était toujours celle qui me plaisait le plus. Je suis né au bord de celui-ci, et une fois que sa majesté s'est enfoncée dans une âme humaine, cette âme y est pour toujours en harmonie. Comme nous sommes peu capables de nous construire. Et combien plus grand est le besoin que nous devrions faire de ce peu de choses. Tous mes jours, j'ai prêché contre l'hérédité en tant qu'ennemi juré de l'espoir et de l'effort, et voici la mienne qui me retient fermement. Quand je vois surgir de la lande sombre le cairn solitaire qui abritait les ossements de mes pères avant que le Christ Blanc ne prêche la paix sur leur terre, un grand désir m'envahit. Là, je veux poser le mien. Là, je veux dormir, sous la bruyère où les abeilles bourdonnent somnolentes dans le genêt violet à midi et où des ombres blanches se promènent dans la nuit. Ils existent dans la brume des marais, mais les gens pensent que ce sont des spectres. Je suis encore à moitié païen, n'est-ce pas ? Oui, si aspirer au sol d'où vous êtes né, c'est être un païen, je le suis, non pas à moitié, mais tout entier, et je le serai tous mes jours.

Mais ce n'est pas le cas. C'est un païen qui n'aime pas sa terre natale. Thor a depuis longtemps perdu son emprise sur les fils des vikings . Sur le champ de bataille, il conduit son char et son marteau fait feu comme autrefois. Les Britanniques s'en souviennent du raid de Nelson sur Copenhague ; les Allemands l'ont ressenti en 1849, et de nouveau lorsque, dans la lutte pour la vie même, le petit pays a résisté tout un hiver à deux grandes puissances enclines à la rapine ; il l'a ressenti à Helgoland où ses marins ont dispersé leurs marines et les ont chassés de la mer, battus. Pourtant, jamais le Christ Blanc n'a opéré une plus grande transformation chez un peuple, autrefois si féroce, maintenant si doux, sauf lorsqu'il se battait au coin du feu. La forêt et les champs regorgent de légendes qui en parlent ; racontez la bataille entre l'ancien et le nouveau et la victoire de la paix. Chaque sommet d'une colline en témoigne.

[Illustration : Croix de Saint André]

Ici, au bord du chemin, se dresse une croix en bois. Tout le pays connaît l'histoire du « Saint André », le prêtre dont la piété accomplissait des miracles de partout. Il était une fois, raconte la légende, qu'il partait en pèlerinage en Terre Sainte et fut abandonné par ses compagnons parce qu'il ne voulait pas naviguer, malgré le vent et la marée, sans aller d'abord à la messe pour prier pour un salut sûr. voyage. Quand ses dévotions terminées, il se rendit au quai, il ne vit que la voile de l'embarcation qui partait s'enfoncer sous l'horizon. Accablé par le chagrin et la solitude, il regardait la scène, pensant à ses amis à la maison qu'il ne reverrait peut-être plus jamais, lorsqu'un cavalier retint son cheval et lui ordonna de monter avec lui ; il le verrait en chemin. Andrew l'a fait et s'est endormi dans les bras de l'étranger. À son réveil, il se trouvait sur cette colline où se trouve depuis lors la croix, il entendit le bruit du bétail et vit la flèche de son église dans le village où sonnaient les cloches des vêpres. Plusieurs mois s'écoulèrent avant que ses compagnons de pèlerinage ne rentrent chez eux. Saint André a vécu il y a six cents ans. Il était un homme magistral, outre un saint, qui disait sans détour la vérité au roi quand il en avait besoin, et savait comment protéger la foi et l'Église confiée à sa garde. C'est grâce à eux que les vieux vagabonds furent sevrés de leur vie sauvage. La tradition selon laquelle le désastre est imminent si l'on laisse la croix tomber dans la décadence montre quelle marque il a laissée à son époque. Un jour, alors qu'elle était négligée, la peste du bétail éclata dans la paroisse et ne cessa, dit l'histoire, que lorsqu'elle fut restaurée, ce qui fut aussitôt terminé.

L'église de Saint-André se dresse toujours là-bas. Pas celui avec les tours jumelles. Cela a une autre histoire à raconter, une histoire que l'on croyait également être à moitié ou entièrement une légende, jusqu'à ce qu'une récente restauration de celle-ci soit mise en lumière sous le blanchiment des peintures murales de la Réforme qui fournissaient la preuve manquante que tout était vrai. C'est à l'époque de saint André que le pieux chevalier Sir Asker Ryg, partant à la guerre, ordonna à dame Inge de construire une nouvelle église. La chanson populaire raconte quel était le problème de l'ancienne « avec un mur d'argile, au toit de chaume et sinistre » : -

Le mur était moisi , sale et vert,
et déchiré avec une fissure très profonde ; Le temps ronge toujours avec
des dents plus pointues,
Laisse peu de choses à réparer, je pense.

Il ne restait plus rien à réparer dans l'église de Fjenneslev, elle devait donc en construire une nouvelle. "Il ne convient pas", dit le chevalier dans la chanson, "de prier Dieu dans un état aussi brisé. Le vent souffle et la pluie goutte" :

Christ est allé dans sa demeure céleste ;
Une crèche ne lui convient plus.

"Et," lui murmure-t-il en prenant congé, "si tu amènes à notre maison un garçon, bâtis une tour sur l'église ; si une fille vient, ne bâtis qu'une flèche. Un homme doit se frayer un chemin, mais l'humilité devient une femme.

Puis le combat, et le retour avec la victoire ; la chevauchée impatiente qui laissa tous les autres derrière eux alors qu'ils approchaient de la maison, la prière tacite du chevalier alors qu'il penchait la tête sur l'arçon de sa selle, gravissant la colline au bord de laquelle l'église devait bientôt apparaître, afin qu'elle puisse être une tour; et son « rire sournois » quand il apparaît avec deux tours pour une. Eh bien, pourrait-il rire. Ces frères jumeaux sont devenus les créateurs de l'histoire danoise à son époque héroïque ; l'un était un puissant capitaine, l'autre un grand évêque, ami et conseiller du roi Valdemar, qui combattait quand il le fallait « aussi bien avec l'épée qu'avec le livre ». Absalon a laissé le pays chrétien jusqu'à l'essentiel. Ce fut son commis, Saxo, surnommé Grammaticus en raison de son savoir, qui donna au monde le recueil de chroniques et de savoirs traditionnels auquel nous devons notre Hamlet.

[Illustration : Église de Sir Asker Ryg à FJennesloevlille]

L'église se dresse là avec ses deux tours. Ils se hâtèrent de les restituer lorsqu'ils lurent dans les peintures longtemps cachées l'histoire du retour et de la gratitude de Sir Asker, telle que la tradition l'avait transmise depuis le XIIe siècle. Ce n'est pas la première fois que la foi loyale du peuple s'avère un meilleur guide que les critiques critiques, et ce ne sera probablement pas la dernière.

[Illustration : "La viande de cheval aujourd'hui !"]

J'ai redécouvert au cours de ce voyage l'ancienne clocheuse , unique support publicitaire avant l'avènement de l'imprimerie, le ramoneur disparu, le policier ornemental qui, pour son plaisir professionnel, lit chez lui des romans policiers, et les rites sacrificiels de... de quoi ou de qui. Je ne le dirai pas. Mais c'est sans doute une survivance inconsciente de quelque chose de ce genre qui a poussé le boucher à orner de rubans gais le pauvre canasson qui a conduit au massacre dans le sillage du tambour de la ville. Il l'a conçu comme une publicité annonçant qu'il y aurait de la viande de cheval fraîche à vendre ce jour-là. Le cheval prit cela comme un compliment et marcha dans le cortège avec une fierté visible. Et j'ai trouvé l'église dans laquelle aucune collecte n'avait jamais été effectuée. C'était le Dom même de ma propre vieille ville. Les sacs à main en velours qu'on enfonçait le dimanche sur les bancs avec de longs bâtons manquaient et j'ai posé des questions à leur sujet. Ils ne s'en étaient pas servis depuis longtemps, dit le bedeau, et il ajouta : "C'était de toute façon une sorte de mode catholique, et cela ne servait à rien." Les bancs s'en étaient apparemment doutés et s'étaient tenus hautament à l'écart des bourses. C'est peut-être une autre raison de leur départ.

La vieille ville a toujours eu ses propres habitudes. Il s'agissait pour la plupart de bonnes manières, bien que parfois étranges. Qui d'autre qu'un citoyen de Ribe aurait pensé à la façon dont Knud Clausen rendait honneur à ma femme le dimanche matin, quand, jeune fille, elle se rendait à l'église pour être confirmée ? Son père et Knud étaient voisins et la cour de la grange de Knud était un sujet sensible entre eux, car elle se trouvait juste sous la fenêtre de la salle à manger de l'autre. Il protestait parfois et proposait le plus souvent d'acheter, mais Knud ne voulait ni écouter ni vendre. Mais il aimait le sol sur lequel marchait la jolie fille de son voisin, comme d'ailleurs tous les pauvres de la ville, et le dimanche, il le montrait en jonchant le tas offensant d'herbe et de feuilles fraîchement coupées et en le remplissant de fleurs. C'était bien intentionné et c'était partout du danois. Défendez vos droits à tout prix. Ceux-ci sont sécurisés et font tout ce qui est en leur pouvoir pour obliger un voisin.

En cheminant ainsi, je suis enfin arrivé de la demeure des rois morts à celle des vivants, le vieux roi Christian, bien-aimé de son peuple, où autrefois mes enfants horrifiaient le gardien du palais de Rosenborg en jouant à « l'homme sauvage de Bornéo » avec les lions d'argent officiels dans la grande salle des chevaliers. Et je n'ai plus revu la vieille ville. Mais dans mes rêves, je parcours ses rues paisibles, j'écoute le murmure des roseaux dans les douves sèches autour de la colline verte du château et j'entends ma mère m'appeler une fois de plus son fils. Et je sais que je les retrouverai, avec mon enfance perdue, lorsque nous rentrerons enfin tous à la maison.

CHAPITRE XVI

LA FABRICATION AMÉRICAINE

Il y a LONGTEMPS, quand j'ai constaté que mon travail commençait à me maîtriser, j'ai installé un nid de cinquante casiers dans mon bureau afin qu'avec un système, je puisse en prendre le dessus ; seulement pour découvrir, au fil des années, que j'avais eu cinquante tyrans pour un. L'autre jour, j'ai dû faire appel à un Hessois pour m'aider à dompter les casiers. C'était un passionné de bibliothèque, et il ne parvenait pas vraiment à comprendre ce que cela signifiait lorsque, parmi des titres tels que "Slum Tenements", "The Bend" et "Rum's Curse", il tomba sur celui-ci au-dessus d'un des casiers : -

Lui, toute cette bonne compagnie
l'a salué comme libérateur. Ils lui attachèrent un ruban autour du cou, un autre autour de sa queue.

Malgré tout son savoir, son éducation n'était pas terminée, car il avait raté la « délicieuse ballade du groupe Waller » et le récit d'Eugene Field sur les dignités qui étaient « accordées au noble chiot jaune de Clow », sinon il aurait compris. Le casier contenait la plupart des « honneurs » qui me sont parvenus ces dernières années – les nominations pour devenir membre de sociétés, de guildes et de comités, de conventions au pays et à l'étranger – la plupart d'entre eux ont été refusés, tandis que j'ai refusé la demande du gouverneur Roosevelt. que je devrais siéger à la dernière Commission Tenement-House, pour la raison que j'ai donnée jusqu'à présent, que représenter n'est pas mon affaire. Écrire, c'est; Je peux le faire beaucoup mieux et sauvegarder l'autre ; donc nous sommes deux pour un. Non que je sois considéré comme insensible au véritable honneur que l'on entend conférer par de tels témoignages. Je ne les prends pas à la légère. J'apprécie la bonne opinion de mes semblables, car elle s'accompagne d'un pouvoir accru pour faire les choses. Mais je réserverais les honneurs à ceux qui les ont équitablement mérités et sur qui ils ont confiance. Ils ne s'en prennent pas à moi. Je ne suis pas de nature ornementale. Maintenant que j'ai dit tout ce qu'il y avait à dire, le lecteur est libre d'être d'accord avec mon petit garçon sur le résultat. L'autre jour, il avait une conversation à cœur ouvert avec sa mère, au cours de laquelle elle lui a dit qu'il fallait être patient ; personne au monde n'était bon à part Dieu.

[Illustration : La Croix de Dannebrog.]

"Et vous", dit-il avec admiration. Il est le fils de son père.

Elle s'y opposa, mais il maintint vaillamment le sien.

"Je vous parie", dit-il, "si vous deviez demander à beaucoup de gens ici, ils diraient que vous allez bien. Mais" - il lutta pensivement avec un bouton - " Eh bien ! Je ne comprends pas pourquoi ils font on fait tellement de bruit à propos de papa."

Hors de la bouche des bébés, etc. Le garçon a raison. Moi non plus, je ne peux pas, et cela me fait me sentir petit. J'ai fait mon travail et j'ai essayé d'y exprimer ce que je pensais que la citoyenneté devrait être, lorsque je l'ai formulé. J'aurais aimé m'en sortir plus tôt pour ma propre tranquillité d'esprit. Et c'est tout ce qu'il y a à faire.

Quel mérite m'appartient de détester les bidonvilles ? Qui pourrait l'aimer ? En ce qui concerne cela, c'était peut-être l'espace ouvert, les bois, la liberté de mes champs danois que j'aimais, le contraste qui était odieux. Je déteste l'obscurité et la saleté partout et je veux naturellement laisser entrer la lumière. Je n'aurai pas de coins sombres dans ma propre cave ; il doit être blanchi à la chaux. La nature, je crois, m'a destiné à être cordonnier ou tailleur de pièces. J'aime réparer et redresser les choses tordues. Quand j'étais menuisier, je préférais reconstruire une vieille maison plutôt que d'en construire une nouvelle. En ce moment, j'essaie d'aider un jeune couple à s'installer dans une entreprise de blanchisserie. C'est dans le même sens ; c'est la raison pour laquelle je l'ai choisi pour eux. Si l'un de mes lecteurs connaît un bon point de départ, j'aimerais qu'il m'en parle. Ils ne sont que deux : des jeunes avec le monde devant eux. Il y a des années, mon bureau est devenu connu comme une sorte d'atelier inadapté où l'on assortissait des objets égarés dans la précipitation et l'agitation de la vie, dans lequel certains d'entre nous sont toujours mis de côté. Il faut que quelqu'un fasse ça, et j'aime ce travail ; ce qui est une chance, car je n'ai aucune envie de travail créatif d'aucune sorte. Les éditeurs me dérangent pour écrire un roman ; les rédacteurs me veulent dans leur équipe. Je ne le ferai pas, pour la bonne raison que je ne suis ni poète, ni philosophe, ni, j'allais dire, philanthrope ; mais laisse-moi ça. J'aimerais mon prochain. Pour le reste, je suis un rapporteur de faits. Et que je resterais. Ainsi, je sais ce que je peux faire et comment le faire au mieux.

[Illustration : Après vingt-cinq ans.]

Nous aimons tous le pouvoir : être du côté des gagnants. Vous ne pouvez pas vous empêcher d'être là lorsque vous combattez les bidonvilles, car c'est la cause de la justice et du droit. Comment alors pouvez-vous perdre ? Et peu importe comment vous vous en sortez, votre cause est vouée à gagner. Je l'ai déjà dit, mais il mérite d'être répété, non pas une mais plusieurs fois : chaque défaite dans un tel combat est un pas vers la victoire, franchie dans le bon esprit. En fin de compte, vous en sortirez vainqueur. Le pouvoir du plus grand patron est comme de la paille entre vos mains. Vous pouvez voir sa finition. Et il le sait. Par conséquent, même lui vous traitera avec respect. Quelle que soit la manière dont il essaie de vous bluffer, c'est lui qui a peur. L'encre n'était pas sèche sur la mise en accusation par l'évêque Potter de la bestialité de Tammany avant que Richard Croker ne propose de sacrifier ses acolytes les plus fidèles comme prix de la paix ; et il l'aurait fait si l'évêque avait tourné son petit doigt vers l'un d'eux. Le patron a le courage de la brute, sinon il ne serait pas patron ; mais lorsqu'il s'agit d'une question morale, il est le plus grand lâche du groupe. Plus la brute est grosse, plus sa terreur est abjecte face à ce qu'elle ne comprend pas.

Certains des honneurs que j'ai refusés; il y en avait dont mon cœur avait envie, et je ne pouvais pas les laisser partir. Sur mon mur est accroché le passeport que le gouverneur Roosevelt m'a donné lors de mon départ à l'étranger, plus cher à mes yeux que la peau de mouton ou le diplôme, car il contient le cœur d'un ami. Que ne donnerais-je pas pour être digne de sa fidèle affection ! Parfois, quand je pars à l'étranger, je porte sur ma poitrine une croix d'or que le roi Christian m'a donnée. C'est la vieille croix des croisés, sous le signe de laquelle mes sévères ancêtres ont vaincu les païens et eux-mêmes sur de nombreux champs de bataille. Mon père l'a porté pour ses longs et fidèles services rendus à l'État. Je n'en ai rendu aucun. Je ne peux penser qu'à une seule occasion que j'ai eue de porter un grand coup pour l'ancien drapeau. C'est à ce moment-là que, lors d'une épidémie de typhus, j'ai découvert que les agents de santé l'utilisaient comme drapeau de fièvre pour avertir les bateaux de s'éloigner du quai de l'hôpital d'urgence de la seizième rue Est. Ils n'avaient aucune idée de quel drapeau il s'agissait : ils l'avaient juste sous la main. Mais ils l'ont vite découvert. Je leur ai donné une demi-heure pour en trouver un autre. L'hôpital était plein de malades très malades, sinon j'aurais dû leur faire saluer le vieux Dannebrog en guise de réparation. Dans l'état actuel des choses, je pense qu'ils ont eu des visions de cuirassés dans l'East River. De toute façon, ils ont eu celui d'un journaliste très en colère. Mais même si je n'ai rien fait pour le mériter, je porte fièrement la croix par amour pour le drapeau sous lequel je suis né et pour le bon vieux roi qui me l'a donné. Je l'ai vu souvent quand j'étais jeune. En ce qui fait l'homme, il n'a pas changé la dernière fois que je l'ai rencontré à Copenhague. Ils y ont raconté comment des mendiants le harcelaient lors de ses promenades quotidiennes jusqu'à ce que la police les menace de les arrêter. Puis ils se tenaient à distance, faisant des gestes douloureux ; et le roi, qui comprit, déposa une pièce d'argent sur la tablette de la fenêtre du palais et s'en alla. Le roi doit obéir à la loi, mais il peut oublier les principes de l'aumône, comme le reste d'entre nous à Noël, et être irréprochable.

De cette dernière rencontre avec le roi Christian, j'ai l'intention de le faire savoir à mes concitoyens américains afin qu'ils comprennent quel genre d'homme est celui qu'ils appellent en Europe son « premier gentleman » et au Danemark « le bon roi ». Mais je dois d'abord raconter comment mon père en est venu à porter la croix de Dannebrog. Il était très vieux à cette époque ; il s'est retiré depuis longtemps de son poste qu'il avait rempli fidèlement pendant quarante ans et plus. D'une certaine manière, je n'ai jamais su trop comment, ils l'ont dépassé avec la croix au moment de la retraite. Peut-être avait-il été offensé en refusant un titre. C'était un vieil homme indépendant et il ne se souciait pas de ces choses-là ; mais je savais que la croix qu'il aurait volontiers portée pour le roi qu'il avait si bien servie. Et quand il s'est assis dans l'ombre, alors que l'obscurité se rapprochait, j'avais prévu de le lui procurer car je savais que c'était la seule chose qui lui ferait plaisir.

Mais la bureaucratie officielle était plus forte que moi ; jusqu'au jour où, mis en colère par tout cela, j'écrivis directement au roi et lui en parlai. Je lui ai montré le mal qui avait été fait et lui ai dit que j'étais sûr qu'il y remédierait dès qu'il en aurait connaissance. Et je ne m'étais pas trompé. La vieille ville fut plongée dans un grand état d'excitation et de mystification lorsqu'un jour arriva dans une grande enveloppe officielle, venant directement du roi, la croix abandonnée depuis longtemps ; car, en effet, le ministre m'avait dit que, mon père étant à la retraite, l'affaire était close. L'injustice qui avait été commise était en elle-même un obstacle à sa réparation ; il n'y avait aucun précédent pour une telle action. C'est ce que j'ai dit au roi, et aussi que c'était son affaire de créer des précédents, et il l'a fait. Quatre ans plus tard, lorsque j'ai ramené mes enfants à la maison pour que mon père les bénisse - ils étaient ses seuls petits-enfants et il n'en avait jamais vu aucun - il s'est assis dans son fauteuil et s'est étonné de la manière étrange dont cette croix est venu. Et je me suis émerveillé avec lui. Il est mort sans savoir comment j'étais intervenu. C'était mieux ainsi.

[Illustration : le roi Christian tel que je l'ai vu pour la dernière fois.]

C'est lorsque je suis rentré chez ma mère que j'ai rencontré le roi Christian pour la dernière fois. Ils m'avaient indiqué la bonne manière d'approcher le roi, le nombre approprié d'arcs et tout ça, et j'avais l'intention d'observer fidèlement tout cela. J'ai vu un vieil homme fatigué et solitaire, vers qui mon cœur s'est immédiatement tourné, et je suis allé tout de suite lui serrer la main et lui ai dit combien je pensais à lui et combien j'étais désolé pour lui d'avoir perdu sa femme, la reine. Louise, que tout le monde aimait. Il parut surpris un instant ; alors un regard si amical apparut sur son visage, et je le considérai comme le plus beau roi qui ait jamais existé. Il a posé des questions sur les Danois en Amérique et je lui ai répondu qu'ils étaient de bons citoyens, mieux vaut ne pas oublier leur patrie et lui dans son âge et sa perte. Il m'a tapoté la main avec un petit rire joyeux et m'a demandé de leur dire combien il l'appréciait et combien ses pensées étaient gentilles pour eux tous. Alors que je m'apprêtais à partir, après une longue conversation, il m'arrêta et, touchant la petite croix d'argent sur le revers de mon manteau, me demanda ce que c'était.

Je lui ai dit; lui a parlé de la devise « En son nom » et du travail des femmes dévouées dans notre grand pays, pour lui faire comprendre ce qu'elle disait. Tout en parlant, je me suis souvenu de mon père, je l'ai enlevé et je le lui ai donné, en lui ordonnant de le garder, car sûrement peu d'hommes pourraient le porter aussi dignement. Mais il me le remit dans la main, en me remerciant de sa main fidèle ; il ne pouvait pas me le prendre, dit-il. Et donc nous nous sommes séparés. J'ai pensé avec un pincement de remords, alors que je me tenais dans l'embrasure de la porte, au salut d'adieu que j'avais oublié, et je me suis retourné pour réparer cette omission. Le roi se tenait là, dans son uniforme bleu, me faisant un signe de tête si doux, avec un sourire si plein de gentillesse, que je... eh bien, j'ai simplement hoché la tête en retour et j'ai agité la main. C'était très inapproprié, j'ose dire ; parfaitement choquant ; mais jamais une salutation plus chaleureuse n'a été adressée au roi. Je pensais tout cela.

L'année suivante, il m'envoya sa croix d'or pour celle d'argent que je lui offrais. Je le porte volontiers, car le titre de chevalerie qu'il confère garantit la défense de la femme et des petits enfants, et si je ne peux pas manier la lance et l'épée comme les hommes du roi d'autrefois, je peux manier la plume. Il se peut que, dans la providence de Dieu, l'effusion d'encre pour la cause du droit fasse avancer le monde de nos jours plus loin que l'effusion de sang de tous les âges passés.

Je ne pouvais pas y renoncer. Lorsque des amis se sont réunis dans la colonie des Filles du Roi le jour de nos noces d'argent et ont donné mon nom à la nouvelle maison avec des paroles affectueuses, je ne pouvais pas non plus leur dire non. Elle se dresse, cette maison, à quelques pas de nombreuses portes dans lesquelles j'étais assis sans amis et désespéré, essayant de me cacher du policier qui ne me laissait pas dormir ; à portée de main du virage du passé méchant, enfin expié ; de la pension Bowery où j'étais allongé, insensé, dans les escaliers après ma première journée de travail au bureau du journal, mourant de faim. Mais le souvenir des temps anciens n'a pas d'aiguillon. Son message est un message d'espoir ; la maison elle-même est la note clé. C'est le gage d'un jour meilleur, de la défaite du bidonville avec son hérédité impuissante du désespoir. Celui-là ne vivra plus, mais il n'est pas encore né. Nous sommes enfants de Dieu ! tel est notre défi au bidonville, et sur terre nous revendiquerons encore notre héritage de lumière.

[Illustration : Maison Jacob A. Riis n° 50 Henry Street, New York]

De l'habitation et du voisinage restaurés c'est le gage. Leur manque crée le grand vide dans la vie urbaine qui doit être notre vie civique moderne. Avec la maison préservée, nous pouvons regarder vers l'avenir sans crainte ; il n'est pas de question que l'on puisse poser à la République à laquelle on ne trouve pas la réponse. Nous ne sommes pas toujours d'accord sur ce qui est juste ; mais à partir de là, nous chercherons le bien, et en cherchant nous le trouverons. La ruine et le désastre sont au bout du chemin qui part du bidonville.

Il est peut-être facile pour moi de prêcher le contentement. Avec une mère qui prie, une femme qui remplit la maison de chansons et les rires d'enfants heureux à mon sujet, tous mes rêves se réalisent ou se réalisent, pourquoi ne devrais-je pas être content ? En fait, je ne connais pas de meilleur équipement pour les réaliser : la foi en Dieu pour rendre possibles toutes les choses qui sont justes ; la foi en l'homme pour les réaliser ; assez amusant entre les deux pour les empêcher de se gâter ou de quitter la piste et de se retrouver dans une manivelle inutile. Une bonne pincée de ça ! Plus je vis longtemps, plus je considère l'humour comme un véritable sens salvateur. Un examen de la fonction publique pourrait bien permettre à l'homme d'apprécier une bonne histoire. Pour tous les éditeurs, je voudrais que ce genre soit rendu obligatoire. En voici un qui me gronde dans son journal, — oh ! un document sérieux qui appelle les parents à « insister sur le fait que le jeu des enfants doit être un jeu et non une flânerie » et qu'il ne leur est pas permis d'obscurcir « leurs responsabilités les plus sérieuses », – me reprochant d'encourager l'absentéisme ! "Nous sommes tout à fait sûrs", écrit-il, "qu'aucun garçon vraiment bien élevé et bien disposé ne pense jamais à une telle chose." Périsse la pensée! Et pourtant, s'il *devait* accepter l'idée – on ne sait jamais avec un diable si occupé tout le temps – il y a le tonneau dans lequel on nous gardait à l'école quand nous étions mauvais ; J'en ai déjà parlé. Mettre le couvercle était une mesure préventive certaine ; avec nos petites jambes courtes, nous ne pouvions pas sortir. Je ne pense pas que je le recommande. Cela vient à moi, comme les choses le feront. À l'époque, c'était considéré comme un moyen puissant d'élever les enfants dans de « bonnes dispositions ».

[Illustration : Le réveillon de Noël avec les Filles du Roi]

En regardant plus de trente ans en arrière, il me semble que jamais homme n'a connu un meilleur moment que moi. Il y avait toujours assez de rédacteurs pour garder le moral. Les difficultés dont on m'écrit ne valaient pas la peine d'être mentionnées ; et de toute façon, il fallait qu'ils le soient, pour me débarrasser d'un peu de grincheux, je suppose. Mais les amitiés perdurent. Malgré toutes les rebuffades de ma vie, ils ont plus que compensé. Quand je pense à eux, aux hommes et aux femmes qui m'ont appelé ami, je suis rempli d'émerveillement et de gratitude. Je sais que le rédacteur en chef des lourdes responsabilités ne les aurait pas toutes approuvées. Même la police ne l'aurait peut-être pas fait. Mais l'approbation de la police n'est pas un certificat de moralité pour celui qui a vécu la meilleure partie de sa vie à Mulberry Street.

Ils ont chassé Harry Hill de l'entreprise après l'avoir traité à sec. Harry Hill a continué à plonger, mais c'était un homme carré ; sa parole était aussi bonne que son engagement. Il n'était pas vraiment un citoyen modèle, mais au cours d'un hiver rigoureux, il a empêché la moitié de la paroisse de mourir de faim ; son cordon de verrouillage était toujours tendu vers ceux qui en avaient besoin. Harry n'était pas un de mes amis particuliers ; Je le mentionne comme un type de certains contre lesquels des objections pourraient être faites.

Mais alors la police désapprouverait certainement le Dr Parkhurst, que je suis heureux d'appeler par le nom de mon ami. Ils pourraient même s'opposer à Mgr Potter, à qui je rends mon amitié avec une chaleur qui n'est en rien atténuée par sa désapprobation à l'égard des journalistes en tant que classe. C'est là que l'évêque se trompe ; nous ne sommes pas infaillibles, et quelle bonne chose que nous ne le soyons pas. Pensez à avoir toujours un ami infaillible avec qui vivre ! Combien de temps pourriez-vous le supporter ? Nous n'étions pas infaillibles, James Tanner ! — appelé caporal par le monde, Jim par nous — lorsque nous étions assis ensemble sur les premiers sièges de l'église Old Eighteenth Street, sous l'enseignement de frère Simmons. Loin de là; mais nous étions disposés à apprendre les voies de la grâce, et c'était quelque chose. S'il était seulement resté ! Votre femme a materné mon Elisabeth lorsqu'elle avait le mal du pays dans un pays étranger. Je ne l'ai jamais oublié. Et vous pourriez passer la fonction publique, Jim, grâce à l'histoire dont j'ai parlé. Je serais prêt à laisser tomber le reste, si vous me promettez d'oublier cette bouteille de champagne. De toute façon, c'était votre faute, vous savez.

[Illustration : James Tanner.]

Amos Ensign, je ne vous ai pas accordé le mérite que vous auriez dû avoir pour notre succès à Mulberry Street au début, mais je vous l'accorde maintenant. Vous étiez loyal et bon, et vous êtes resté journaliste, un déni vivant de l'accusation selon laquelle notre profession n'est pas aussi bonne que la meilleure Dr Jane Elizabeth Robbins, m'avez-vous dit, alors que j'hésitais sur les premiers chapitres de ces réminiscences. , de prendre le raccourci et de tout mettre en œuvre, et je l'ai fait, parce que vous êtes aussi sage que bon. Je vous ai tout dit, et maintenant, en homme, je vais vous servir comme votre sexe a été servi depuis la nuit des temps : c'est la femme qui l'a fait ! c'est à vous d'être à blâmer. Anthony Ronne, cher vieux copain des jours d'adversité ; Max Fischel, ami fidèle des années à Mulberry Street, qui n'a jamais dit « je ne peux pas » une seule fois – vous avez toujours su trouver un moyen ; Frère WWJ Warren, fidèle dans le bien et dans le mal ; le général CT Christensen, dont la compassion dépasse l'entendement, car, bien que banquier, vous m'avez supporté et vous êtes lié d'amitié, moi qui ne sais pas compter ; Mme Josephine Shaw Lowell, ma conscience civique depuis toujours ; John H. Mulchahey , sans les conseils avisés desquels, à l'époque du bon gouvernement et de la réforme, la bataille contre les bidonvilles aurait sûrement été contre nous ; Jane Addams et Mme Emmons Blaine, levain qui fera encore lever toute la masse disgracieuse là-bas au bord du lac de l'ouest et laissera entrer la lumière ; AS Solomons, Silas McBee , Mme Roland C. Lincoln, Lilian D. Wald, Felix Adler, Endicott Peabody, Lyman Abbott, Louise Seymour Houghton, Jacob H. Schiff, John Finley,—Juifs et Gentils qui m'ont appris pourquoi dans ce monde la conduite personnelle et le caractère personnel comptent toujours pour le plus, — mon amour pour vous tous ! Il est temps que je parte. William McCloy, la prochaine fois que je monterai dans ton canot et que je le renverserai, et que tu tourneras vers moi ce visage souriant jusqu'au cou dans le lac, je te noierai sûrement. Tu es trop bien pour ce monde. J. Evarts Tracy, hôte de mes jours heureux sur Wahwaskesh reposant ! Je connais un certain trou sous un rocher sur lequel la perdrix a l'habitude de faire éclore ses petits, où repose un bar plus gros que jamais vous avez fatigué selon les règles de votre sport bien-aimé, et je l'aurai s'il le faut. charmez-le avec des paroles mielleuses et un bâton de haricot. Et Ainslie le cuisinera à tour de rôle. Hâtez-vous donc d'aller au festin !

[Illustration : Les petits de Cherry Street.]

Devant, il y a de la lumière. Au moment même où j'écris, les petits de Cherry Street jouent dans l'herbe sous mes arbres. Le temps est proche où nous leur apporterons dans leur bidonville les choses que nous devons maintenant leur amener voir, et alors le bidonville ne sera plus. Comme nous saisissons peu le sens de tout cela. Dans un rapport du commissaire à l'éducation, j'ai lu l'autre jour que parmi les enfants de maternelle d'une ville de l'Est interrogés, 63 pour cent ne connaissaient pas de rouge-gorge et plus de la moitié n'avaient pas vu de pissenlit dans sa splendeur jaune.

Et pourtant, nous nous plaignons de la mauvaise gouvernance de nos villes ! Vous qui pensez que l'enseignement du « civisme » à l'école couvre tout, je ne vous parle pas. Tu ne comprendras jamais. Mais vous tous qui êtes prêts à vous asseoir avec moi aux pieds de la petite Molly et à apprendre d'elle, écoutez : elle était pauvre, en haillons et affamée. Sa maison était une masure. Nous débattions, avec quelques bonnes femmes qui la connaissaient, elle et moi, de la meilleure façon de lui faire un joyeux Noël, et mon esprit matériel s'accrochait aux vêtements, aux bottes et aux caoutchoucs, car c'était à Chicago. Mais la vision de son âme était une paire de chaussures rouges ! Son cœur en avait envie; oui, frères, et elle les a eus. Malgré tout l'or du Trésor, je ne l'aurais pas foulé sous du porc et des haricots, ni étouffé – non, pas dans des bottes en caoutchouc, même si la boue de la ville au bord du lac soit à la fois profonde et noire. C'étaient la fenêtre, ces chaussures rouges, à travers lesquelles sa petite âme captive regardait et aspirait à la beauté du grand monde de Dieu. Pourrais-je oublier les bottes bleues à pompons que j'adorais dans mon enfance ? Non, mes amis, le rouge-gorge et le pissenlit, nous devons les remettre dans ces vies stériles si nous voulons avoir un bon civisme. Eux et la citoyenneté sont cousins germains. Nous les avons volés aux enfants, ou nous sommes restés là et avons vu cela se faire, et c'est à nous de les restituer. C'est ma réponse à la missionnaire qui écrit pour demander quelle est « la manière la plus pratique de faire de bons chrétiens et de bons citoyens américains » les émigrés qui pèsent lourdement sur sa conscience, comme ils le peuvent. Le christianisme sans le rouge-gorge et le pissenlit ne parviendra jamais à atteindre les bidonvilles ; La citoyenneté américaine sans eux laisserait là le bidonville, pour en creuser la tombe et celle de la république.

Lumière en avant ! La bataille même qui est aujourd'hui menée pour la justice dans l'East Side, autrefois oublié, est notre réponse au cri des jeunes qui, ayant vu la lumière, étaient prêts à ne plus vivre dans les ténèbres. Je le sais, car je faisais partie du comité que le Dr Felix Adler a réuni en réponse à leur appel il y a un an. Le Comité des Quinze réussit ses travaux. "A quoi ça sert?" les Thomas sceptiques ont passé une vingtaine d'années à regarder les colonies construire leur pont de cœur entre manoir et immeuble, et des centaines de personnes consacrent leur vie à labeur et au sacrifice pour le rendre fort et durable ; et toujours la réponse revenait, avec force : « Attendez et voyez ! Cela viendra. Et maintenant, c'est arrivé. Le travail porte ses fruits. Dans l'East Side, les jeunes se révoltent contre les bidonvilles ; dans le West Side, la Ligue pour l'éducation politique gère un terrain de balle. Présage de bon sens et de victoire ! Le pays est donc en sécurité. Quand nous ne luttons plus pour les pauvres, mais avec les pauvres, le bidonville est pris à revers et déjà battu.

[Illustration : Ma fiancée d'argent.]

Le monde bouge. Le virage a disparu ; les casernes ont disparu ; Mulberry Street elle-même telle que je la connaissais depuis si longtemps a disparu. Cat Alley, d'où est venue la députation de vagabonds à mon bureau réclamant des fleurs pour « la dame du fond », la pauvre vieille lavrière qui gisait morte dans son sous-sol sombre, est partie lorsque l'élargissement de la rue Elm a laissé entrer la lumière au cœur de notre pâté de maisons. Le bon vieux temps est révolu. Je suis moi-même parti. Il y a un an, j'ai reçu un avertissement selon lequel « la nuit viendra où aucun homme ne pourra travailler », et Mulberry Street ne me connaissait plus. Je suis encore un jeune homme, j'ai à peine cinquante ans et j'ai encore beaucoup à faire. Mais et s'il en était ordonné autrement ? J'ai été très heureux. Aucun homme n'a jamais passé un aussi bon moment. Ne devrais-je pas être content ?

[Illustration : Voici le bébé !]

J'ai fait un beau rêve dans ma jeunesse, et je me suis réveillé et je l'ai trouvé vrai. Mon épouse d'argent, ils l'ont appelée tout à l'heure. Le gel est en effet sur ma tête ; son hiver n'a pas touché de son souffle le plus doux. Son pas est le plus léger, son rire le plus joyeux de la maison. Les garçons sont tous amoureux de leur mère ; les filles la tyrannisent et l'adorent ensemble. Le corps de cadets l'élit membre honoraire, car il n'existe pas de plus vaillant champion du drapeau dans le pays. Parfois, quand elle chante avec les enfants, je m'assois et l'écoute, et avec sa voix me viennent comme un écho du passé lointain les mots de sa lettre, cette première lettre bénie dans laquelle elle a écrit le texte de toute ma vie après la mort. : "Nous lutterons ensemble pour tout ce qui est noble et bon." Elle considérait donc son devoir de véritable Américaine, et oui ! elle a tenu son engagement.

Mais voici notre fille et la petite Virginia rendre visite à son grand-père. Oh, la petite renarde ! Alors où est sa paix ? Dieu bénisse l'enfant!

* * * * *

J'ai raconté l'histoire de la naissance d'un Américain. Il reste à raconter comment j'ai découvert qu'il était enfin fait et terminé. C'est à ce moment-là que je suis retourné voir ma mère et que, errant dans le pays de mes souvenirs d'enfance, j'étais arrivé à la ville d'Elseneur. Là, je suis tombé malade de la fièvre et je suis resté plusieurs semaines dans la maison d'un ami sur les rives du magnifique Öresund . Un jour, alors que la fièvre m'avait quitté, ils ont roulé mon lit dans une chambre avec vue sur la mer. La lumière du soleil dansait sur les vagues et les montagnes lointaines de Suède étaient bleues à l'horizon. Les navires naviguaient à pleines voiles le long de la grande voie navigable des nations. Mais le soleil et la journée paisible ne m'apportaient aucun message. Je restais allongé, maussade, à gratter la couverture, malade, découragé et endolori – je savais à peine pourquoi moi-même. Jusqu'à ce que tout à coup, près de la côte, passe un navire battant au sommet le drapeau de la liberté, soufflé par la brise jusqu'à ce que toutes les étoiles à l'intérieur brillent clairement et clairement. Ce moment-là, je le savais. Fini la maladie, le découragement et la tristesse ! Faiblesse et souffrance oubliées, les précautions du médecin et de l'infirmière. Je me suis assis dans mon lit et j'ai crié, ri et pleuré tour à tour, agitant mon mouchoir vers le drapeau là-bas. Ils pensaient que j'avais perdu la tête, mais je leur ai dit non, Dieu merci ! Je l'avais enfin trouvé, et mon cœur aussi. Je savais alors que c'était mon drapeau ; que la maison de mes enfants était en effet la mienne ; que j'étais aussi devenu un Américain en vérité. Et j'ai remercié Dieu et, comme un paralytique, je me suis levé de mon lit et je suis rentré chez moi, guéri.

[Illustration : à ce moment-là, j'ai su]

www.ingramcontent.com/pod-product-compliance
Lightning Source LLC
Chambersburg PA
CBHW051428130726
47987CB00005B/1963